中国-东盟法律研究中心

重庆市人文社会科学重点研究基地

最高人民法院东盟国家法律研究基地

本书是中国-东盟法律研究中心规划课题成果

中國-东盟法律评论

CHINA-ASEAN LAW REVIEW

(2019 Volume)

第九辑 二〇一九年

▪ 主　　编:张晓君

▪ 主办单位
中国西南政法大学
中国-东盟法律研究中心

▪ Chief Editor　Zhang Xiaojun
▪ Sponsors
Southwest University of Political Science and Law of China
China-ASEAN Legal Research Center

▪ 执行编辑: 徐忆斌　王泽银

▪ Executive Editors: Xu Yibin　Wang Zeyin

厦门大学出版社 国家一级出版社
XIAMEN UNIVERSITY PRESS 全国百佳图书出版单位

中國—东盟法律评论

韩德培

Bình luận pháp luật Trung quốc_Asean.

越南—中国—东盟法律信息咨询中心主任陈大兴用越南文字为《中国—东盟法律评论》题写刊名

Journal Undang Undang Asean-China

冯正仁

马来西亚联邦法院前大法官、第五届“中国—东盟法律合作与发展高层论坛”组委会主席冯正仁先生以马来语为《中国—东盟法律评论》题写刊名。

柬埔寨司法部大臣昂翁·瓦塔纳用高棉语为《中国—东盟法律评论》题写刊名

China-ASEAN Legal Research Centre plays vital role in legal communication and cooperation between China and Myanmar

17.12.16

H.E. Mr. Win Myint
Deputy Attorney General
Union Attorney General's Office
Republic of the Union of Myanmar

缅甸联邦最高检察院副检察长吴温敏为中心题词

Many thanks for China-ASEAN Legal Research Center to provide the strengthening legal cooperation between Indonesia and China

Nanning. China
6th. Dec. 2017
Indonesia Attorney General
H.M PRASETYO

印尼最高检总检察长 穆罕默德·普拉赛特为中心题词

中国—东盟法律研究中心：

法学之花盛开！

徐明阳
驻东盟大使
二〇一六年五月七日

Advisory Committee

编者按

2018年是中国—东盟建立战略伙伴关系15周年，也是中国和东盟国家领导人共同确定的中国—东盟创新年。因此本辑《中国—东盟法律评论》将主题设定为"一带一路"背景下中国与东盟法治合作与建设专刊，共收到来自西南政法大学教师和研究生的投稿十一篇，内容涵盖"一带一路"倡议下的中国—东盟法律合作、中国—东盟区域法治建设发展、中国—东盟区域相关法律问题等三个方面的专题，对当前中国—东盟法律法学研究中的热点、难点及前沿问题进行了探索与研究。

专题一部分，即"一带一路"倡议下的中国—东盟法律合作专题部分，包括三篇文章：《"一带一路"能源合作法治化研究》《"一带一路"倡议下中国与东盟国家判决承认与执行的挑战与机遇》《"一带一路"倡议下中国企业赴缅投资的挑战与机遇》。本专题是以"一带一路"背景下中国与东盟之间的法律合作为主干，从"一带一路"能源合作、中国与东盟之间判决的承认与执行的统一化、中缅投资法律合作三个不同的角度阐释"一带一路"下中国—东盟法律合作的重要意义。分篇概括内容如下：

1.西南政法大学国际法学院教授岳树梅与西南政法大学国际法学院在读研究生郭柚坊撰写的《"一带一路"能源合作法治化研究》一文中，以"一带一路"为主要平台，以多层次的协议、模式、规则、机构体系作为基础，通过分析国际上多层面的能源合作实践的不足，探索出"一带一路"能源合作的正确路径，构建完整的"一带一路"能源合作法律机制，形成全方位的"一带一路"能源合作法治化的基本体系框架和争端解决机制框架。同时，在"一带一路"能源合作法治化进程中，中国应该积极主动地推进"一带一路"能源合作法治化，采取富有创见的应对策略，实现中国与亚欧非三大洲各国在能源合作上的互利共赢。

2.西南政法大学讲师、法学博士刘元元撰写的《"一带一路"倡议下中国与

东盟国家判决承认与执行的挑战与机遇》一文中,作者以促进中国—东盟区域内判决承认与执行的统一化为主题,以"一带一路"倡议为中国和东盟国家之间的合作契机,分别阐述了东盟国家判决在我国的承认与执行的途径以及我国判决在东盟国家的承认与执行的途径,同时结合现实探索了目前中国与东盟国家判决的承认与执行面临的挑战(包括国际公约的缺失、双边协定作用有限以及司法实践的不明确)。与此同时,在"一带一路"合作倡议下,作者描绘出了中国与东盟国家面临的前所未有的机遇,未来中国与东盟国家判决的承认与执行上应坚持共商、共建、共享的原则,以中国与新加坡之间的《备忘录》为参考构建由简到繁的司法协助制度,同时充分利用好《海牙选择法院协议公约》的契机,促进中国—东盟区域内判决承认与执行的统一化,进而为"一带一路"沿线国家提供可参考的范本。

3.西南政法大学国际法学院副教授、硕士生导师、中国—东盟法律研究中心研究员张剑波撰写的《"一带一路"倡议下中国企业赴缅投资的挑战与机遇》一文中,作者以"一带一路"倡议为背景,以促进中国企业顺利赴缅投资为行文目的,通过分析"一带一路"背景下中国企业赴缅投资面临的挑战(包括政局不稳、制度不健全和国内投资环境复杂等阻碍中国企业赴缅投资)与机遇(入新的优惠政策和投资保护制度,如《新投资法》等为中国企业赴缅投资提供新机会),从而为中国企业赴缅投资提供策略分析:缅甸投资环境还不完善,中国企业赴缅投资面临诸多挑战,直面这些挑战而评估与控制好风险是中国企业赴缅投资的前提。中国企业应更多地关注缅甸投资领域的开放信息,积极参与其政策与法律鼓励的投资地区与投资项目,规避动荡地区而聚焦政府支持、投资机会大、投资风险小的地区和项目加以投资,以此实现投资收益的最大化。

专题二部分,即中国—东盟区域法治建设发展专题部分,包括四篇文章:《论中国—东盟网络共同体的建构》《"中国—东盟命运共同体"的发展路径探索》《中国—东盟自贸区〈投资协议〉中 NPM 条款法律问题研究》《中国企业对东盟直接投资利益保护的法律问题研究》。区域一体化进程要求有法治建设的保障,因此,中国—东盟区域法治建设成为热点与工作重点。本专题从网络共同体的建构、命运共同体发展路径的探索、《投资协议》NPM 条款的完善和投资者与东道国投资利益保护的法制保障四个不同的方向阐释了中国—东盟区域法治建设的必要性。分篇概括内容如下:

1.西南政法大学国际法学院教授丁丽柏和西南政法大学博士研究生、讲师朱静共同撰写的《论中国—东盟网络共同体的建构》一文中,以网络时代以及大数据时代为背景,以习近平总书记提出的"网络命运共同体"理论为指导,

在明确了构建中国—东盟网络共同体对我国在贸易发展、互联网企业诉求、网络大数据的形成、网络空间治理规则制定上发出中国声音等方面存在的重大意义的基础上，在通过尝试性地参与网络空间国际治理的过程中体验出构建中国—东盟网络共同体在经济、地理、历史和规则体系等方面存在的机遇和挑战，从而探索形成"共识网络共同体、共建基础设施、国际规则共治网络空间、共享大数据资源"的区域性的中国—东盟网络共同体。

2.西南政法大学国际法学院副教授、硕士生导师王晓燕和西南政法大学国际法学院2018级硕士研究生向伦共同撰写的《"中国—东盟命运共同体"的发展路径探索》一文中，作者首先阐述了中国与东盟之间关系的现状，中国与东盟国家虽有密切的经贸往来，但同时存在着阻碍双方之间关系的因素。因此，为实现习近平总书记提出的"携手建设中国—东盟命运共同体"这一美好愿景，需要在了解中国—东盟之间的分歧和东盟内部分歧的基础上(如领土主权纠纷等)，积极、妥善地处理中国与东盟本身关系，中国与东盟成员国以及中国与在东南亚具有相当影响力的其他大国的关系，以探索出一条积极务实的路径，在经贸合作和文化交流领域优化中国对东盟的外交政策，同时积极应对东盟的"大国平衡外交"策略，实现政治间的互信。

3.西南政法大学国际法学院副教授徐忆斌，西南政法大学国际法学院在读研究生李文燕、马小晴，共同撰写的《中国—东盟自贸区〈投资协议〉中NPM条款法律问题研究》一文中，首先，对中国—东盟自贸区《投资协议》中的NPM条款存在的问题进行了分析，认为其NPM条款未充分体现投资要义，且条款内容指向不明确，对金融方面的规定存在漏洞、缺少环境及劳工保护规定等。其次，作者将NPM条款中存在问题的原因归结为立法经验不足、条款制定目的不明确、估计考量不够等方面。最后，作者认为应明确NPM条款的设置思路，建立符合投资要义与中国—东盟自贸区实际的NPM条款；同时还应完善《投资协议》中NPM的内容，明确NPM条款内容的指向，将环境保护、劳动保护、经济安全等内容作为重点内容添加至NPM条款当中，修改金融审慎措施例外规定，细化安全例外条款与国家安全条款。

4.西南政法大学国际法学院副教授裴普和西南政法大学国际法学院2017级硕士研究生姜涌共同撰写的《中国企业对东盟直接投资利益保护的法律问题研究》一文中，以中国与东盟各国之间的投资合作为基础，在充分分析中国企业对东盟直接投资可能面临的政治、经济、法律、人文等多方面风险问题的基础之上，分析风险产生的原因及相关投资利益保护制度的不完善之处，从而得出结论：建立投资风险预警机制和完善海外投资保险制度主要是从国内保

障的角度出发,旨在提高我国企业抵抗风险的能力;加快 BIT、DTT 及《投资协议》等升级谈判,更多地从双边或多边的国际保护入手,为我国企业对东盟的直接投资创造良好的政策环境;建立调解、仲裁、诉讼有机衔接的纠纷解决机制则是为了有效解决投资纠纷,这也是我国投资者利益保护中最为关键的环节。国内保护、国际保护以及争端解决机制三个维度共同发力,为我国企业对东盟直接投资的利益保护构筑完整的保护体系。

专题三部分,即中国—东盟区域相关法律问题专题部分,包括四篇文章:《以当事人主义提高中国国际司法竞争力——加入〈选择法院协议公约〉后新加坡司法对中国的启示》《〈南海行为准则〉案文设置考》《析国际法庭裁决的效力兼评南海仲裁裁决的效力》《"国际陆海贸易新通道"建设中的海运安全风险与应对》。本专题从通过适当引入当事人主义提高中国国际司法竞争力、《南海行为准则》案文设置中有关海洋安全机制的构建、国际法庭仲裁效力的分析和国际陆海贸易新通道海运风险防范四个方面阐述中国—东盟区域的相关法律问题。分篇概括内容如下:

1.西南政法大学博士研究生张霞撰写的《以当事人主义提高中国国际司法竞争力——加入〈选择法院协议公约〉后新加坡司法对中国的启示》一文中,以当事人主义为文章核心要点,以提高中国国际司法竞争力为行文目的,在明晰职权主义对中国国际司法竞争力产生限制的基础上,通过《选择法院协议公约》的联系,阐释了当事人主义在新加坡司法中的管辖协议形式、管辖协议准据法、互惠承认和执行判决等方面体现的合理性。新加坡通过当事人主义扩大管辖范围,提高判决被承认和执行效力对中国提高国际司法竞争力提供了极好的借鉴。因此,在"一带一路"建设的大背景下,中国应当在国际司法制度中合理体现当事人主义:允许管辖协议形式多样化、保障当事人选择管辖协议准据法、以推定互惠承认和执行东盟国家民商事判决等措施,从而有利于吸引更多东盟国家当事人选择中国法院为管辖法院,逐步提高中国国际司法竞争力。

2.西南政法大学国际法学院讲师、西南政法大学海外利益保护研究中心和海洋与自然资源研究所研究员、博士研究生李煜婕撰写的《〈南海行为准则〉案文设置考》一文中,作者认为《南海行为准则》(COC)是《南海各方行为宣言》(DOC)的升级版,但目前《南海行为准则》正在磋商之中,因此将 DOC 中争议最大的第 4 条(关于"武力或以武力相威胁"的界定及非法性)、第 5 条(关于"使争议复杂化、扩大化"的行动和"保持自我克制"的表述争议问题)、第 6 条(关于"全面和永久解决争议之前开展合作"的信任问题)作为 COC 磋商中

的主要争议焦点，并提出COC相关规则的设置建议。同时，如何解决COC“法律约束力”的本质分歧，以及在中国倡导的处理南海问题的“双轨思路”下，运用外交谈判与国际法律应对机制相结合的方法，坚持双边协商有关具体争议的原则，与东盟及其相关各国之间就南海区域安全、法律等机制的构建以及海洋安全的共同维护等问题继续与东盟进行深入的磋商，COC案文将是下一步工作的重中之重。

3.西南政法大学国际法学院副教授、德国马尔堡大学法学博士杨永红撰写的《析国际法庭裁决的效力兼评南海仲裁裁决的效力》一文中，作者以国际法庭裁决的效力为主线，首先，从国际法体系和国内法体系两个层面，从承认和执行两个方向分析国际法庭裁决效力的不确定性。其次，作者从国际法庭确立管辖权的方式、与国内法之间的关系以及国际法庭越权造法的行为等方面分析了国际法庭的裁决效力受质疑的原因。最后，作者通过指出南海仲裁案中的仲裁庭存在的不公正性，认为可以从修改或退出国际公约以及以国内司法方式限制国际法庭越权裁决或违宪裁决这两个层面，否认仲裁裁决的法律效力，将中国拒绝执行南海仲裁裁决的行为合法化。

4.西南政法大学国际法学院讲师、西南政法大学海洋与自然资源法研究所研究员张芷凡撰写的《“国际陆海贸易新通道”建设中的海运安全风险与应对》一文中，由于海上运输是国际陆海贸易新通道沿线国家经贸往来的重要物流方式，因此对海上运输方式的依赖使得维护海运安全成为国际陆海贸易新通道沿线国家与中国共同的利益诉求。目前，国际陆海贸易新通道海上区段的运输面临着多种安全风险的挑战，其中包括传统安全因素和非传统安全因素的挑战。在了解了现有的部分海上运输安全保障机制在应对以上安全风险挑战过程中所发现的不足（包括国家间缺乏战略互信和现有海运安全保障机制碎片化）之后，在探索国际陆海贸易新通道海运安全的路径中，中国与国际陆海贸易新通道沿线国家应在现有维护海运安全的机制下，突破其碎片化、强制力不足等缺陷，在遵守国际法原则的前提下，多措并举地推动国际陆海贸易新通道海运安全协作机制的发展。

目　录

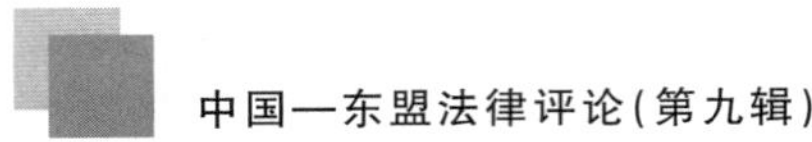

Contents

Related Legal Issues in China-ASEAN Region

专题一

“一带一路”倡议下的中国—东盟法律合作

"一带一路"能源合作法治化研究*

岳树梅** 郭柚坊***

摘　要:"一带一路"相关国家经济发展的程度各不相同,能源资源各具特点,从各国现状和已经具备的基础和条件来看,能源合作具有较好的合作潜力和发展空间。"一带一路"能源合作要有序进行,法治化是唯一可取的途径。"一带一路"能源合作法治化需要由多层次的协议、模式、规则、机构体系作为支撑,形成能源合作路径、能源合作法治化的基本框架、能源合作争端解决机制等。中国应该积极主动地推进"一带一路"能源合作法治化,采取富有创见的应对策略。

关键词:"一带一路";能源合作;法治化

"一带一路"是中国发起的伟大倡议,是一项造福各国人民的宏伟工程,能源合作是"一带一路"合作的重要内容。"一带一路"涉及国家众多,各国能源资源、国家法治化水平各有不同。"一带一路"能源合作扩大了以往传统能源合作(能源生产、能源消费、能源运输)的内容,涵盖了能源的基础设施建设、能源环境等方面的合作等。松散的能源合作并不可靠,"一带一路"能源合作需要利用法治予以引领和保障。在国内能源法律制度构建中,国家权力的高度集中使得这一问题的解决比较容易。然而,在"一带一路"能源合作中,各国主权因素将制约和困扰其法治化的进程。"一带一路"能源合作法治内容散见于全球性多边条约、区域性条约、双边协议以及相关各国国内法律之中。但总的来说,其中包括能源合作的内容偏少,且

---

* 本文为国家社科基金项目"民用核能安全国际合作保障法律问题研究"(17FBX154),司法部项目"中国推进'一带一路'能源合作法律机制构建研究"(16SFB2047),国际区域合作法律机制研究(2014-XZRCXM003)、重庆市社科联重点项目"重庆融入'一带一路'能源合作法律问题及对策研究"(2016ZDFX10)的成果。

** 岳树梅,西南政法大学国际法学院教授、法学博士、博士生导师。

*** 郭柚坊,西南政法大学国际法学院在读研究生。

内容之间还可能存在一些冲突,解决这些冲突需要通过有效的法律途径进行。[①]全球能源投资的天平逐步向新兴经济体倾斜。新兴经济体能源贸易进出口总额、直接投资净流入和净流出等贸易投资指标中所占份额持续大幅上升。[②]由此给能源合作带来的影响也不言而喻。

一、"一带一路"能源合作法治化的基础

法治指依据法治的精神而被奉行的法制原则以及由这些原则所决定的形成制度的法律内容,具体言之,就是法律对待公共权力、国家责任、个人权利、社会自由、公民义务的原则和制度。[③]"一带一路"能源合作是国际区域能源合作,它的法治化是国际能源合作法治化的重要组成部分。其能源合作法治化的基本内涵包括:充分依靠中国与"一带一路"国家签署的既有双边、多边能源贸易与投资合作机制,融入投资法、贸易法、国际税法、国际金融法发展的新成果,如以亚投行[④]及丝路基金等金融机构的法律规则推进"一带一路"国家的能源基础设施建设为基础,构建"一带一路"能源合作规则。

(一)"一带一路"能源合作法治化的法治理论

自从亚里士多德提出法治理论以后,人类社会就为追求理想目标的社会法治而努力:社会控制文明程度被认为是法治实现的重要标尺。[⑤]能源合作是社会活动的重要组成部分,其法律实践也需要一定的理论指导,能源合作法治化更需要法治理论做支撑。任何事物的发展、社会的运行、行为的履行都需要相应的准则加以约束,任何事物都必须严格遵守一定的行为准则。

1."一带一路"能源合作中的法治内涵

在《新的治理》一书中罗伯特·罗茨对法治进行了解释:它是对管理活动的治理,它包括公司管理、包括新公共管理,它是善治的治理,它是社会控制体系的治

---

① 黎四奇:《后危机时代金融监管国际合作法治化的难点及对策分析》,载《法学评论》2010 年第 4 期。

② 孙伟:《"一带一路"战略构想的基础及策略》,载《宏观经济管理》2015 年第4 期。

③ 徐显明:《论"法治"构成要件——兼及法治的某些原则及观念》,载《法学研究》1996 年第 3 期。

④ 亚洲基础设施投资银行简称"亚投行"。

⑤ 刘旺洪:《国家与社会:现代法治的基本理论》,黑龙江人民出版社 2004 年版,第71 页。

理，它是组织体系的治理。[①] “善治”是良好的治理。联合国开发计划署也认为“善治应该通过社会组织对公共事务管理互相协调、相互合作、相互沟通，最后确定各方权利义务、形成秩序规则制度及其过程”[②]。俞可平教授认为“善治”应包含的要素有合法性、法治、透明性、责任性、回应性、有效性等。法治应该通过良法进行善治。[③] 国际合作的善治需要由合作构建的组织机构对各国合作事务进行管理。法治的过程就是运用法律约束对合作者的承诺达到维护公共秩序的目的。[④] 在“一带一路”能源合作中，秩序规则是各方谈判而定的，而不是任何一方主观而定的。这种秩序规则的构建是以各方共同参与为基础的，它是法治最核心的内容。[⑤]

2.“一带一路”能源合作法治规则

法治是善治的手段也是目的。“国际合作法治实质就是体现合作各方利益和意志，从而得到各方认可的规则之治。”[⑥]根据亚里士多德的定义，“一带一路”能源合作法治包括以下两点：一是已确定的规则获得各方的遵守；二是各方所遵守的规则应该是通过各方谈判获得的良好的规则制度。[⑦] 根据法学家庞德的观点可以认为：在今天“一带一路”能源合作中，有效的法治规则制度是一种最重要的、最有效的管理和控制基础。所有合作中的其他方式，都依靠法治进行制约和运行。[⑧] 因而，法治是“一带一路”能源合作的核心，也是能源合作有序进行的必由之路。全面推进“一带一路”能源合作法治化是一个系统工程，是能源合作领域最重要最深刻的全面创新。[⑨] 因此，要发挥法治化在“一带一路”能源合作中的决定性作用。法治具有公正性、稳定性、权威性、强制性、可预期性、可操作性、长效性和可救济性等

---

① 俞可平：《治理与善治》，社会科学文献出版社2000年版，第34页。

② 王正绪、苏世军：《亚太六国国民对政府绩效的满意度》，载《经济社会体制比较》2011年第1期。

③ 俞可平：《全球治理引论》，http://www.360doc.com/content/09/0929/13/13037_6587560.shtml，下载日期：2015年9月28日。

④ [美]诺内特·塞而兹尼克：《转变中的法律与社会：迈向回应型法》，张志铭译，中国政法大学出版社2004年版，第105页。

⑤ 汪习根、何苗：《治理法治化的理论基础与模式构建》，载《中共中央党校学报》2015年第4期。

⑥ 杜宴林、赵晓强：《国家治理现代化与法治中国建设》，载《吉林师范大学学报（人文社会科学版）》2014年第3期。

⑦ [古希腊]亚里士多德：《政治学》，吴寿彭译，商务印书馆1983年版，第199页。

⑧ [美]斯科·庞德：《法律与道德》，陈林林译，中国政法大学出版社2003年版，第37页。

⑨ 习近平：《关于〈中共中央关于全面推进依法治国若干重大问题的决定〉的说明》，载《人民日报》2014年10月29日第2版。

特征。而法治化能够解决各方主体运用法治这一不可替代的工具,在实践中解决如何克服治理失效、如何为各方能源合作提供公正公平的环境,以使治理更有成效的问题。法治化下的治理,不同于以往用法律强化权力的管控与统治,而是旨在实现规则意义上的法律之治和价值意义上的良法善治的统一,即形式理性和实质理性的一体化。①

3."一带一路"能源合作法治体系

"一带一路"能源合作传统治理体系是分散化、碎片化和非系统化的,且这种治理体系的制度化程度较低,以政治谈判、外交干预为主要载体,带有明显的不规则主导色彩,合作成本相对较高。"一带一路"能源合作法治化,就是要以法治为方略,构建系统化、法治化、公正化、权责明确的规则制度系统。借助法律这个中介,凝聚各国共识,达成理念与行动、价值与实践的统一;引导各国参与谈判,共建一个公平、公开的实体法律规范体系和公正、有序的程序机制;促进对话与谈判机制的构建,避免各国权力与法治的冲突,有效协调能源合作关系,消除各国权力的非理性外溢。②

4."一带一路"能源合作法治中的公平公正自由

公正与公平待遇的规定主要集中体现在 NAFTA 和 ECT 协议中。③ 2004 年美国 BIT 范本中对公正与公平待遇的规定比 NAFTA 和 ECT 的原则性规定更加具体明确。④ 基于法治化的善治应该强调对"一带一路"各方权利的保护和对公平公正自由体系的推崇与构建。公平公正和自由本身是一对相互矛盾的范畴,公平公正是对自由的限制,自由是对公平公正的突破。如何实现两者的平衡、互动,一直是一大难题。要谋求两者都最大化显然是不可能的,应当寻求第三条路线,即最大公平下的最大自由,使自由限定在公平的框架之内,亦即罗尔斯的"最大均等下的自由"(greatest equal liberties)。平等要以保护能源合作市场自由为前提。通过还权于市场、还权于合作,鼓励能源合作主体自我管理。⑤ "一带一路"能源合作法治化要求以法治为基础为各成员方特别是弱势群体创造公平公正自由的环境,为能源合作自由发展供给最佳的制度和赋予最强大的能力。

---

① 张文显:《法哲学通论》,辽宁人民出版社 2009 年版,第 439 页。

② 汪习根、何苗:《治理法治化的理论基础与模式构建》,载《中共中央党校学报》2015 年第 4 期。

③ 参见《北美自由贸易协定》(NAFTA)第 11 章第 5 条第 1 款。

④ 参见 2004 年美国 BIT 范本第 5 条。

⑤ 张文显:《法哲学通论》,辽宁人民出版社 2009 年版,第 441 页。

(二)"一带一路"能源合作的法律实践

国际能源合作中已经有一些代表部分利益和国家的能源合作组织,如 IEA、OPEC、ECT 等,但一直缺少一个真正的全球一体化组织,更没有相应的规则制度,全球能源合作全面法治化的可能性较小。[①] 在国际能源新形势下,国际能源合作秩序需要重构,且"一带一路"国家中绝大部分国家都不是国际能源组织的签约国。其能源合作法律实践中法律规则和组织机构的缺失,迫使我们对法治化加以认真思考。

1.各国能源合作法律实践中协议的签订

"一带一路"能源合作中,各国相互之间已经签订了一些双边合作协议,但大多仅仅针对具体项目的合作内容。每当一项能源合作产生,就此项目再与相关国家进行谈判,如与俄罗斯天然气合作协议、与欧盟一些国家的核能合作谈判协议等。缺乏长期的、可持续性的双边或者多边具有约束力的能源合作协议。中国虽然与"一带一路"64 个国家中的 57 个国家都有双边投资协议,[②]但已有的一些协议内容老化,与今天中国走出的战略已经不相适应。同时双边能源合作协议较少,且能源合作具有一定的特殊性,它与一般的投资相比风险大,这就决定了过去的双边投资协议无法完全适用能源投资。"一带一路"国家中的大多数国家都没有参加区域合作组织,区域合作的规则就不适用大部分国家。"一带一路"国家参与区域能源合作的协议偏少,参与国际能源合作的可能性就更小。

2.各国能源合作法律协议的履行实践

"一带一路"各国能源合作协议包括在传统能源、新能源、铀、金属矿产、能源运输、水利、电力等方面的合作,也具有扩展到经济、社会各领域合作的潜力。现有的合作协议中仅仅通过临时性的协议确定双方的权利义务,实践中各国履行协议的情况参差不齐,这就造成全面履行协议存在许多困难,导致了诸多问题的产生。因为能源合作涉及的周期长、内容复杂、技术要求高,目前临时能源合作协议基本是政府间的协议,如果一些国家政府领导人更替,也会给履行协议增加一些障碍。加之,一些协议很难转化为国内法,一些国家的基层民众很难接受并加以积极履行。"一带一路"沿线集中了一批重要的能源生产国,这些国家急需通过稳定性的双边或多边协议的履行,实现能源销售的多元化、引进中国能源技术和投资,发展自己的能源,提高本国能源基础设施建设水平。"一带一路"的能源消费大国,也迫切盼

① 岳树梅:《国际能源合作法律机制研究》,重庆出版社 2010 年版,第 25 页。

② 参见商务部条法司的统计资料。

望建立起具有约束力的能源合作机制,以履行能源合作协议。[①]

3.能源合作中的争端解决实践

“一带一路”各国能源发展水平各不相同。其中,一些国家经济、社会发展薄弱,国家的政治、经济体制各不相同,宗教、民族关系极其复杂,能源合作纠纷不断。此外,在“一带一路”能源合作法律实践中,争端解决大多通过政府间的谈判,或者临时性的协议寻求解决,效果极为不佳,如果相同争端再次发生,解决方式没有可持续性可言,也没有规则可循,这将带来许多隐患。要解决这一问题,只有通过稳定性的法律协议,即建立能源合作争端解决机制。由于能源合作争端解决机制能用合作协议中构建偏少,目前采用此方法解决的效果微乎其微。[②]

可借此向“一带一路”国家展示我国在能源合作中打造稳定有序合作环境的诚意,从而逐步化解“一带一路”国家对中国快速发展的疑惑感,建构有利于“一带一路”能源合作可持续发展的话语环境,为“一带一路”和平稳定发展提供坚实的法律保障。[③] 能源合作法治化能为振兴经济、发展社会事业提供法律保障,通过有序的能源合作能够有效地解决争端,带来社会的稳定和社会的和平发展。

4.各国参与全球能源合作的法律实践

随着国际能源秩序的新变化,传统能源合作规则需要新的内容替代,OPEC、IEA、ECT对国际能源合作与区域能源合作的协调作用也在逐渐减弱。“一带一路”能源生产国、消费国、过境国间的合作法律实践中,大多仅仅局限于具体的事项,对国际能源合作新秩序关心不多、参与不够,特别是对能源新秩序下能源的交易原则、能源的定价机制参与不多。这对“一带一路”国家参与国际能源合作,特别是国际能源新秩序的构建有极大的威胁。我国作为“一带一路”倡议的发起国,只有“一带一路”能源合作在法治化下有序运行,才能提升其国际地位,同时加强我国在国际能源新秩序构建中的话语权。[④] 打造“一带一路”能源合作法治全新平台,为推动“一带一路”国家形成独特的能源合作法律机制、为改变国际能源合作格局、建立国际能源新秩序奠定较好的法治基础。

---

① 岳树梅:《金砖国家能源合作法律机制研究》,载《法学》2015年第5期。

② 吴汉东:《国家治理能力现代化与法治化问题研究》,载《法学评论》2015年第5期。

③ 石泽:《能源资源合作共建“一带一路”的着力点》,载《新疆师范大学学报(哲学社会科学版)》2015年第1期。

④ India loses Kashagan Oil Field to China, *Hindustan times*, July 2, 2013.

二、“一带一路”能源合作法治化路径选择

“一带一路”能源合作的核心是形成“一带一路”能源供需平衡，最终达到能源供需安全。能源的特殊性，使能源产业领域的合作关系政治、经济、文化和国际区域格局等多方面因素，而要实现能源合作的目的，必须通过法治化规范“一带一路”能源合作的内容、结构、方向，使能源合作能够有序运行。从能源合作法治化路径来看，主要是在现有能源合作信息交流、新能源技术合作互助、资金保障法律机制的基础上，进一步深化能源合作领域，并妥善解决能源合作中可能出现的纠纷，促进能源合作法律机制的有效建立。

（一）厘清“一带一路”能源合作法治化的影响因素

从“一带一路”能源合作发展的趋势来看，应该在现有能源合作的基础之上，进一步协调能源生产国、能源过境国、能源消费国之间的行动，通过法治化深化合作领域，扩大能源合作范围，更好地应对国际能源合作带来的挑战。“一带一路”能源合作法治化由能源合作机构自身的运行和各国法律制度的结合两部分构成。深化能源合作法治化涉及四个因素：主体因素、客体因素、客观因素与国际环境因素。主体因素主要体现在参与“一带一路”能源合作的国家其自身的愿望和期望上，表现为合作动力。能源合作国家的法律文化差异、国际地位不同、国家需求不同，能源合作时选择以什么样的参与方式、彼此间建立何种合作关系、可以共生的范围和内容也不尽相同。因此，只有每一个国家都愿意建立合作关系，通过合作协议建立合作组织，确立合作内容，才能促使不同国家间能源合作意愿的形成。客体因素主要是指“一带一路”能源合作的内容，它不仅指传统的石油、天然气资源，也包括新能源的民用核能、风能、太阳能等，还包括能源的勘探、生产、开采、运输、消费、生态环境保护等一系列的全部内容。客观因素主要是指参与“一带一路”能源合作的国家有共同的利益诉求，面对共同的国际能源形势，有共同的外部压力，这是能源合作的重要基础。由于“一带一路”能源资源分布的不均衡性、新能源技术的差异性，这是能源合作各国之间的互补性，同时“一带一路”的国际贸易、国际投资都与能源合作领域紧密相连，但其具有特殊性，需要法治化来推进能源合作深度合作的有序进行。“一带一路”能源合作的环境因素主要是指在WTO、TPP、欧盟等区域一体化发生深刻变化的新形势下，能源合作的深度发展需要各主体按照一定的规则和秩序有序进行，这样才能够打破和克服国际能源合作中的一些陈规陋习及干扰破坏，推进能源合作的全新发展。目前国际区域合作组织有关能源合作

的内容偏少,能源合作组织及合作内容由于历史的原因止步不前,"一带一路"能源合作通过法治化手段,将对能源合作主体的能源合作意愿和区域能源合作共识产生深远的影响。

(二)搭建"一带一路"能源合作的多机制、多层次平台

积极构建"一带一路"区域合作的多机制、多层次合作平台,力争能源合作在平台下运行,提升中国在参与"一带一路"能源合作中的能力和影响力。① "一带一路"能源合作不是简单的一体化就能完成的,我们需要从以下几个方面努力:一是在已有的区域合作②中构建能源合作机制等,在"一带一路"众多机制中建立能源合作机制等。二是积极推进次区域能源合作机制的构建。③ 三是鼓励各国积极参与"一带一路"国家和地区间的能源合作平台和机制构建。④ 四是开启"一带一路"国家参与双边能源合作模式,⑤它是能源合作法治化的重要组成部分。目前可以通过过渡性的多边合作方式进行:一是在已有的区域合作组织的基础上构建,在现有的上海合作组织、欧盟组织、中国—东盟、亚太组织、金砖国家等多边组织中建立能源合作运行机制。二是强化次区域能源合作组织构建,如在中国与东北亚地区、中国与中亚、中国与中东地区构建能源合作组织。

(三)"一带一路"能源合作法律机制构建

1."一带一路"能源合作的协调机制构建

通过现阶段的多层次多区域能源合作,最终达到"一带一路"能源合作构建统一的组织和协调机制。目前"一带一路"能源合作,通过统一规划,研究确立重点推进项目,协调解决能源合作中的重大问题。具体来说,有以下几点:一是实施能源供需保障机制措施,成立能源合作领导小组,各国为能源合作的成员单位,统一协

---

① 比如,丝绸之路经济带能源合作,应包括多个走廊:中国—中亚—西亚经济走廊之中的能源合作、新亚欧大陆桥能源合作、中俄蒙能源合作、中巴能源合作、孟中印缅能源合作等;海上丝绸之路,既包括港口能源运输网络建设协议,也包括沿路能源基础设施建设,还包括海上能源合作机制、海洋资源开发保护等。

② 比如,上海合作组织、欧盟、亚信会议、金砖国家合作等区域合作。

③ 比如,中俄哈蒙四国六方机制、中哈霍尔果斯国际边境跨境能源合作组织、中国里海沿岸各国合作、中亚五国能源合作组织建设等。

④ 比如,中国—亚欧博览会、欧亚经济论坛、东北亚经济论坛、东南亚区域论坛中的能源合作平台、中国—海合会能源合作、中—阿能源合作平台、中国—中东能源合作平台等。

⑤ 比如,中俄能源合作、中哈能源合作、中国—伊能源合作等双边合作。

调。二是建立能源合作重大项目储备库,实时推进具体项目,开展一批、储备一批、谋划一批,动态推进和管理,注重能源合作可持续发展。三是完善各国能源合作服务系统、金融体系和信息发布体系等。

2."一带一路"区域能源法律机制构建

能源合作规则对能源合作有着至关重要的作用。中国在"一带一路"区域能源合作标准化建设中应发挥主导作用,借鉴能源宪章协议(ETC)、欧盟及 TPP 统一能源市场的经验,结合"一带一路"能源合作法律实践,积极推动"一带一路"能源区域合作共同体的构建、能源宪章协议签订等法律机制的构建,打破国家间的能源合作机制壁垒和规则壁垒,为"一带一路"能源合作统一大市场建立奠定基础。

3.构建"一带一路"能源投资保护法律机制

通过双边或者多边协议构建"一带一路"能源投资保护法律机制。各国与"一带一路"沿线众多国家在资源能源供需和上中下游产业链上存在互补性。随着我国能源资源领域逐步对民营企业放开,应通过能源投资协议,鼓励各国企业加快能源合作,通过能源投资协议、双边税收协议、能源投资风险基金的建立等,最终达到建立"一带一路"能源合作机制的目标。具体做法如下:第一,通过双边或者多边投资协议积极参与哈萨克斯坦、缅甸等能源资源丰富的"一带一路"国家和地区的能源合作。第二,通过投资协议积极鼓励各国企业,积极参与开发中西南亚国家的核能、太阳能、风能、水能等新能源的开发建设,并积极参与南海和东海能源合作项目,探索中国参与能源合作法律机制的新模式和新路径。第三,通过协议与哈萨克斯坦、俄罗斯、泰国等国家构建能源合作的长效合作机制。第四,通过投资协议,积极引进"一带一路"沿线国家和地区的能源企业落户中国,降低与发展中国家的能源合作准入标准,帮助这些国家的能源企业发展成长。①

4.构建"一带一路"能源合作共享机制

"一带一路"国家和地区在能源合作中,通过合作双边或多边协议,构建能源合作信息平台、构建能源利益共享机制,整合能源企业合作,形成合理有序分工、各国能源差异化发展的双边或区域能源合作机制,创造互利共赢的能源合作格局。同时,借鉴国际能源合作组织,如 IEA、OPEC、ECT 以及一些区域组织,如 NAFTA、EU 等相关内容:构建能源基础设施投资规则,勘探、开采传统能源技术合作机制,新能源技术合作机制,民用核能合作机制,双边或者区域合作共享能源储备机制,推动双边或区域电网合作共建机制;设立新能源发展基金;构建双边或区域合作油气交易平台、能源消费信息共享机制等。

① 张磊:《"丝绸之路经济带"框架下的能源合作》,载《经济问题》2015 年第 5 期。

5.创新"一带一路"能源合作生态环保机制

"一带一路"在能源合作中应该签订有关环境保护的区域性协定、宣言等行为规范,逐步建立起一套科学、规范、有序的生态环境合作制度。具体方式既可以采取在签订的能源合作协定中对环境保护专门规定,也可以采取签订专项区域性环境协议、宣言的方式。构建多部门、多领域环保大气污染协同治理机制,规则和标准的实施按照各个国家的能源准入目录和污染排放标准。中国应该把能源合作生态环保机制的经验与"一带一路"沿线国家和地区分享,并借鉴国际先进经验与该地区国家合作,明确能源合作中生态环保的重要性,合作各方应该承担的责任,做到权责分明,建立能源合作区域生态补偿机制。构建从能源勘探、基础设施建设、能源开采、能源运输、能源消费到生态环保合作的法律框架,共同促进"一带一路"沿线国家和地区能源合作的可持续发展。

三、"一带一路"能源合作法治化的内容

"一带一路"能源合作法治化应该由多样性、多层次的协议、模式、规则、机构体系组成。"一带一路"能源合作法治化的目标是:通过双边或者多边协议,构建一个双边或者多边能源合作组织或者机构,以此机构为基础,通过谈判,制定能源合作共同宪章,通过一系列相关协议。制定出能源基础设施建设协议、能源贸易协议、能源投资协议、能源环保协议和能源争端解决机制为核心内容的、代表21世纪最新能源合作发展成果的国际能源合作条约体系,使其成为能源贸易、能源投资、能源环境保护及争端解决的法治化体系。

(一)"一带一路"能源合作法治化的基本原则

"一带一路"能源合作同其他国际合作一样没有集中统一的立法机关,主权国家既是能源合作的主体,又是法治化的主体。"一带一路"能源合作法治化的基本原则是指各国在法治化过程中所遵循的行为准则,它是各国据以进行能源双边或者多边合作法治化的重要准绳,反映着"一带一路"能源合作法治化的内在要求和精髓。

1.能源主权原则

联合国《关于自然资源永久主权的宣言》正式确立了能源主权的原则内容。它不仅承认了各国依据国家利益自由处置本国能源资源的不可剥夺的权利,也尊重了各国的能源主权独立。尊重"一带一路"各国能源主权,各国的能源资源都属于各个国家,在开发、使用、处置时必须尊重各国的主权。各国对本国境内的国外

能源投资机构享有监管监督的权力，并且享有征收征用的权力。面对世界能源变化的新形势，各国应当认识到并且敢于维护能源主权，以能源主权为关键因素，才能对各种能源合作通过法律制度加以必要的引导、组织与管理。

2.国际法治原则

"一带一路"能源合作主要是国家之间的一种能源合作关系，国际法治原则是一项国际治理原则。对于"一带一路"能源合作法治化来说，它是指能源合作接受国际法规制和治理的一种要求。能源合作法治原则有以下几点要求：首先，法治应有比较完备的协议规则体系，做到"有法可依"，这是法治化的前提。其次，能源合作的协议规则应得到普遍遵守。没有协议规则，法治就无从谈起；但有了协议规则，如果不能遵守，法治就是空谈。因此，能源合作法治化的关键是"有法必依"。最后，作为国家联合体的能源合作组织，其能源合作协议规则必须遵守两种不同的国际法规则：一是以其组织章程为核心的包括该组织内部运作决定在内的内部法。能源合作组织是国家依条约（组织章程）授权设立的，其权利来自其成员的明示或默示授予。① 二是能源合作组织内部法之外的其他国际法规则。国际组织及其机构作为国际法的主体，其行为并非只受其组织章程的约束，它还应该遵守一般习惯法的相关规则和该组织建立时其成员国已加入的所有国际条约。②

3.平等互利原则

平等互利原则是国际经济法的基本原则。这项原则不仅得到了《联合国宪章》的确认，而且在诸如《美洲国家组织宪章》《非洲统一组织宪章》等其他国际法律文件中也得到了确认。根据平等互利原则，各国都是"一带一路"能源合作的平等成员，享有能源合作带来的合作共赢的权利。由此在"一带一路"能源合作中产生的法律后果是："第一，无论何时，只要有问题必须根据投票来解决，每一个国家都有一个投票权，而且除另有约定外，也就只能有一个投票权。第二，在法律上，除另有约定外，'一带一路'参与能源合作各国的投票是具有同等分量的。"③随着主权平等原则在国际法上的确立，能源合作法治化的平等互利要求在今天已经不是一

---

① J.Pauwelyn, *Conflict of Norms in Public International Law: How WTO Law Relates to Other Rules of International Law*, New York: Cambridge University Press, 2003, pp.286～290.

② 古祖雪：《国际造法：基本原则及其对国际法的意义》，载《中国社会科学》2012 年第 2 期。

③ [英]詹宁斯 瓦茨修订：《奥本海国际法》（第 1 卷）（第 1 分册），王铁崖等译，中国大百科全书出版社 1995 年版，第 276 页。

个法律问题,而是一个事实问题。[①] 而且,“一带一路”能源合作的最新变化就是提升各国在能源合作中的话语权,其法治化就是以平等互利的原则体现出来的。

4.可持续发展原则

“一带一路”能源合作法治化的可持续发展原则是指在能源合作协议规则制定中注重生态环保,满足社会未来发展和人类未来生存保护,同时能够持续获得能源合作带来的利益。对于可持续发展的理论来说,能源合作的平等性、能源合作的共同性以及能源发展的可持续性就是其应该坚持的重要原则。能源合作法治化要求各国间的各种能源合作能够通过有序的协议规则进行,各国能源合作关系通过双边或者多边协议进行。其法治化过程要求协议能够把生态环保、有序发展纳入其规则协议之中,并使各国在参与能源合作时,能够使其能源得到可持续的发展。力争做到能源合作法治化进程,就是可持续发展原则的最佳体现过程。

(二)构建“一带一路”能源合作共同体

应创新性地构建“一带一路”能源合作共同体(简称 EOA),创新性地构建“一带一路”区域能源多边合作平台。可以借鉴《能源宪章条约》(ETC),签订全新的“一带一路”能源合作共同体协议。当然这是一个漫长的过程,需要经过若干年的谈判和合作才能够达成协议。

通过多边协议构建能源区域合作平台,促进各国较好地参与能源合作与竞争,促使传统能源产业转型升级,促进“一带一路”能源合作多层次机构迅速发展。[②] “一带一路”包括上合组织、欧盟组织、中国—东盟组织、亚太组织、金砖国家等多个区域性国际合作组织,各区域组织的合作协议各不相同。虽然这些区域性国际组织的机制和功能相近,但不能相互替代与融合。“一带一路”能源合作组织与上述区域性国际组织不是竞争关系,而是在尊重区域内已有制度安排的基础上,能加强能源合作,共同促进能源合作协同发展、相得益彰的关系。这些复杂而重要的能源合作法律关系都必须以国际法的形式固定下来。

(三)签订《“一带一路”能源宪章协议》

随着“一带一路”经济发展对能源需求的日益增加,各国能源合作的要求日益

---

① 古祖雪:《国际造法:基本原则及其对国际法的意义》,载《中国社会科学》2012 年第 2 期。

② 刘敬东:《“一带一路”战略的法治化构想》,http://www.iolaw.org.cn/showArticle.aspx?id=4334,下载日期:2015 年 9 月 25 日。

突出。“一带一路”能源合作的核心理念是合作共赢，因此，要求各国积极参与、共同建设、共同发展、共享利益、发挥各国应有的作用。但现存“一带一路”能源合作协议是国际领域的临时合作协议，属于弱法的范畴，它的实施需要国家的统一认可，其在能源合作中的约束力没有获得相关各国的完全认同。各国能源合作的强烈愿望与矛盾需要有序解决，这就是《“一带一路”能源宪章协议》签订的前提和基础。

《“一带一路”能源宪章协议》的签订是各国不断谈判的过程，也是不断发展的过程。应该先设立一个能源战略工作组，能源宪章协议设立秘书处、理事会、专家委员会等常设性机构。协议的内容包括：与 GATT 的关系、能源贸易、能源主权、能源投资、能源过境运输、能源与环境等。

(四)“一带一路”能源合作法治化体系框架构建

“一带一路”能源合作法治化建设将为加强能源合作及可持续发展创造前提条件。法治化指引“一带一路”地区及国家能源合作的广阔领域，复杂的范围，展开有深度、有水平，彻底全面的区域合作，在全球能源合作中形成“一带一路”区域能源合作的新格局。

1.形成“一带一路”区域能源全方位合作内容

“一带一路”能源合作法治化已远远超出了传统的能源勘探、能源开采、能源运输、能源消费等法治化含义，它不仅应该被赋予更加广泛和深刻的内涵，还应该包括能源基础设施建设、能源生态环保、新能源技术合作规则、能源信息、能源合作涉及的各国文化等诸多方面的合作内容。在当前全球经济低迷的背景下，以能源基础合作带动全面合作，逐步形成能源区域合作新格局。新的能源合作格局将进一步深化能源基础设施、能源生产、能源运输、能源消费，丰富能源市场形式，强化能源市场功能，完善能源市场机制，提升能源合作的广度、深度和规模，进一步扩展各国参与“一带一路”能源合作的主导权和话语权。

2.构建“一带一路”区域能源全方位合作规则体系框架

通过能源宪章协议确定区域能源多边合作的内容，在能源宪章协议的条件下确定多边合作规则。在 EOA 里面确定各种有关能源合作的环境协议、能源合作的过境运输协议、能源合作的知识产权协议、新能源合作协议、有关民用核能合作协议等。在没有能够全部加入 EOA 之前，还可以通过其他区域合作确定能源合作的协议、签订双边能源合作协议等。EOA 的内容可以参考《能源宪章条约》的内容进行。

3.建立能源合作利益有序分配规则

各国能源资源和技术各不相同,不同国家在合作中利益分配逐步走向均衡发展状态,通过"一带一路"能源合作法律机制的建立并发挥作用,通过海上互联互通、港口城市合作规则以及海洋经济合作途径,改变各国能源远离全球中心市场的局面,进而扭转各国能源合作中的利益分配难以谈判的格局;同时也使各国在原有的发展基础上形成既有内在法律制度又有外部分配规则,从而更好地优化资源配置的发展状态。

4.创新"一带一路"能源合作金融体系

"一带一路"能源合作的可持续发展,需要金融支持加以保证。能源合作金融体系是能源投资增加、能源贸易合作、能源跨境运输能够顺利进行的基础,是"一带一路"能源合作提供资金支持的制度保障。它能够把能源合作中的各相关领域,及能源勘探开发、加工生产、生活消费、生态环保、新能源技术等环节联系起来。中东、中亚、东北亚和亚太各国的能源金融制度都存在不足,如今东北亚的能源生产大国对亚太金融逐步依赖,全球能源合作的新变化①使"一带一路"能源合作急需建立起自己的能源金融体系。"一带一路"在当前的国际形势下,有条件建立起区域能源合作市场,提高能源合作中能源合作货币人民币的结算规模,建立起"一带一路"能源金融体系,提高"一带一路"在国际能源合作中的话语权。构建"一带一路"能源金融体系的终极目标是要通过透明度高、具竞争力和监管有效的"一带一路"能源合作,影响世界能源合作方向,保持全球能源合作的可持续发展。不断推进的"一带一路"能源合作法治化过程需要能源合作金融体系等来加以支持和保障。②

5.加强"一带一路"能源人才培养合作

加强"一带一路"能源人才培养合作就是要在区域能源合作中继承和发扬沿线国家友好交往的基本精神,加强能源合作法律制度宣传,推动法律文化交流,通过能源合作技术培训建立互相包容的能源合作法律理念,充分发掘法律规则的内在文化背景,在区域能源合作中不断促进各种法律意识相互交融,找到能够沟通的渠道和结合的内涵,在能源合作领域培训中加强法律意识培养,从政府到民间、从规则到理念提高各国的法律意识,从而为深化"一带一路"能源合作增添内在动力。

---

① 能源消费重心东移,美国页岩气储量较大,美国未来会由能源进口国变为出口国。TPP带来了整个能源合作和格局的变化。

② 余家豪:《"一带一路"能源合作聚焦三大关键词》,http://news.cnpc.com.cn/system/2015/03/10/001531814.shtml,下载日期:2016年6月26日。

(五)能源合作中的争端解决机制框架

“一带一路”能源合作中的政治风险的防范,是“一带一路”能源合作法治化的重要内容,“一带一路”能源合作涉及的国家和地区大多属于发展中国家,一些地方仍处于国际争端的高发地区,政治、安全形势不容乐观。在国际法层面上,能源合作政治风险防范,一般采取的方法是:签订能源投资条约或协定,将能源合作资本输入国和资本输出国的权利和义务法定化;构建、完善能源投资风险防范机制。应当在“一带一路”能源合作过程中,与相关国家或地区磋商共同构建的能源投资风险防范法治化体系;构建相关能源合作法律机制。[①] 通过相关国家领导人会议的交流沟通,构建国家间能源合作政治风险防范的法律机制。

对于因东道国政府违反能源投资协定而致使能源投资者遭受损失的情况,现代国际法中主要包括以下几种救济机制:

一是依据 ICSID 公约构建能源投资争端解决机制。[②]

二是根据 MIGA 公约建立的政治风险保险机制。[③]

三是根据 WTO 协定建立的贸易争端解决机制。

WTO 是全球性贸易组织,但其涵盖协定亦包括《与贸易有关的投资措施协定》,这就为 WTO 争端解决机制管辖 WTO 成员方之间的投资争端提供了法律上的依据。

“一带一路”能源合作法治化,可以借鉴上述国际投资解决争端机制,在各个区域合作组织内设立一套能源投资争端解决机制,化解不同国家或地区之间可能产生的能源投资争端,但这需要能源合作各方认真研究、分析利弊,并就此展开磋商以取得共识。

四是“一带一路”能源争端解决机制需要不断地探索。前面提到的已有的国际组织和机构解决方式不能涵盖全部 64 个国家。“一带一路”有 2/3 以上的国家没有参与任何区域合作,这就表明无论是双边还是多边合作,无论是投资还是贸

---

① 岳树梅:《中国与海合会能源合作法律机制的构建》,载《法学》2015 年第 5 期。

② 解决能源 ICSID,作为解决缔约国与其他缔约国国民能源投资争议的常设机构,具有独立的国际法人地位,但仍然保持着与世界银行的密切关系。该中心现已成为国际能源投资争端解决的重要机构,世界上许多双边、地区性能源投资协定均选择该中心作为争端解决的机构。

③ 世界银行制定的《多边投资担保机构公约》于 1985 年 10 月在世界银行汉城年会上正式通过,简称《汉城公约》或《MIGA 公约》。由于国家投资保险制度往往有着这样那样的限制性要求,使得许多跨国能源投资无法获得担保。MIGA 公约在规定担保业务方面所体现出的种种灵活性,为填补“一带一路”能源投资保险市场空白的目标提供了可能。

易,都需要从合作的层面出发,进行探索,找出一套适合自己的争端解决机制。

为了实现"一带一路"能源合作法治化新模式的顺利发展,保证能源合作长期稳定发展,必须走法治化的道路,这应当成为"一带一路"能源合作沿线国家或地区的共识。应当相信,在中国与相关国家和地区的共同努力下,"一带一路"能源合作法治化必将推动"一带一路"能源合作争端解决水平的提升,必将推动国际能源金融、能源投资和能源贸易合作法律机制的创新和完善,成为未来国际能源合作法治化的典范。①

四、中国在"一带一路"能源合作法治化中的策略

为了取得中国在"一带一路"能源合作法治化建设的主导权,中国应该积极推动其法治化建设。

(一)争取中国在"一带一路"能源合作法治化中的话语权

中国应该主动引领"一带一路"法治化建设的潮流。中国作为推进"一带一路"能源合作中的主导力量,要重视对其他能源合作组织中一些大国特别是美国的经验借鉴,主动对其进行比较法学研究;应该积极研究其他区域能源合作组织法治化的过程和内容,争取通过良好的区域能源合作机构及较强的能源合作协议,来推动"一带一路"沿途各国加强能源合作,促进其能源合作的有序进行,促进中亚国家与中国能源合作双边关系向较好方向发展。"(中印)签署了边防双方合作协议,对领土争议危机的管控能力有所增加""伊朗就核问题达成阶段性成果,是一个新的契机"。② 欧亚经济联盟进程取得实质性成果,一体化趋势发展迅猛。上海合作组织积极探索,力图在区域能源合作中取得进展。

(二)将国际法原则和国际惯例与中国法治结合起来

国际法的基本原则是世界各国人民建立国际能源新秩序的基础,也是"一带一路"能源合作法治化的指南。"一带一路"能源合作法治化建设能够更有效地实现区域能源合作发展的规模扩大及内涵深化。依据国际法确定的基本原则处理

---

① 上海市人民政府发展研究中心课题组:《上海积极主动融入"一带一路"国家战略研究》,载《科学发展》2015年第5期。

② 中国国际问题研究所:《国际形势和中国外交蓝皮书(2014)》,世界知识出版社2014年版,第8页。

新型能源合作关系是前提。依据国际法基本原则促进能源合作法治化要求各国法律相互兼容，主要是与能源合作相关法律的相互兼容，以及法治化与各国法律以及中国法律的区别。中国应该积极承认和尊重各国法律差异，既是"一带一路"能源合作法治化给中国能源法建设的新机遇，也是新挑战。"一带一路"能源合作法治化不可避免地要与周边大国和区域国际组织进行竞争与合作。坚持对国际法原则和准则的全面遵循，把握法律体系与体制机制的可调和、平衡、互补、兼容，做到与其互尊互信、聚同化异、合作共赢是关键。[①] "一带一路"将促进欧亚各国法律渊源的多样化，在全球化的复杂格局下推进"一带一路"能源合作，欧亚各国的国内能源法将会积极顺应发展的形势而推进改革。这也将促进中国能源法治建设积极与相关国际法互动共振，无疑会给中国能源法治现代化和国际化带来重大机遇。

(三)完善海外能源投资保护法律制度，引导企业参与"一带一路"能源合作

为了推动"一带一路"倡议的实施，我国已经制定了相关的规划与扶持政策。能源合作是"一带一路"的重要内容，要稳定可持续地参与能源合作，我国应该尽快制定出促进能源投资保护的相关法律制度。建议加强与国际能源组织合作，完善"一带一路"区域能源合作法律机制；充分利用亚洲基础设施投资银行和丝路基金的资金支持，设立油气企业海外并购基金和海外风险勘探基金，拓宽海外能源投融资渠道；通过法律规定重点支持和引导新能源与传统能源的国际合作；对能源企业海外大型投资项目，必须设立决策监督机制。设立海外能源投资保险制度，降低能源企业海外投资风险。

(四)在中国设立"一带一路"能源合作中心和能源定价中心作为常设机构

商务部已经确定了"一带一路"沿线 64 个国家的自贸区战略布局。中亚的部分国家由于投资不足和技术的限制，导致能源行业发展较为缓慢，相关设施建设滞后。因此，中国能源企业在与"一带一路"沿线国家能源合作的同时，也应加强技术输出和资本输出在合作国家造福当地居民，推动当地经济发展。中国能源企业应继续扩大能源合作的规模和频次，建立多元化能源合作通道，市场化能源定价，以获得动态的能源资源保障。此外，应高度重视中国能源交易中心的建设，为中国建立亚太地区能源市场定价中心，推出具有影响力的能源基准价格打牢基础。

---

① 王海燕：《上海参与"两带一路"建设的优势、挑战与对策研究——基于中国省际面板数据的实证分析》，载《上海经济研究》2015 年第4 期。

(五)完善能源合作法律制度实施措施

"一带一路"沿途各国间的能源贸易、能源投资领域有着巨大的合作潜力。实现"贸易畅通"的目标,迫切需要"一带一路"沿途各国深化区域能源合作,增强能源合作领域法律制度的透明度,特别是要对能源投资便利化领域做出明确具体的法律制度安排,并就能源合作的基础设施、能源运输、能源标准计量、能源合作技术、人员往来等方面深入合作的法律制度实施措施加强交流,积极建立能源合作的法律实施保障机制。沿途各国应当积极推动"关税共同、规则共议",努力扫除阻碍能源合作的制度障碍。[①] 中国应重视与沿途国家共同加强能源合作项目安排、推动能源合作的法治实施保障体制机制建设,完善双边或多边能源贸易和投资保护机制以及法律实施保障措施,共同积极降低或消除关税和非关税壁垒,提高能源合作的法治保障水平,真正降低能源合作成本。

"一带一路"能源合作法治化从能源产业链上可分为能源基础设施建设、勘探开发、贸易、道路与管线运输、运输安全、冶炼加工、消费等环节,这些环节均成为能源合作法治化的领域。能源基础设施建设中,各国的技术、资金具有极好的互助性;能源生产中,各国的能源资源具有天然互补性;能源运输及能源安全是各国共同关注的焦点;能源消费及生态环保把各国的利益联系在一起。国际能源合作法治化缺失,"一带一路"能源合作各个环节过去一直处于无序混乱的状态,无论是能源生产大国、能源消费大国还是发展中的能源小国,在能源合作秩序不断变化的今天,都无所适从。通过制度化、规则化才能使这些竞争良性化、有序化,使矛盾能够在法治范围内得到较好的控制。[②] "一带一路"能源合作法治化是中国能源战略的重要组成部分,是中国对国家利益与能源长远发展的考虑,同时也符合欧亚非三大洲各国的国家利益与能源发展战略需要。"一带一路"能源合作法治化倡导能源利益共同体、能源责任共同体、能源命运共同体三位一体的理念,该理念将中国与欧亚非各国的国家能源合作利益、长远发展、共建"一带一路"能源合作可持续发展结合起来,形成合力,实现互利共赢、共同发展,从而使共建"一带一路"具有光明的前景。

---

① 孙伟:《"一带一路"战略构想的基础及策略》,载《宏观经济管理》2015 年第 4 期。

② Elizabeth Rosenberg, Energy Rush: Shale Production and US. National Security, *Center for a New American Security*, February 2014.

Study on the Legalization of Energy Cooperation in "the Belt and Road"

Yue Shumei　Guo Youfang

Abstract: The degree of economic development of "the Belt and Road" strategy varies from country to country, and the energy resources have their own characteristics. From the current situation in each country and existing basis and conditions, energy has better cooperation potential and development space. "The Belt and Road" energy cooperation should be conducted in an orderly manner, the rule of law is the only desirable way. "The Belt and Road" energy cooperation legalization needs to be supported by multilevel agreements, models, rules and institutional systems, forming the energy cooperation path, the basic framework of energy cooperation legalization, and the energy cooperation dispute settlement mechanism. China should take the initiative to promote "the Belt and Road" energy cooperation in the rule of law, to take creative coping strategies.

Key words: "the Belt and Road"; Energy Cooperation; Rule of Law

"一带一路"倡议下中国与东盟国家判决承认与执行的挑战与机遇*

刘元元**

摘　要:中国与东盟国家应充分利用"一带一路"倡议下的合作契机,深化相互之间判决的承认与执行。目前中国与东盟国家判决的承认与执行面临的挑战在于国际公约的缺失、双边协定作用有限以及司法实践的不明确。与此同时,中国与东盟国家同样面临着前所未有的机遇,未来中国与东盟国家判决的承认与执行应坚持共商、共通、共享的原则,构建由简到繁的司法协助制度,同时充分利用好《海牙选择法院协议公约》的契机,促进中国—东盟区域内判决承认与执行的统一化,进而为"一带一路"沿线国家提供可供参考的范本。

关键词:外国判决承认与执行;互惠原则;《海牙选择法院协议公约》

随着"一带一路"倡议的稳步推进,我国与"一带一路"沿线国家的合作水平逐年攀升,2016 年到 2018 年"一带一路"国家中越南、泰国、马来西亚、新加坡、印度尼西亚、柬埔寨等东盟国家分别位列第六名到第十名。① 无论在政策沟通、设施联通、贸易畅通、资金融通方面,还是在民心相通方面,作为"一带一路"合作"深耕区"的东盟国家,在"一带一路"沿线国家中都表现突出。中国与东盟国家不仅有东盟自贸区的合作,还有"一带一路"政策的

---

* 本文为重庆市社科规划项目青年项目"'一带一路'倡议下国际民商事司法协助问题研究"(2017QNFX44)的阶段性成果,西南政法大学一般项目"自贸区框架下的涉外民商事司法协助问题研究"(2015XZQN-09)的成果。

** 刘元元,西南政法大学讲师、法学博士。

① 国家信息中心"一带一路"大数据中心:《"一带一路"大数据报告 2018》,商务印书馆 2018 年版。

加持。因此，中国和东盟国家在"一带一路"倡议下有了新的国际民商事法律合作的机遇。随着我国与东盟国家间的民商事交往更加频繁，国际民商事争议解决过程中的法律保障显得尤为重要。作为国际民商事争议解决的最后一环，判决能否得到承认与执行直接影响当事人权利义务的实现，也会影响一个国家的司法公信力。因此，中国与东盟国家之间判决的顺利承认与执行意义重大。

一、东盟国家判决在我国的承认与执行

东盟国家的民商事判决寻求在中国法院进行承认与执行，有三大途径：一是作为某一国际条约的共同成员国，依据国际条约的承认与执行；二是与中国签订了国际民商事司法协助双边协定，对判决承认与执行有明确规定；三是《中华人民共和国民事诉讼法》(以下简称《民事诉讼法》)及《最高人民法院关于适用〈中华人民共和国民事诉讼法〉的解释》(以下简称《司法解释》)的基本规定，其核心要求在于存在互惠关系。

(一)国际条约与双边协定途径

1.国际条约

在国际条约方面，2005 年《海牙选择法院协议公约》(以下简称《海牙公约》)已经生效，目前中国已经签署该条约，但尚未批准。[①] 新加坡则已经批准该条约，并出台了《选择法院协议法》(*Choice of Court Agreement Act*，CCAA)和《第 111 号法庭规则》赋予了《海牙公约》国内效力。其他东盟国家并未对加入《海牙公约》表态。因此，相比 1958 年《承认与执行外国仲裁裁决公约》(以下简称《纽约公约》)，东盟主要国家，即泰国、新加坡、越南、柬埔寨、老挝、印尼、菲律宾、文莱均为成员国，因此在仲裁裁决的承认与执

① 中国于 2017 年 9 月 12 日签署《海牙选择法院协议公约》。参见《中国签署〈选择法院协议公约〉》，http://www.fmprc.gov.cn/web/wjb_673085/zzjg_673183/tyfls_674667/xwlb_674669/t1492306.shtml，下载日期：2018 年 9 月 30 日。

行上较为一致。[①] 在外国判决承认与执行上则有待各国之间的进一步合作。

2.双边协定

目前,我国与东盟国家有国际民商事司法协助双边协定的国家是:泰国[②]、新加坡[③]、越南[④]、老挝[⑤]。然而,在签订的双边司法协助协定中,规定了判决承认与执行的内容仅为中国与老挝和越南的司法协助协定。与新加坡、泰国签订的双边司法协助协定中,并未涉及判决的承认与执行的内容。

越南法院判决的承认与执行,除非存在明确规定的拒绝承认与执行的情形,[⑥]如判决的终局性、有管辖权的法院、正当程序、不存在与该外国判决相冲突的国内或外国判决、公共秩序保留,符合规定的判决一般可以在中国得到承

---

① 当然,《纽约公约》在具体的执行上,也存在一定的问题。比如,印度尼西亚在PT尼扎瓦诉保加利亚航运公司一案中,最高法院认为原则上外国法院的判决和仲裁裁决不能在印尼生效。尽管印尼加入了《纽约公约》,最高法院仍拒绝发布执行伦敦仲裁机构做出的仲裁裁决。See Dr Yu Un Oppusunggu, Country Report The Republic of Indonesia, in Adeline Chong, Recognition and Enforcement of Foreign Judgments in Asia, *Asian Business Law Institute* 2017.

② 《中华人民共和国和泰王国关于民商事司法协助和仲裁合作的协定》于1994年3月签署,1997年7月生效。

③ 《中华人民共和国和新加坡共和国关于民事和商事司法协助的条约》于1997年4月签署,1999年6月生效。

④ 《中华人民共和国和越南社会主义共和国关于民事和刑事司法协助的条约》于1998年10月签署,1999年12月生效。

⑤ 《中华人民共和国和老挝人民民主共和国关于民事和刑事司法协助的条约》于1999年1月签署,2001年12月生效。

⑥ 根据《中华人民共和国和越南社会主义共和国关于民事和刑事司法协助的条约》第17条的规定:有下列情形之一的,可拒绝承认与执行:(1)根据作出裁决的缔约一方的法律,该裁决尚未生效或不能执行。(2)根据第18条的规定,裁决是无管辖权的法院作出的。(3)根据作出裁决的缔约一方的法律,在缺席判决的情况下,缺席的败诉一方当事人未经合法传唤;或者无诉讼行为能力的当事人未得到适当代理。(4)被请求方的法院对于相同当事人之间关于同一标的的案件已经作出生效裁决或正在进行审理,或者已经承认了第三国对该案件作出的生效裁决。此外,该条约第9条规定:如果被请求方认为执行司法协助请求可能损害其主权、安全、公共秩序、基本利益或法律的基本原则,可以拒绝提供此项协助,并应将拒绝的理由通知请求方。

认与执行。相比之下，老挝共和国法院判决的承认与执行规定的条款更多，[①]包括有管辖权的法院、不违背专属管辖、判决的终局性、正当程序、不存在与该外国判决相冲突的国内或外国判决、公共秩序保留。

因而，东盟十国，除了越南和老挝能够依据双边协定规定的条件进行判决的承认与执行外，其他东盟国家在中国寻求外国法院判决的承认与执行，只能依靠中国国内立法规定的条件进行。

表 1　中国与东盟国家民商事司法协助协定情况一览表

国家	与中国有民事司法互助协定的国家	有判决承认与执行协定内容的国家	《纽约公约》成员国	《海牙公约》成员国	其他
马来西亚			√		
印度尼西亚			√		
泰国	√		√		
菲律宾			√		
新加坡	√		√	√	《备忘录》
文莱			√		
越南	√	√	√		
老挝	√	√	√		
缅甸			√		
柬埔寨			√		

资料来源：本表的制作，参考了 Adeline Chong，Recognition and Enforcement of Foreign Judgments in Asia，*Asian Bussiness Law Institute* 2017 一书中郭玉军教授撰写的中国立法部分的表格，特此说明。

---

① 《中华人民共和国和老挝人民民主共和国关于民事和刑事司法协助的条约》第 8 条规定：如果被请求方可以执行某项请求可能损害其主权或安全，可以拒绝提供协助，但应将拒绝的理由通知请求方。第 21 条规定了具体的条件，包括：(1)根据作出裁决的缔约方法律，该裁决是最终的和可执行的；(2)据以作出裁决的案件不属于被请求方法院的专属管辖；(3)在缺席判决的情况下，根据在其境内作出裁决的缔约一方的法律，未参加诉讼的当事人已被适当地通知应诉；(4)被请求方法院此前未就相同当事人之间的同一诉讼标的作出最终裁决；(5)在作出该裁决的诉讼程序开始前，相同当事人未就同一诉讼标的在被请求方法院提起诉讼；(6)根据被请求方法律，裁决是可以执行的；(7)被请求方认为裁决的承认与执行不损害其主权或安全；(8)裁决的承认与执行不违反被请求方的公共秩序或基本利益；(9)裁决或其结果均不与被请求方法律的任何基本原则相抵触；(10)裁决是由管辖权法院作出的。

(二)国内立法的途径

2012年修订的《民事诉讼法》第281条规定:"外国法院作出的发生法律效力的判决、裁定,需要中华人民共和国人民法院承认和执行的,可以由当事人直接向中华人民共和国有管辖权的中级人民法院申请承认和执行,也可以由外国法院依照该国与中华人民共和国缔结或者参加的国际条约的规定,或者按照互惠原则,请求人民法院承认和执行。"《民事诉讼法》第282条又明确规定:"人民法院对申请或者请求承认和执行的外国法院作出的发生法律效力的判决、裁定,依照中国缔结或者参加的国际条约,或者按照互惠原则进行审查后,认为不违反中国法律的基本原则或者国家主权、安全、社会公共利益的,裁定承认其效力,需要执行的,发出执行令予以执行。"

可见,在国际条约和双边司法协助协定缺位的情况下,东盟国家判决的承认与执行主要依赖是否与我国存在互惠关系。并且互惠关系的存在与否,将是外国法院判决进入公共秩序审查的前提条件,若不存在互惠关系,根本无须审查是否符合我国立法规定的其他条件,因而,存在互惠关系是外国判决承认与执行的先决条件。[①] 而何为互惠,在我国的立法中并不明确,在司法实践中也语焉不详、标准不一。比如,中国法院在承认与执行美国法院的判决时就出现了不一致的结论。美国东区第九巡回法院于2011年承认和执行湖北省高级人民法院作出的三联公司案[②]的判决,[③]但是2017年一方当事人在南昌中级人民法院申请承认与执行美国宾夕法尼亚州第一司法区费城县中级人民法院作出的判决时,南昌中级人民法院认为"我国与美国之间没有缔结或者参加

---

① 互惠原则也存在例外情形,2015年施行的《司法解释》第544条规定:"当事人向中华人民共和国有管辖权的中级人民法院申请承认和执行外国法院作出的发生法律效力的判决、裁定的,如果该法院所在国与中华人民共和国没有缔结或者共同参加国际条约,也没有互惠关系的,裁定驳回申请,但当事人向人民法院申请承认外国法院作出的发生法律效力的离婚判决的除外。"最高人民法院于1991年颁布了《关于中国公民申请承认外国法院离婚判决程序问题的规定》,于2000年颁布了《关于人民法院受理申请承认外国法院离婚判决案件有关问题的规定》,其中对外国法院作出的离婚判决,并未提出双方存在互惠关系的要求。

② See Hubei Gezhouba Sanlian Industrial Co. Ltd. and Hubei Pinghu Cruise Co. Ltd. v. Robinson Helicopter Company Inc. 06-01789(C.D. Cal. 2009).

③ He Qisheng, Recognition and Enforcement of Foreign Judgments between USA and China: A Study of Sanlian v Robinson, 6(1) *Tsinghua China Law Review* 37(2014).

相互承认和执行法院判决、裁定的国际条约，亦未建立相应的互惠关系"[①]。然而，2017年6月武汉市中级人民法院在承认与执行美国加利福尼亚州洛杉矶县高等法院中则认为，"美国有承认和执行我国法院民事判决的先例存在，即三联公司案，因此可以认定双方之间存在相互承认和执行民事判决的互惠关系"[②]。因此究竟是按照国际法意义上的主权国家作为互惠关系的参照还是对不同的法域分别判断是否建立互惠关系，立法和司法实践尚不明确。[③]

2015年6月16日，最高人民法院发布了《关于人民法院为"一带一路"建设提供司法服务和保障的若干意见》(以下简称《若干意见》)。《若干意见》明确提出，"要在沿线一些国家尚未与我国缔结司法协助协定的情况下，根据国际司法合作交流意向、对方国家承诺将给予我国司法互惠等情况，可以考虑由我国法院先行给予对方国家当事人司法协助，积极促成形成互惠关系"。最高人民法院《若干意见》主要针对的是"一带一路"沿线国家，突破了以往我国法院严格执行事实互惠的格局，向法律互惠和主动互惠迈出一大步。这释放了一个积极的信号，将对我国法院承认和执行外国判决的司法实践产生重大影响。东盟国家作为"一带一路"沿线国家的成员，在我国国内立法并无明确的情况下，在判决的承认与执行上，互惠标准更为宽松。

2017年6月8日，在广西南宁举办的中国—东盟大法官论坛上通过了《南宁声明》，其更明确表示："……尚未缔结有关外国民商事判决承认与执行国际条约的国家，在承认与执行对方国家民商事判决的司法过程中，如对方国家的法院不存在以互惠为理由拒绝承认与执行本国民商事判决的先例，在本国国内法允许的范围内，即可推定与对方国家之间存在互惠。"这意味着东盟

---

① 参见江西省南昌市中级人民法院民事裁定书(2016)赣01民初354号。

② 参见湖北省武汉市中级人民法院民事裁定书(2015)鄂武汉中民商外初字第00026号。

③ 也有学者认为，美国对外国判决的承认与执行属于州法权限，各州标准有所不同。美国承认与执行湖北省高级人民法院的判决最多也只能认为加州法院给予了中国法院判决事实上的互惠关系，虽然加州法律对外国判决承认与执行并不要求互惠关系。参见杜涛：《中美之间是否已建立判决承认与执行的互惠关系？——评南昌中院的一起相反裁决》，http://mp.weixin.qq.com/s?__biz=MzAxMzMxMjI5Mw==&mid=2654105449&idx=1&sn=c7c451f9d4e39becd0075ad7adb59fd2&chksm=80624723b715ce3574c97bd9b29b8d7c66d1d77437057290a142405b191d7c73395b1ed8acfb&mpshare=1&scene=23&srcid=0911YNIBCaKR5kJHE5NFLAYQ#rd，下载日期：2018年9月30日。

国家的判决拿到中国法院进行承认与执行时,在互惠的判断上,会引入更为宽松更易明确的“推定互惠”,即针对东盟国家的判决,如果这些国家并无拒绝中国法院判决的先例,即可认定为存在互惠关系。这表明了我国在互惠原则上的转变,而这个转变优先在东盟国家内实施。

此外,2018 年 8 月 31 日,最高人民法院与新加坡最高法院签署了《中华人民共和国最高人民法院和新加坡共和国最高法院关于承认与执行商事案件金钱判决的指导备忘录》(以下简称《备忘录》),标志着中国和新加坡在民事司法领域的合作进入了务实阶段,也代表着我国与东盟国家在判决承认与执行上的进一步发展。《备忘录》的目的在于为两国在实践中进行判决的承认与执行提供了指南,细化了两国判决承认与执行的条件、程序等规定。《备忘录》第 6 条至第 16 条明确了新加坡判决在中国的承认与执行的条件、受理法院、提交资料等,第 17 条至第 30 条说明了中国法院作出的判决如何能在新加坡法院获得承认与执行。

二、我国判决在东盟国家的承认与执行

我国法院作出的民商事判决意图在东盟国家得到承认与执行,其途径同样主要有三种:一是国际条约;二是双边司法协助协定;三是依据东盟有关国家的国内立法的规定。

如上所述,目前,我国与东盟国家判决的承认与执行并无国际条约的依据,而与越南和老挝是依据双边司法协助协定的规定进行承认与执行。与新加坡有《备忘录》的内容作为参考。除此之外,其他国家主要是依据各国国内立法的规定。以下简要介绍其他东盟国家国内立法规定的基本条件。

(一)马来西亚[①]

马来西亚承认与执行外国判决的制度主要包括成文法和普通法,其承认与执行外国判决的成文法为《1958 年判决交互执行法》(*Reciprocal Enforcement of Judgments Act* 1958,REJA)。在判决的分类上,主要分为对人之诉和对物之诉。对人之诉包括外国金钱判决和外国非金钱判决,分别有成文法

---

① Dr Choong Yeow Choy, Country Report Malaysia, in Adeline Chong, Recognition and Enforcement of Foreign Judgments in Asia, *Asian Bussiness Law Institute* 2017, pp. 123~135.

和普通法之下的承认与执行制度;对物之诉同样也区分成文法和普通法之下判决的承认与执行制度。但是成文法项下的金钱判决仅适用于 7 个国家或地区的高级法院[①]作出的判决,[②]无法适用于中国的判决。因此,中国判决在马来西亚的承认与执行主要依赖马来西亚的普通法制度,即首先向马来西亚当地法院就原案件提起新的诉讼,达到普通法规定的条件后予以承认与执行。而普通法项下的要求与 REJA 的要求大体类似,要求:(1)判决是终局性的判决,在上诉期内的判决不具有终局性;(2)不得与马来西亚已经承认与执行的判决相冲突。拒绝承认与执行外国判决的理由包括:(1)原审国法院不具有管辖权;(2)判决的债务人在诉讼的合理期间内未获得诉讼程序的通知,致使其无法及时抗辩或无法出庭;(3)判决通过欺诈获得;(4)违背了马来西亚的公共秩序。

对于对人之诉下的非金钱判决的承认与执行,目前马来西亚相关法律对此项无明确规定,在成文法之下是明确排除了非金钱货币外国判决的承认与执行。对物之诉之下,成文法明确规定,作为诉讼标的的物必须位于原审法院境内,若诉讼标的是位于原审法院境外的不动产,则原审法院被认为对案件不具有管辖权。

(二)文莱[③]

由于历史的原因,英国的普通法、衡平规则、成文立法和习惯法对文莱的立法产生了很大的影响,文莱《外国判决交互执行法案》(*Reciprocal Enforcement of Foreign Judgments Act* 1996, REFJA)是其国内唯一一部关于执行外国法院判决的成文立法。遗憾的是,目前可以交互执行的国家只有马来西

---

① 这其中包括东盟国家中的新加坡、文莱以及中国香港特别行政区。当然,根据马来西亚 REJA 第 9 条第 3 款第 2 项的规定"互惠国家"是可变的。

② 予以登记的前提条件是:(1)判决是互惠国家作出的判决;(2)登记和执行的时限为判决作出的 6 年内;(3)该判决为终局性判决;(4)判决内容必须是金钱的支付等。同样,拒绝承认与执行的理由包括:(1)判决不适用 REJA 或者违反 REJA 进行登记;(2)原审法院对案件无管辖权;(3)涉案债务人在合理时间内未获得程序通知,使其没有足够时间抗辩或出庭;(4)判决是通过欺诈手段获得的;(5)判决执行将会违反马来西亚的公共政策;(6)申请登记人并非判决的权利人。

③ Dr Colin Ong QC, Country Report Brunei Darussalam, in Adeline Chong, Recognition and Enforcement of Foreign Judgments in Asia, *Asian Business Law Institute* 2017, pp.19～36.

亚和新加坡。因此,中国法院判决意图在文莱承认与执行必须依据普通法进行,当事人需要以判决之债为诉因在文莱国内重新提起诉讼,高等法院可以授予简易判决。若未能获得该简易判决,可以上诉,也可以案件事实为由另行诉讼。其对可执行判决的要求是:(1)判决是解决案件的实质争议;(2)基于确定一定数额的金钱而非税收、罚金或其他刑罚;(3)判决是确定的和终局的;(4)原审法院有管辖权;(5)外国法院根据文莱的冲突法规则必须对案件有国际管辖权;(6)没有针对执行的抗辩。其中这些抗辩包括:外国判决是通过欺诈获得的、外国判决与文莱公共政策相抵触、外国判决通过违反自然正义获得、外国法院判决与文莱本国作出的判决相冲突、外国法院判决与文莱已经承认与执行的判决相冲突、被申请人在原审法院没有获得通知致使其没有充足的时间进行抗辩或出庭。

(三)缅甸[①]

缅甸的法律制度受英国立法和普通法原则的影响。缅甸并非任何有关判决承认与执行的双边或多边协议的成员国。[②] 缅甸关于承认与执行外国法院判决的立法十分陈旧,为 1908 年《民事诉讼法典》(*Civil Procedure Code* 1908, CPC)的规定。该法第 44 条第 a 款规定,任何来自互惠国家的高等法院的判决书提交到地方法院,经核实后都应被执行,效力等同于缅甸法院的判决。但事实上没有任何国家或地区被认可是缅甸的"互惠国家",所以该规定并不能适用。

根据 CPC 第 13 条的规定,外国法院判决首先应是终局性的,除了例外情形不予承认与执行外,原则上缅甸法院就应当承认其效力。例外情形主要包括:(1)审理法院并无适格的管辖权[③];(2)该判决并未就案件的实质问题进行

---

① Minn Naing Oo, Country Report MYANMAR, in Adeline Chong, Recognition and Enforcement of Foreign Judgments in Asia, *Asian Business Law Institute* 2017, pp. 136～145.

② 但是,缅甸是 1958 年《关于承认与执行外国仲裁裁决的国际公约》的成员国,因此仲裁裁决的承认与执行相对更容易在缅甸得到承认与执行。

③ 第一,外国判决必须在有管辖权的法院作出。而外国法院是否有管辖权是由缅甸的法官依据国内法决定的。CPC 第 14 条规定:除非有相反的情况,缅甸法院应推测外国判决是由有管辖权的法院作出的。但这种推测可以被法官推翻。第二,CPC 第 16 条规定:任何关于缅甸境内的不动产的诉讼都只能向缅甸境内的法院提起。这意味着关于不动产的诉讼由缅甸法院专属管辖,否则判决不会得到承认与执行。

审判;(3)该判决违反了国际法或本应适用缅甸法而没有适用[①];(4)该判决违背了自然正义[②];(5)该判决是通过欺诈获得的[③];(6)该判决与缅甸国内法相抵触[④]。迄今为止,司法实践中缅甸承认与执行外国判决的实例很少,已执行的判决大部分来自印度,主要是因为殖民时代留下的两国法律体系的紧密联系。目前尚未有实例可以证明缅甸会如何执行不同法系,如大陆法系国家的判决。因此,中国法院的判决在缅甸得到承认与执行有诸多可能性。

(四)柬埔寨[⑤]

柬埔寨关于判决承认与执行的内容规定于《柬埔寨民事诉讼法典》(*Civil Procedure Code* 2006, CPC)以及《柬埔寨民法典》(*Civil Code of Cambodia* 2011, CCC)中。

2006 年 CPC 第 199 条第 a 款到第 d 款明确了承认与执行外国法院判决的条件:第一,柬埔寨国内立法、国际条约或当事人的约定确认外国法院的管辖权;第二,被申请人获得了送达传票或其他必要的令状得以开始诉讼,或未收到这些诉讼时进行了答辩,主要是基于《民事诉讼法典》第 3 条规定的正当程序原则;[⑥]第三,判决的内容和程序没有违反本国的公共秩序或风俗;[⑦]第四,作出判决的外国国家与柬埔寨存在互惠的保证,即判决作出国必须有相应的机制保证承认与执行柬埔寨法院的判决;[⑧]第五,外国判决是终局的,根据

---

① 学者认为,这是对互惠原则的要求。See Minn Naing Oo, Country Report MYANMAR, in Adeline Chong, Recognition and Enforcement of Foreign Judgments in Asia, *Asian Business Law Institute* 2017.

② 但目前还没有案例适用这条规则。

③ 但因为缺乏相关案例解释这条规则,所以很难确定这条规则是把欺诈限制在诉讼程序上,还是指缅甸法官要考虑外国法庭上关于欺诈的证据。

④ 缅甸政府出台了一些关于外国投资的政策,如果仅是违反这些不成文的政策,而并未违反成文法的法条,判决是否能承认与执行还不明确。

⑤ Youdy Bun, Country Report Cambodia, in Adeline Chong, Recognition and Enforcement of Foreign Judgments in Asia, *Asian Business Law Institute* 2017, pp.37~48.

⑥ 若当事人并未获得正当的送达,且当事人因此没有机会出庭答辩,将被认为是违反了正当程序,甚至会被认定为违反了柬埔寨的公共秩序或风俗,进而拒绝承认与执行。

⑦ 公共秩序与风俗包含的范围由柬埔寨法院根据个案进行判断,可能的情形包括:通过欺诈获得的判决以及未获得辩论权。

⑧ 目前,柬埔寨仅与越南签订了《民事司法互助条约》,条约中并没有互惠的约定。因此,所谓的互惠的保证,如何来进行认定较为模糊。

判决作出国的法律进行判断;第六,不涉及柬埔寨法院的专属管辖;第七,外国判决与柬埔寨作出的已决判决相矛盾,将不会得到承认与执行。

(五)印度尼西亚[①]

印度尼西亚[②]目前并未加入任何相关的国际公约和协定,其国内立法,即《民事诉讼法》(*Code of Civil Procedure* 1847, Rv)第436条第1款明确规定,外国法院判决在印尼不具有执行力。同时,印尼的法律把外国判决的"承认"和"执行"加以区分。学者认为在进行承认时,法院是被动的,因为只要确认外国判决的存在。与承认相对的执行,则需要法院积极地参与对外国判决中的债权人的协助。如果争议的败诉方自觉地服从外国的判决,不论是司法解决或者是判决,印尼的法院都没有立场去进行承认或者协助执行。如果败诉方拒绝合作,胜诉方必须去寻求法院的帮助以行使自己的权利。

因而,双方当事人若有意根据外国法院判决解决争议,须向印尼法院重新提起诉讼,且印尼法院不会将这个案件作为已决案件,但当事人可以提供外国判决作为初步证据。[③] 至于对外国判决的内容如何判断,则取决于法官根据个案分别确定。

(六)菲律宾[④]

菲律宾关于外国判决承认与执行的规则主要集中于菲律宾法院规则,即1997年的《民事诉讼规则》(*Rules of Civil Procedure*, *bar matter no.* 803 1997)。根据该法的规定,外国判决只能通过独立的诉讼才能在菲律宾得到承认与执行。根据该规则第39条第48款的规定:该外国判决首先必须是终局

---

① Dr Yu Un Oppusunggu, Country Report The Republic of Indonesia, in Adeline Chong, Recognition and Enforcement of Foreign Judgments in Asia, *Asian Business Law Institute* 2017, pp.91~104.

② 为表述方便,以下简称"印尼"。

③ 比如,HPR诉美林证券国际银行新加坡分行一案(Harjani Prem Ramchand v Merrill Lynch International Bank Ltd Singapore Branch, Central Jakarta Country Court No 389/PDT)中,雅加达总部地区法院再次强调外国判决在印尼不具有可执行性,法院认为新加坡的判决可以在审理时作为证据。

④ Elizabeth Aguiling-Pangalangan, Country Report Republic of the Philippines, in Adeline Chong, Recognition and Enforcement of Foreign Judgments in Asia, *Asian Business Law Institute* 2017, pp.146~162.

的。法院在承认与执行时需考虑如下因素：

第一,外国法院拥有管辖权,其判断依据为原审国的程序法。但是菲律宾法院不会自动拒绝承认和执行违反法院选择条款的外国判决。[①]

第二,判决不得通过外部欺诈获得,如错误的宣誓、重要文件的故意隐瞒、当事人之间的勾结等。内部欺诈不作为拒绝的理由。

第三,不得违反菲律宾的公共政策。

第四,符合正当程序,包括必须有一个拥有司法权的法院或法庭裁决此事,管辖权必须基于被告或者诉讼标的物合法地获得,被告必须有机会获得辩护,必须是合法作出判决。

第五,外国诉讼程序的终局性,即只有在法律允许的上诉期限届满之后,或者在上诉法院维持判决后上诉完成时,该期限才被视为最终或有效。

第六,不得与之前的判决相冲突,当外国判决与另一最终判决相冲突时,法院可以拒绝承认和执行该外国判决。在外国的判决和菲律宾的判决之间,很可能是菲律宾法院坚持自己的判决。关于两个相互矛盾的外国判决,菲律宾法院很可能会维持更类似于菲律宾法律的判决。如果一项有关继承权的外国判决来自大陆法系国家,另一项来自普通法系国家,菲律宾法院将更有可能维护来自大陆法系国家的外国判决。

第七,原则上,菲律宾不对外国法院判决进行实质审查,不得以外国法院判决的事实或法律错误为由拒绝承认与执行。菲律宾法院只会在事实或法律明显错误"会对另一方当事人产生明显的不公正"时,才会以此为由拒绝承认与执行外国法院的判决。

(七)泰国[②]

1938 年《泰国国际私法》第 3 条明确规定:"本法或泰国其他立法对冲突法案件无规定时,适用国际私法的基本原则。"但是实践中泰国法院甚少运用该条解决外国判决的承认与执行问题。而泰国并无关于承认与执行外国判决

---

① 在香港上海银行案中,菲律宾法院裁定,尽管当事人之间有选择法院的协议,但并未排除菲律宾的管辖权。对诉讼的管辖权是由法律赋予的,而不是由当事人授予的。(See Hong Kong and Shanghai Banking Corp. v. Sherman, GR No.72494, 11 Augest 1989)

② Dr Poomintr Sooksripaisarnkit, Country Report Kingdom of Thailand, in Adeline Chong, Recognition and Enforcement of Foreign Judgments in Asia, *Asian Business Law Institute* 2017, pp.202～21.

的法律。实践中,当事人需要在泰国法院重新开始诉讼,只要外国判决符合以下条件:(1)判决由具有司法管辖权的法院作出;(2)判决是终局的、确定的;(3)不违背社会公共政策与良好风俗。外国判决可以被法院认定为新诉讼的证据。

(八)新加坡

新加坡对人或对物判决的承认与执行的法律依据主要包括:《英联邦判决交互执行法》(*Reciprocal Enforcement of Commonwealth Judgment Act*, RECJA)、《外国判决交互执行法》(*Reciprocal Enforcement of Foreign Judgment Act*, REFJA)及《协议选择法院法》(CCAA)。《英联邦判决交互执行法》适用于在英国或其他英联邦国家高等法院获得的判决。《外国判决交互执行法》适用于具有互惠关系的外国国家高等法院作出的判决,目前仅包括中国香港地区。

由于中国与新加坡并无国际条约存在,双边司法协助协定的内容亦不涵盖判决承认与执行,无法依据上述成文立法,因此,中国判决在新加坡的承认与执行主要依据新加坡的普通法规则。新加坡法院的做法与英国普通法的立场相似。根据《备忘录》第17条至第30条的规定,中国判决在新加坡承认与执行的条件包括:(1)中国法院的判决必须是终局性和确定的,判断标准由中国法律确定。(2)对人判决时,中国法院应具有管辖权,具体可以认定管辖权的情形包括:在起诉时身处或居住在中国法院的司法管辖内;系诉讼中的申请人或反诉人;接受中国法院的管辖;在诉讼程序启动之前,约定受中国法院管辖。

新加坡法院在以下情形下会拒绝承认与执行中国法院的判决:第一,判决是以欺诈手段获得的;第二,判决违反了新加坡的公共政策;第三,新加坡法院认为作出判决的程序与自然正义的原则相抵触,如当事人没有获得有关司法程序的通知或没有获得陈述意见的合理机会,审判组织成员与案件结果有个人利害关系等。

三、我国与东盟国家判决承认与执行的新挑战

(一)国际公约的缺失

在国际社会,判决承认与执行取得较为明显成果的为欧盟和海牙国际私

法会议。欧盟由于区域化程度较高，为了促进判决的自由流通，《布鲁塞尔条例Ⅰ》（《关于民商事管辖权及判决的承认与执行的第44/2001号条例》，2012年修正）规定了判决承认与执行的具体条件。海牙国际私法会议致力于国际社会判决承认与执行的统一化，2005年签订的《选择法院协议公约》已于2015年生效，且欧盟作为一个整体加入该公约。除此之外，丹麦、新加坡、澳大利亚、墨西哥、黑山共和国已经批准该公约。美国、乌克兰和中国分别于2009年、2016年和2017年签署了该公约。此外，海牙国际私法会议的《承认与执行外国法院判决公约（草案）》亦在积极的协商和讨论中。①

东盟自由贸易区作为发展中国家间最大的自贸区，是世界三大区域经济合作区，法律措施作为保障经济发展的重要手段，民商事争议的顺畅解决将会大大促进自贸区内的经济、文化、人员的交往。2004年签署的《中华人民共和国与东南亚国家联盟全面经济合作框架协议争端解决机制协议》，但在法律框架尤其是国际民商事领域判决的承认与执行在自贸区框架下并无进展。国际条约的缺失，致使东盟国家之间的民商事司法协助举步维艰，在外国判决承认与执行的问题上，各国由于法律传统、法律制度等差异，导致判决承认与执行存在诸多障碍，严重影响了当事人之间的顺利交往。

（二）双边协定发挥的作用有限

有学者认为，从实践效果来看，双边司法协助条约在判决的承认与执行上发挥的作用有限，主要原因有：一是有些双边司法协助条约中并未涵盖判决承认与执行的内容，如与新加坡、泰国的司法协助条约；二是内容规定繁多，包括司法文书的送达与调查取证、仲裁裁决的承认与执行等，这在一定程度上损伤了双边条约机制在判决承认与执行上的有效性。②

具体到判决承认与执行领域，双边协定发挥的作用确实有限。一方面，有些司法协定很少启用。比如，1987年签订的《中华人民共和国和法兰西共和国关于民事、商事司法协助的协定》是中国与外国签订的第一份双边民商事司法协助协定。该协定长期以来一直处于“封冻”状态，无论是中国法院还是法

---

① 2018年5月海牙国际私法会议已经公布了最新版本的草案，https://www.hcch.net/en/projects/legislative-projects/judgments/special-commission，下载日期：2018年9月30日。

② 王吉文：《外国判决承认与执行的多边公约合作模式》，载《安徽大学法律评论》2011年第1期。

国法院,都没有适用该条约的案例。直至近日,浙江省金华市中级人民法院最终适用该协定承认与执行了法国法院的判决。[①] 另一方面,东盟国家中除了越南和老挝与中国签订的民商事司法协定包括判决承认与执行的规定外,泰国和新加坡的司法协定并未涵盖其内容,更妄谈其他国家在未来签订的司法协助协定是否会涵盖判决承认与执行。

(三)司法实践不明晰

由于立法的不明确,因此在司法实践中,我国法院普遍采取的是较为谨慎和保守的做法,即多以"事实互惠"作为互惠关系存在与否的认定。东盟国家中,我国目前仅与新加坡有了互惠的案例。在高尔化工集团与江苏省纺织工业(集团)进出口有限公司申请承认和执行外国法院民事判决案中,[②]由于新加坡高等法院曾于2014年首次承认与执行苏州市中级人民法院的昆山捷安特案商事判决,[③]南京中级人民法院认为中新之间存在互惠的关系,裁定承认和执行新加坡高等法院作出的判决。但是从本质上说我国法院之所以承认与执行新加坡法院的判决是因为有新加坡承认与执行我国法院判决的先例。这意味着,我国司法实践中依旧是采取"事实互惠",并未先迈出承认与执行的第一步。当然,随着《意见》与《南宁声明》中的互惠的标准宽松化,可以预见未来东盟国家的判决在中国法院的承认与执行的条件会相对明确,至少在互惠的标准上会更容易判定。

除此之外,中新两国的《备忘录》在实践中处于何种地位,是值得分析和思考的问题。在性质上,根据《备忘录》第2条的约定,本备忘录不具有法律约束力、不构成条约或者法规、不对任何一方法官产生约束作用,同时也不取代现行或者未来的法律、司法判决或法院规则。本备忘录无意涵盖所有事项,无意创设或者改变任何现有或未来的法权利、法律关系或对双方相互承认与执行对方的金钱判决创设任何具有约束力的安排。简言之,该备忘录不具备法律效力,仅为了促进双方对彼此法律和司法程序的理解,提升公众的观感和理解。

---

① 参见(2016)浙07协外认1号。申请人为肖莱公司和特力股份有限公司针对被申请人道明光学股份有限公司,请求承认和执行法兰西共和国波比尼(Bobigny)商事法庭2011F01203号民事判决,最终浙江金华中级人民法院认为依据中法司法协助协定,并无拒绝承认与执行的情形,因此予以承认与执行。参见《中国法院根据中法条约承认执行法国法院商事判决》。

② 参见(2016)苏01协外认3号。

③ 参见[2014]SGHC16。

对于新加坡而言，中国判决的承认与执行的条件与备忘录的条件基本一致，且新加坡立法并未将互惠作为判决承认与执行的法定条件。[①] 诚然，若新加坡认定中新之间的《备忘录》构成互惠，则在未来中国内地的判决有可能和中国香港地区一样依据《外国判决交互执行法》(REFJA)的规定进行承认与执行，这有待于双方的进一步合作与探讨。就目前的实践来看，新加坡对中国判决的承认与执行并不以互惠为条件，[②]且中国内地法院已经认定两国互惠关系的存在，日后新加坡法院的判决在中国的承认与执行并无互惠的障碍。

但对于中国而言，中国与新加坡在签署备忘录之前，除了《民事诉讼法》要求的互惠原则以外，并无任何具体对新加坡法院判决进行承认与执行的具体条件和具体程序，但是《备忘录》规定的条件相当于是增设了我国对新加坡法

---

① 要求满足的条件包括：(1)不执行涉及外国刑法、税收或公法的中国判决、终局性和确定性的判决(根据中国法确定)。(2)具有管辖权的法院(确立标准包括：在起诉之时，身处或居住在中国法院的司法管辖区内；系诉讼程序中的申请人或反诉人；接受中国法院的管辖；在诉讼程序启动之前，约定诉讼事项接受中国法院的管辖)。(3)非欺诈手段获得的判决。(4)不违反新加坡公共政策的判决、违反程序与自然正义的原则，如没有获得司法程序的通知或没有获得陈述意见的合理机会、审判组织成员与案件结果有个人利害关系。详见《备忘录》第17条至第30条。

② 新加坡在“昆山捷安特轻合金有限公司”一案中承认与执行苏州中级人民法院的判决并未考虑互惠原则。新加坡法院认为由于中国内地与新加坡并未签署任何关于互相承认和执行法院判决的双边或多边协定，所以将重点审查以下两方面内容：(1)该判决是否可以被新加坡法院所承认。法官认为该类案件没有先例，但根据《戴西和莫里斯冲突法》中的基本规则，只有外国判决必须已生效且具有终局性以及判决作出的法院具有管辖权时，才获得新加坡法院的执行。(2)该判决能否被新加坡法院强制执行。审理法院认为，只有判决内容涉及确切的金钱给付义务才能被新加坡法院所执行。最终审理法院依据新加坡的国际私法规则认定：被申请人自愿接受2005年和2008年中国法院的诉讼管辖，因此中国法院对原审案件享有管辖权；中国法院包含被申请人支付一定确定数额的金钱，因而该判决在新加坡是可以强制执行的。See Giant Light Metal Technology (Kunshan) Co Ltd v. Aksa Far East Pte Ltd，[2014]SGHC 16.参见连俊雅：《“一带一路”战略下互惠原则在承认和执行外国法院判决中的适用现状、困境与变革》，载《河南财经政法大学学报》2016年第6期。

院作出的判决承认与执行的具体条件。[①] 这与现行有效的立法要求相差甚远。但是这并未得到全国人民代表大会或全国人民代表大会常务委员会的认可,也没有由外交部缔结的协定予以确认,仅属于不具约束力的谅解备忘录。若中国内地法院在《备忘录》之后遇到新加坡法院判决的承认与执行,从法理上来说,应适用《民事诉讼法》的立法规定,法官没有义务适用不具法律效力的《备忘录》,但法官是否会参考《备忘录》中所列明的诸多条件去承认与执行新加坡法院的判决尚未可知,这有待于最高人民法院的进一步明确。

四、"一带一路"倡议下判决承认与执行的新机遇

"一带一路"倡议给沿线的东盟国家带来了司法合作的挑战,也带来了契机;与此同时,国际民商事判决承认与执行的完善将会促进"一带一路"倡议的深化。正如新加坡与中国迈开的第一步,给东盟其他国家树立了良好的范文。中国与东盟国家应抓住"一带一路"倡议的良好机遇,克服判决承认与执行中的挑战,力图实现判决流通的自由化和便利化。

(一)坚持共商、共建、共享的原则

在各国国际条约缺失、双边协定作用有限的情况下,中国与东盟诸国应以共商、共建、共享为原则,积极构建良好的判决承认与执行的民商事争端解决机制,促进当事人合法权益的实现,为"一带一路"建设营造良好的法治环境。

"共商"要求各国在平等的基础上积极协商,在判决承认与执行这一法律问题上,尊重各国立法的特殊性和法律传统,充分沟通。"共建"要求各国兼收并蓄,积极探讨加强区域司法协助,促进沿线东盟各国司法判决的相互承认与执行,提高国际司法合作交流的意向,积极促成和推动国际条约和双边协定的订立,积极倡导并逐步扩大国际司法协助范围。虽然在判决承认与执行上各

---

① 除了满足案件类型和范围(不包括直接或间接执行任何涉及外国刑罚、税收或公法的新加坡法院判决,以及不执行涉及知识产权、不正当竞争、垄断等案件的判决)外,包括判决的终局性(有待上诉或处于上诉过程中的判决不是终局性和确定性的判决)、具有管辖权(依据中国法)、不违反中国法律的基本原则或损害国家主权、安全、社会公共利益、不以欺诈的手段取得、当事人获得了有关司法程序的适当通知或者答辩的机会、审判组织成员与案件结果有个人利害关系、无诉讼行为能力的当事人得到了适当代理、无相冲突的判决。详见《备忘录》第6条至第16条。

国规定的立法条件有诸多差异，但各国的最终目标是一致的，即推动区域内国际民商事司法协助制度的统一化。"共享"意味着各国在合作的基础上达到共赢的目标。判决承认与执行制度的完善，将有益于各国之间的民商事交往，最终实现促进各国法律的增益。

中国在这方面作出的努力显而易见。最高人民法院发布的《意见》和大法官论坛上的《南宁声明》对最具争议的互惠原则作出扩大化解释，为"一带一路"国家的交流提供了充分的法律保障，均体现了中国与东盟国家在国际民商事司法协助问题上的立场。

(二)构建从简到难的判决承认与执行制度

目前，中国与新加坡率先通过签订《备忘录》的方式，明确两国判决承认与执行的具体程序和具体条件。虽然中国与新加坡的《备忘录》仅为不具法律效力的"指南"，但这意味着两国司法机关进行合作的开放积极态度、意味着两国致力于解决判决承认与执行这一难题的决心，这也给其他东盟国家提供了未来判决承认与执行构建模式的范本。本文认为，作为一种初步的安排，《备忘录》的方式值得参考，也是目前最简单可行的一种方式。

但鉴于《备忘录》存在上述待解决的问题，各国可以《备忘录》为契机，通过对东盟各国关于判决承认与执行的具体条件进行分析，进一步将其上升为具有法律效力的法律文件。从目前各国的立法来看，除了法律传统的不同带来对判决的分类和判决的范围有所差别外，在判决承认与执行的核心条件上，各国均包含管辖权、公共秩序保留、终局性判决、正当程序、不存在与该外国判决相冲突的国内或外国判决。这说明各国在判决承认与执行的核心条件上有相似性，有达成一致的可能性。这是最难但最有效的一种合作机制，毕竟东盟内部是一种较为松散的约束机制，需要各国之间包容法律制度、法律传统的不同，秉承促进民商事交往的便利化与高效化和判决的自由流通的目标，作为区域共同体共同努力，加强协调与合作，进行谈判和磋商之后才能达成。

(三)《海牙公约》的契机

除了区域化的共同努力外，解决判决承认与执行这一难题的另一种方式为共同加入某一国际性公约。海牙《承认与执行外国法院判决公约》的草案还在讨论和协商之中，但是 2005 年《海牙公约》已经生效，且新加坡已经批准该公约，并于 2018 年 6 月首次依照《海牙公约》及国内相关立法承认与执行了英国的简易判决。[①] 中国亦签署了该公约,正在论证加入该公约。且中国国内学者普遍认为中国有加入该公约的可行性和必要行,只是需要时间去协调配套立法。[②] 因此,可以预见,中国未来加入该公约后,中新两国作为公约的缔约国,除了声明保留的条款除外,在协议管辖法院的判决承认与执行问题上将会按照公约的条款进行,这也成为中新两国合作的另一种方式。因此,若东盟各国能加入该公约,至少在协议选择法院后作出的判决的承认与执行这一问题上会有所突破。

The Challenges and Opportunities of Recognition and Enforcement of Foreign Judgment between China and ASEAN under the BRI

Liu Yuanyuan

Abstract: China and the ASEAN should take advantage of the opportunity to deepen cooperation on the recognition and enforcement of foreign judgment under the Belt and Road Initiative(BRI). The challenges for recognition and enforcement of foreign judgment between China and the ASEEN include the deficiency of international agreements on this aspect, the limit role of the bilateral agreements and the vague of judicial practice. Meanwhile, it faces the unprecedented chances to reverse this situation. China and the ASEAN should persist in the principle of extensive consultation, joint contribution and shared benefits, establishing the judicial assistant system step by step. Moreover, they can make full use of the Hague Choice of Court Agreements Convention to promote the unification of recognition and enforcement of foreign judgment in ASEAN region, which can eventually provide a model for the countries along the routes of BRI.

Key words: Recognition and Enforcement of Foreign Judgment; the Doctrine of Reciprocal; Hague Convention on Choice of Court Agreements

---

① See Ermgassen & Co Ltd v. Sixcap Financials Pte Ltd, [2018] SGHCR 8.

② 对加入《海牙公约》的考量与对策,详见何其生:《中国加入海牙〈选择法院协议公约〉的规则差异与考量》,载《武汉大学学报(哲学社会科学版)》2016 年第 4 期;刘仁山:《我国批准〈选择法院协议公约〉的问题与对策》,载《法学研究》2018 年第 4 期。

"一带一路"倡议下中国企业赴缅投资的挑战与机遇

张剑波*

摘　要:作为"一带一路"沿线国家及东盟的重要成员,缅甸正经历着剧烈的政治民主化转型和经济改革,其复杂多变的国内环境给中国企业赴缅投资增添了不确定性。但同时,缅甸优越的地理位置、潜在的巨大市场及良好的经济发展前景对外国投资者有巨大的吸引力。近年来缅甸密集出台鼓励与保护投资的措施,给中国企业赴缅投资带来了新机遇,抓住这些机遇对中国企业"走出去"具有重要意义。

关键词:"一带一路";投资环境;经济特区;缅甸投资法

在当今国际经济形势复杂多变,贸易保护主义愈演愈烈的背景下,中国与东盟的经贸合作关系却更加密切了,双方互信进一步增强。缅甸作为连接"新丝绸之路经济带"与"21世纪海上丝绸之路"的关键节点之一,其特殊的地理位置与中缅良好的传统友好关系决定了缅甸能在21世纪海上丝绸之路和作为丝绸之路经济带一部分的孟中印缅经济走廊中发挥独特作用。作为首批加入亚洲基础设施投资银行的21个国家之一,它迫切期望通过进一步扩大开放而从"一带一路"建设中受益,这也为广大中国投资者赴缅投资提供了机会。但同时,缅甸正经历着剧烈的政治民主化转型和经济改革,其国内形势的复杂多变给赴缅投资增添了诸多不确定性。在此情形下,赴缅投资的中国企业需要加强对缅甸国内形势的跟踪,了解其国内政策与法律走向,对赴缅投资可能存在的风险予以足够重视,以此确保投资收益。本文拟在"一带一路"背景下就中国企业赴缅投资面临的挑战与机遇加以剖

* 张剑波,西南政法大学国际法学院副教授、硕士生导师,中国—东盟法律研究中心研究员,2004—2005年加拿大不列颠哥伦比亚大学访问学者、2015—2016年新西兰奥克兰大学访问学者。

析,以期给中国企业投资决策提供建议。

一、中国企业赴缅投资面临的挑战

缅甸作为东盟的重要成员之一,其地理位置优越,自然与劳动力资源丰富,由于遭遇西方长达几十年的封锁,许多行业仍处于待开发状态,其投资潜力巨大。缅甸新政府执政两年多来,将工作重心放到了发展经济与扩大开放上,不断出台改革措施,加大外资引入力度,给海外投资者提供了新的投资机会。但同时,由于缅甸正处于政治与经济转型的初期,政治局势尚不稳定、相关制度尚不健全、国内投资环境仍较为复杂,给中国企业赴缅投资造成了障碍。这些障碍主要体现在:

第一,政治局势不稳隐含投资风险。首先,缅甸政局存在不稳定的潜在因素。缅甸自2010年开始从威权政治向民主政治过渡;2016年新政府执政后,标志着长达54年的军人统治暂告一段落。但同时,缅甸并未真正摆脱长久形成的军人独大的局面,军队在缅甸社会中的威权犹在,政治上形成了事实上的军政两大权力中心,给现政府的执政带来了潜在威胁。尽管现政府与军方在政治制度和经济政策等方面没有太大分歧,双方保持着较好的合作关系,但军政各自为政的权力结构意味着二者一旦发生矛盾便可能导致缅甸国内局势陷入动荡,给投资者的投资带来不确定性。

其次,缅甸大大小小的民族武装及其冲突给缅甸政局造成了动荡。自1948年独立以来,缅甸国内形成画地为牢、相互独立的数十支少数民族武装,并经历了长达数十年的内战,尽管前军政府与现政府为政治解决民族武装问题付出了极大的努力,缅甸和平进程也取得了重要进展,但目前为止,仍有部分民族武装组织尚未签署全国停火协议,导致缅甸局部冲突不断。2016年11月20日凌晨,缅北勐古、棒赛等地发生武装冲突,大批难民涌向中缅边境。2017年3月9日,中国外交部表示,缅北地区再度爆发的乱局已使2万余名缅籍边民涌入中方境内避难。① 联合国数据显示,自新政府执政以来缅甸所爆发的冲突已经导致16万人流离失所,②动荡的国内局势无疑给投资者的投资安全造成了极大威胁。

第二,自然与人文环境障碍导致投资风险。首先,缅甸复杂的自然生态环境

---

① 《2017年3月9日外交部发言人耿爽主持例行记者会》,http://www.fmprc.gov.cn/web/fyrbt_673021/t1444510.shtml,下载日期:2018年7月5日。

② 《昂山素季上台近一年　缅甸民众:我们遭受更多痛苦》,http://news.ifeng.com/a/20170329/50854490_0.shtml,下载日期:2018年6月10日。

给相关投资项目带来了潜在风险。从自然条件看，缅甸属于热带季风气候，整体上自然生态环境较好。但同时，一方面，由于受全球气候变暖的影响，洪涝、干旱、飓风、冰雹等自然灾害频繁，气候变化引发的灾难给相关产业或项目，如农业、能源、矿产、水利等投资带来了风险。另一方面，缅甸的矿产资源、油气资源、水利资源、林业资源等丰富，并有着漫长海岸线所带来的丰富的渔业和海洋资源。但上述资源大都处于边远或地形与气候条件复杂的地区，项目开发受自然因素影响巨大，一旦发生自然灾害，极可能导致项目停滞或损失。

其次，缅甸纷繁复杂的地方与民族文化环境给赴缅投资造成了障碍。如前所述，缅甸的投资优势行业，如能源、水利、交通、矿产等具有良好的投资前景，但所涉项目大都处于待开发而人文环境复杂的少数民族聚居区，其文化传统独特、地方意识强、保护主义氛围浓厚、地区冲突不断，加之客观上存在的文化差异以及项目开发可能导致的环境破坏等，使得当地居民对项目产生了抵触情绪。并且，这些地区地方武装势力强、在当地的影响力大，即使他们支持中央政府，也难免将维护本地方及本民族利益放在首位，一旦项目触及其利益便能鼓动民众示威、抵制。并且，即使其对项目开发有共识，也多要求从中获益，如在项目收益中分红等，使得项目难以顺利推进。例如，2012 年，中国投资 10 亿美元的莱比塘铜矿项目就在当地居民及环保组织的干涉下一度停工。2014 年，中缅"昆明—皎漂铁路"项目被缅甸铁路运输部搁置等，都给了中国企业赴缅投资以警醒。①

第三，经济与市场环境缺陷导致投资障碍。首先，缅甸经济环境的先天不足给外国投资造成了困难。主要体现在：其一，缅甸的基础设施落后，其电力供给缺口巨大，其道路、水运、铁路、航空交通较为落后，通信不发达，交通运输能力不一定能够满足项目投资需求。其二，缅甸的产业结构单一、落后，并以农业为主导，工业体系不健全，工业基础薄弱，整个国民经济体系较为脆弱，这些都给赴缅投资造成了障碍。其三，缅甸的技术人才短缺，劳动力受教育水平不理想、技术培训及职业教育较为薄弱、技术工人存在较为明显的缺口等，都有可能给企业的投资造成不利影响。其四，缅甸的金融业欠发达、金融基础设施落后、整个金融环境欠佳、金融管理水平不高、缅元币值不稳定并有不断贬值的风险、外汇储备匮乏等，②都极有可能给投资者赴缅投资造成障碍。

其次，缅甸市场环境不完善也会对项目投资产生不利影响。一方面，缅甸处于政治与经济的新旧转换期，其市场机制不健全，市场软硬件设施尚处于建设中，

① 宋建丹、王国梁：《缅甸投资环境风险分析》，载《城市地理》2017 年第 2 期。

② 杨芳芳：《外国对缅甸直接投资研究》，云南大学 2015 年硕士论文。

市场不完善。以生产要素市场为例,其在股权转让、知识产权买卖、劳动力市场、土地及不动产市场等方面皆不完善,相关制度也存在漏洞,难以满足投资者的现实需要。另一方面,缅甸政府效率低下、公务人员腐败现象较为突出皆给项目投资带来了不利影响。由于缅甸新旧政府更替,目前庞大的政府管理系统及公务员队伍皆是旧体制留下来的,其管理水平低下、官僚作风较为严重、腐败问题较为突出,给公平公正市场的营造带来了负面影响,也影响了投资环境。另外,激烈的制度变革导致缅甸的某些制度设计太过激进,未能综合考虑缅甸市场的实际,也给投资者造成障碍。以缅甸的用工制度为例,2011 年缅甸颁布新劳工法,加大对工人利益的维护,并在配套制度不完备的情况下允许工人罢工及组织工会。其后果便是缅甸国内工人示威、罢工频繁,劳资矛盾突出,企业用工环境恶化,直接影响了企业的运转。2015 年 9 月,缅甸又在全国实行统一的最低工资标准,即每日 3600 缅元(约合 2.8 美元),在没有考虑地区差异及各地经济水平差异的情况下,大大提高了全国劳动力用工成本,给企业的经营和发展造成了障碍。

除了上述挑战以外,缅甸突出的跨境毒品犯罪问题、激烈的民族与宗教冲突、不时出现的排华反华情绪等,都给中国投资者的赴缅投资带来了风险。例如,缅甸是跨境犯罪,如其是走私贩毒的频发之地,臭名昭著的"金三角"就涵盖了缅甸北部的掸邦、克钦邦等,上述区域的投资便可能受毒品犯罪的影响。另外,缅甸的民族与宗教冲突不断,2012 年以来缅甸佛教徒与穆斯林间爆发的多次冲突就造成了超过 200 人死亡及 10 万人流离失所。并且,近年来,由于受西方思潮的鼓动,缅甸的排华情绪有所上升。2012 年 5 月,仰光工业园发生了 18 起针对中国投资企业的罢工事件,2014 年遭叫停的中缅高速铁路项目也有排华反华因素掺和。这些无疑会对中国投资者赴缅投资产生不良影响,需要中国企业加以重视。

二、中国企业赴缅投资的新机遇

当然,从长远来看,缅甸优越的地理位置、潜在的巨大市场及良好的经济发展前景却是中国企业不能忽视的,在重视风险的同时也要看到缅甸投资市场的机遇。事实上,随着缅甸改革开放步伐的加快,中国企业赴缅投资除了面临上述挑战外,也存在着新的机遇。具体体现在以下几方面:

第一,缅甸新《缅甸投资法》(以下简称《新投资法》)的颁布为中国企业赴缅投资提供了新机会。近年来,缅甸在贸易与投资方面出台了系列优惠政策,修订并出台了相关法律,完善了管理程序,期望实现政府引进外资、促进及扩大出口的政策目标。单就投资而言,相关制度设计的基本宗旨是对投资需求量大、技术投入要求

高的自然资源实施优先开发,同时扶植、新建更多能耗少、能够促进区域经济发展并能增加就业的产业的发展。

为实现上述目标,2016 年 10 月 18 日缅甸颁布了《新投资法》,规定将严格按照国际通行标准与惯例,为国内外投资者提供一套"基本的""可行的"权利保障措施,确保投资者及其投资能够"安全、透明、公平",从而更好地促进缅甸环境及社会经济的可持续发展。依据缅甸《新投资法》,政府将对那些在所划定的开发区内投资处于"上升期"行业的企业给予 3～7 年的企业所得税免除。2017 年 2 月 11 日,缅甸投资委员会划定了三类开发区,即一区、二区和三区。一区是政府认定的欠发达地区,二区则为中等发达地区,三区指政府认定的发达地区。2017 年 4 月 1 日,缅甸投资委员会发布了政府认定的上升期行业分类表。包括如下 20 个行业:农业及其相关产业(种植及生产烟草、弗吉尼亚烟草除外);植树造林、森林养护及其相关工作;畜牧生产,渔业产品的育种、生产及相关服务;制造业(生产香烟、白酒、啤酒及其他有害身体健康的产品除外);工业区建设;新城区建设;城市发展项目;修建公路、桥梁及铁路;修建海港、河港及无水港;机场的管理、运行和维护;飞机的维护;供应和运输业务;发电、输电及配电业务;可再生能源生产业务;电信业务;教育服务;公共医疗卫生服务;信息技术业务;酒店及旅游业;科研开发业务。

依据《新投资法》,投资不同开发区的上述上升期行业的项目,投资者可向缅甸投资委员会申请所得税免除。具体为,在一区范围内的上述投资可享受连续 7 年的免税优惠,二区内的投资项目可享受连续 5 年的免税优惠,三区内的投资则可享受连续 3 年的免税优惠,这无疑给中国企业赴缅投资提供了新机会。

并且,除了明确鼓励投资的行业、地区及具体优惠以外,缅甸《新投资法》还在土地及房屋租赁、员工聘用、股权转让、资金的跨境转移等方面做了明确规定,为外国投资者提供了更多的制度保障。例如,在土地及房屋租赁方面,法律规定外国投资者可向缅甸公民、政府长期租赁土地或房屋,首次租赁土地的租期可达 50 年,期满后可再延长 10 年。在人员聘用方面,法律规定外国投资者可在工会内聘请高级经理、技术和业务专家、投资顾问等外籍员工,并为确保外籍员工在缅甸长期工作,还可为其申请居留许可等。依据《新投资法》,外国投资者在取得投资许可后的整个投资期间经申请备案可与他人进行股权转让、股权抵押、业务转让等活动。并且,外国投资者可按法律规定的程序将下列与投资有关的资金转移境外:根据缅甸中央银行规定的固定资本账户下指定的资本;收入、资产利息、股息、稿酬、专利费、许可费、技术援助和管理费、股票和其他根据本法投资所得的收益;全部或分批销售后的收益或投资清算或投资后所拥有的财产;根据合同支付的款项费用,包括贷款协议;任何解决投资争端所产生的款项费用;投资或征收后获得的补偿或赔偿;

在工会中合法雇佣的外籍专家所获得的报酬、工资和收入。同时,自2016年《新投资法》实施以来,缅甸外国投资的审批手续得到进一步的放松与简化,缅甸投资委员会2017年已将中、小型制造业项目(总投资额在500万美元以下)及服务业项目的审批下放至各省、邦区域投资委员会,相关手续的办理也同时下放。

可见,缅甸《新投资法》的颁布无疑为外国投资者提供了更大的投资便利与更多的投资机会,投资者保护更有保障了。对于中国企业而言,这也意味着更多的投资机会与更为光明的投资前景。事实上,自《新投资法》颁布后,缅甸所涉地区已经掀起了一股投资热潮。2018年4月缅甸仰光地区投资委员会宣布,截止到2018年4月,缅甸仰光地区投资委员会便批准了来自8个国家的49个制造业项目及其他服务业项目,总投资额约7660万美元,预计增加22022个就业岗位。[①]

第二,缅甸新《经济特区法》的颁布给中国企业赴缅投资创造了新机会。如前所述,缅甸国土面积大、民族众多、各地文化及风俗习惯差异较大、地理环境复杂多样,经济发展水平及开放程度不一,导致在政策上缅甸采取了差异化发展策略,重点区域率先开放、重点发展,政策也向相关地区倾斜。近年来,缅甸政府高度重视打造经济特区,2011年便专门颁布了《经济特区法》和《土瓦经济特区法》,着力打造经济特区。2014年1月,缅甸在原有经济特区法的基础上颁布了新的《经济特区法》,大力推进"土瓦经济特区""迪洛瓦经济特区""皎漂经济特区"三个经济特区的规划建设。[②] 同时,缅甸木姐中央经济区等中缅边境合作区和口岸开放也获得了新进展。[③] 缅甸经济特区的主要功能之一便是最大限度地吸引外资,促进商品和服务的出口,从而创造更多的就业机会。而各经济特区的打造也给外国投资者以更多更明确的投资机会,包括大量基础设施建设项目,如连通特区的公路、铁路、港口、电网、油气管道、通信网络等。

具体而言,依据新《经济特区法》,可供外国投资者投资的项目分为三大类:一是基础设施类投资项目,包括道路建设、桥梁施工、机场建设、港口建设、电力生产、电信基础设施发展、供水生产、环境保护、废物控制等;二是生产类项目,包括货物处理,高科技产品制造,农业、畜牧业和渔业,矿物产品,林业产品;三是服务类投资

---

① 《仰光区域投资委员会(YRIC)公布批准项目数据》,http://mp.weixin.qq.com/s/-hkGVsZZVr4K1puKyA_W5w,下载日期:2018年5月30日。

② 中华人民共和国商务部:《缅甸3个经济特区建设进展情况》,http://www.mofcom.gov.cn/article/i/jyjl/j/201402/20140200490689.shtml,下载日期:2018年5月31日。

③ 宋涛:《中国对缅甸直接投资的发展特征及趋势研究》,载《世界地理研究》2016年第4期。

项目,包括贸易、物流和运输、存储和仓储、酒店和旅游、教育和健康、住宅设施、基础设施供应和支持中心、绿色空间、娱乐中心和度假村等。[①] 依据缅甸新《经济特区法》,投资上述经济特区项目缅甸将为投资者提供如下专门优惠:一是自投资活动在免税区或免税企业开始商业运作时起算的第一个 7 年享受免税期;二是自投资活动在业务推广区或其他业务推广区开始商业运作时起算的第一个 5 年享受免税期;三是开始运作后的第二个 5 年,在免税区及业务推广区享受 50%的税收折扣;四是如投资者在缴足储备金后 1 年内,使用储备金进行再投资,则第三个 5 年可享受利润部分 50%的税收减免;五是在免税区范围内为特定项目需要所进口的原材料、机器、设备及其他特定商品,享受关税及其他税收减免;六是自商业运营之日起,因建造所需的机器设备而实施的进口,第一个 5 年享受关税及其他税收减免,第二个 5 年享受 50%的税收减免;七是自发生亏损之日起 5 年内通过结转亏损的方式享受税收优惠。并且,依据缅甸新《经济特区法》,管理委员会有权将土地使用权转移给投资者,租期可达 50 年,期满后可再续租 25 年。[②]

可见,相较于缅甸其他地区,经济特区具有更为明确而丰富的投资机会,其投资环境除了有缅甸鼓励投资的法律加以保障外,更有经济特区专门法加以保驾护航,相较其他区域其投资前景明朗、投资风险更小,对于中国投资者而言无疑有更多明确的投资机会。

第三,缅甸努力打造的外资鼓励与保护制度给中国企业以更多的投资选择及更有力的投资保护。近年来,缅甸政府在其政策表述中清晰表明了其引进外资的意愿:政府深刻认识到要实现本国的经济和社会发展目标,必须营造一个"良好的投资环境",必须能够确保人民的生命财产安全,彰显政府"善治、透明、问责"的政策机制和管理机制,尊重合同义务的神圣性以及吸引责任投资的强烈愿望,并努力营造一个"适于投资的"社会大环境,包括"稳定的宏观经济、完善的法律制度、可靠的争端解决机制、值得信赖的金融体系"等。缅甸投资委员会及相关政府机构也表示有信心打造"透明、清晰、便利、迅速的"投资程序,促进缅甸的外国投资。并且,从行动上,缅甸政府加大对外开放力度,进一步扩大对外资开放的领域,允许外资进入的范围扩展到缅甸的许多优势行业,给外国投资者更多的投资选择。

具体而言,缅甸吸引外资的重点领域是以资源为基础的投资项目、出口项目,以及以出口为导向的劳动密集型产业项目,但其政策已经将允许外资进入的范围扩大到各个领域,包括农业、林业、矿业、能源、制造业、建筑业、交通运输业和贸易

① [缅]缅甸投资委员会:《缅甸投资指南(2018)》,德信法律 2018 年版。

② 参见缅甸 2014 年新《经济特区法》第 32 条、第 44 条、第 48 条。

等,这些行业大都属于投资前景光明、投资收益明确、潜在的商业风险可控的行业,对外资具有较强的吸引力。并且在实践中,缅甸的重大项目大都采取 BOT 形式加以建设,尽管也存在商业风险,但有政府信用做担保,其风险相对较低且收益可靠,容易实现投资双方的合作共赢。另外,在土地的租赁使用方面,缅甸政府授权农业部对外资企业租用缅甸闲置土地进行农业种植和开发利用的项目实施投资审批,租期一般为 50 年,并可根据项目情况协商延长土地租期。① 上述措施无疑给了外国投资者更多的确定性投资机会,同时也给了投资者更为明确的权利保障,对于正在寻找"走出去"机会的中国企业而言无疑是好消息。

三、中国企业投资缅甸的策略分析

如前所述,投资缅甸既有风险也有机会。具体到中国企业,在审慎对待风险的前提下,赴缅投资的机会还是颇具吸引力的。在中国企业急于寻找海外投资机会,在缅甸积极响应中国倡议的"一带一路"建设的背景下,赴缅投资的机会总体而言是大于风险的,缅甸投资前景值得中国企业重视。而从国家的角度来看,中国企业赴缅投资符合中国的国家战略。鉴于此,结合缅甸目前的国内环境,中国企业赴缅投资可采取如下策略:

第一,在继续深耕传统投资领域的前提下扩大投资范围,拓展投资区域。从现实来看,目前中国企业赴缅投资领域较为单一,主要集中在资源性行业,如油气、电力、矿产等方面,很容易被外界解读为资源掠夺及生态环境破坏,容易引发排华情绪,存在潜在的投资风险,不利于中国企业在缅甸的长期、稳定发展。鉴于此,中国企业应抓住缅甸扩大开放的机会,积极选择政府鼓励而投资前景光明的产业和地区加以投资,拓展中资企业投资领域和地域,实现中资企业投资领域多元化,避免投资单一而引发的风险。如前所述,缅甸对外开放的领域已经从传统的资源性行业逐步扩大到基础设施、农业、制造业、旅游业、物流业等非资源性行业中来。这些行业本身有着较好的投资前景,如果项目处于政府鼓励投资的区域,其投资风险更小、投资前景更为光明,对于中国企业而言也意味着更多、更大的投资机会。具体而言,中国企业在巩固采掘业优势的同时,可将目光更多地聚焦缅甸的农业、制造业、旅游业、物流业、基础设施等极具投资潜力的领域,合理选择投资区域,如开发区、经济特区等,并结合"一带一路"倡议,围绕基础设施、产业发展与经贸合作、

---

① 原瑞林:《"一带一路"背景下中国与缅甸农业投资合作分析》,http://www.lwlm.com/Investment/201708/855616p2.htm,下载日期:2018 年 6 月 5 日。

人文交流、水资源开发与生态环境保护等中缅优先合作领域和重点项目进行投资，开拓新的投资机会。

第二，强化与当地社区的文化交流与融合，尽早实现企业的本土化与社区认同。中国企业投资缅甸面临的巨大挑战当属缅甸社会对企业的排斥，其原因很复杂，但企业忽略了与所在社区的文化交流与合作是原因之一，导致当地社会缺乏对企业及其文化的了解，一旦有了外力介入，很容易引发缅甸社会对中国企业的敌意，直接威胁企业的生存与发展。鉴于此，中国企业应强化与缅方的文化交流，了解缅甸的商务习惯，尊重对方的行为方式，并积极履行企业的社会责任，做好企业的本土化工作，积极参与当地社会的经济、文化建设，做到广交朋友、深交朋友，真正使企业及员工融入缅甸的经济、社会和文化中去，与缅方形成真正的命运共同体及利益共同体，强化投资双方的文化认同感，以此化解矛盾从而避免投资风险。①

第三，深入了解缅甸的投资法律制度与政策，做好赴缅投资前的风险评估。尽管缅甸具有良好的经济发展前景，但由于受殖民统治历史、政局不稳、经济停滞、文化冲突等多重因素的影响，其投资环境仍较为复杂，中国企业赴缅投资也面临风险，评估与控制好这些风险是中国企业赴缅投资的前提。对于投资者而言，熟悉缅甸的法律法规及相关政策，及时洞察缅甸在政策与法律方面的变化，做好相关的投资决策，便是企业的必修课。历史上便有投资者因缅甸法律在投资主体方面的限制而盲目借缅甸本地人身份开展投资活动的，此类投资因不受当时缅甸法律的保护，导致合作双方纠纷而致外国投资者蒙受巨大损失的事件发生。② 事实上，由于缅甸社会正经历着剧烈变化，其投资法律制度与相关政策变化频繁，要了解这些变化投资者便需及时关注缅甸的政策及相关法律的颁布与修改，在投资前必须熟悉缅甸法律制度，做好风险评估，对风险大的项目或地区加以规避，进而选择风险小、有潜力的项目和地区进行投资。

结　语

综上所述，中缅两国经济发展阶段各异、资源禀赋不同、经济合作互补性强、合作前景广阔。但同时，缅甸投资环境还不完善，中国企业赴缅投资面临诸多挑

① 雷著宁、孔志坚：《中国企业投资缅甸的风险分析与防范》，载《亚非纵横》2014 年第 4 期。

② 宋海燕：《浅析新时期国内投资者对缅投资的形势及进展》，载《时代金融》2016 年第 2 期。

战,直面这些挑战而评估与控制好风险是中国企业赴缅投资的前提。中国企业应更多关注缅甸投资领域的开放信息,积极参与其政策与法律鼓励的投资地区与投资项目,规避动荡地区而聚焦政府支持、投资机会大、投资风险小的地区和项目加以投资,以此实现投资收益的最大化。

Challenges and Opportunities for Chinese Enterprises to Invest in Myanmar under the Initiative of the Belt and Road

Zhang Jianbo

Abstract:As a nation along the Belt and Road as well as the important member of ASEAN, Myanmar is undergoing dramatic transformation of political democratization and economic reform, its complicated domestic environment added much uncertainty for Chinese enterprises to invest in Myanmar. However, the superior geographical location, huge potential market and good economic development prospects are attractive to many foreign investors. Moreover, Myanmar has introduced intensive measures to encourage and protect investment these years bringing new opportunities for Chinese enterprises to invest in Myanmar. It's significant for Chinese enterprises to seize these opportunities in order to go out.

Key words:"the Belt and Road"; Investment Environment; Special Economic Zones; Myanmar's Investment Law

专题二

中国—东盟区域法治建设发展

论中国—东盟网络共同体的建构

丁丽柏[*]　朱　静[**]

摘　要:随着网络时代的到来,网络空间的国际治理成为国际法上的一个重要主题,作为网络大国,我国必然在国际网络治理规则的建构中扮演重要的角色。中国—东盟作为我国“一带一路”倡议重要的组成部分、海上丝绸之路的核心地区,成为我国参与网络空间国际治理的重要尝试。以习近平主席提出的“网络命运共同体”理论为指导,探索共建、共治、共享网路空间的国际规则,构建区域性的中国—东盟网络共同体,对我国有着重要的战略意义。

关键词:中国—东盟网络共同体;网络命运共同体;国际治理

一、网络空间命运共同体的提出以及中国—东盟网络共同体的基本内涵

(一)网络空间命运共同体的提出

“倡导人类命运共同体意识”,是我党一直倡导的发展理念。在党的十八大、十九大的报告中,这个概念被反复提及;后来在十三届全国人民代表大会上,本概念被正式写入中华人民共和国宪法。谋求共同发展,致力于人类的共同命运,一直是我党发展的基本理念。而“网络命运共同体”这一概念,是基于互联网时代新背景下,共同发展所提出的新概念。2015 年 12 月 16 日,在第二届世界互联网大会上,中国国家主席习近平创造性地提出了“共同构建网络空间命运共同体”的发展

* 丁丽柏,西南政法大学国际法学院教授、博士生导师。

** 朱静,西南政法大学博士研究生、讲师,重庆理工大学教师。

理念,为未来我国的战略发展,提出了基础性的理论。新的技术革命,必然带来人类经济体制和社会结构的深刻变革。[①] 网络空间的出现,让人类有了进一步飞跃的可能,新的国际发展秩序将会产生,而面对这样的时代机会,我国提出了自己的主张。有学者认为,习主席提出“网络空间共同体”,意在突破一国发展格局,将全人类在网络空间中的利益视为一个不可分割的整体,开创了一种全人类共同应对网络空间中的挑战与共同开创网络科技发展的新未来的新理念。[②]

笔者认为,“网络命运共同体”的提出,既是一种态度,又是一种战略,同时也是一个目标。从第一个层面来看,这是一种面对网络空间发展的态度。它一方面要求我们在发展上,看清楚网络空间最终实现互联共同的“命运”;另一方面要求我们以发展的眼光看待网络空间发展的问题。现在各种网络不断兴起,最终都将走向全面互联的命运,一个庞大的网络空间必然产生,而这个空间将彻底改变人类的世界。同时,从第二个层面来看,这也是我国面对互联网革命的态度,本着互联互通,倡导人类共同一体化的态度,来利用好这一次技术革命带来的丰硕果实。积极构建、努力推进,呈现出我党我国的态度,面对新的时代,我们要参与共建,让新的时代,听见中国的声音。从第三个层面来看,该理论表达了我国本着追求人类共同利益的大格局,利用网络空间的不断延展发展,不断追求一体化,共同利益,实现人类共赢的发展态度。

(二)中国—东盟网络共同体的基本内涵

对于中国—东盟网络共同体的具体内涵,学术界尚无定义,笔者认为,它应当体现为以下几个特点:

1.它以“网络命运共同体”为共识基础。随着现代通信技术的不断发展,互联网、云计算等新兴技术大大改变了传统国际贸易的结构。网络技术的空前发展,使国际贸易发生了不可思议的质变,有学者将其称为“E 国际贸易”。[③] 科技革命,带来经济变革;互联网的产生、网络空间的形成,其作用范围远超过去几次科技革命。[④] 未来的经济形态;必然是网络空间结合下的新经济形态,未来的国际贸易,

---

① [德]克劳斯·施瓦布:《第四次工业革命》,李菁译,中信出版社 2016 年版,第 36 页。

② 惠志斌:《全球治理变革背景下网络空间命运共同体构建》,载《探索与争鸣》2017 年第 8 期。

③ 颜少君:《下一代贸易——E 国际贸易的发展趋势》,载《经贸研究》2018 年第 5 期。

④ 陈文玲、刘秉镰、刘维林:《新经济爆发性增长的内在动因——互联网革命与传统业态变革》,载《全球化》2016 年第 6 期。

也必然是网络空间指引下的“E 国际贸易”。这是经济发展不可逾越的“命运”，也是中国—东盟经济一体化不可逾越的“命运”。未来国际经济必然“网络化”，下一个时代的发展，中国—东盟贸易发展必须抓住时代机遇，以新技术为基础，共同构建互联互通的网络空间，以之为共同发展服务，这是“网络命运共同体”理论指引我们的发展方向。

2.它以共同建设的基础设施为物理基础，体现为一个虚拟空间。网络空间的构建，其物质基础为各国互联互通的通信设备。中国—东盟网络共同体的构建基础在于共同建设实现跨境互联互通的通信基础设施，而它体现为一个虚拟空间，各国的贸易主体都可以通过虚拟的网络空间，沟通彼此。

3.它体现为共同的网络空间治理国际规则。网络空间由中国—东盟共同建立，同时由双方共同治理。网络空间存在虚拟性，诸多行为过去的法律，无论是国内法和国际法都无法规制，网络空间的共同治理，已经成为一个新的国际法课题。网络共同体，必然是有序的，一套成熟有效的、共同治理的国际法规则是其存续的必要条件。同时，大数据产生于网络空间，它为经济的未来发展提供分析和指引，是未来发展的基石。网络共同体的构建，必然要求有一套完善的数据资源共享规则，而这些，最终都会体现为一系列条约、惯例等共同认可的国际法规则。

4.它的最终目的是共同繁荣。共同的网络空间，实现高效的互联互通、降低交易成本、形成大数据，进一步分析指引更高效的交易结构，最终实现贸易的极大繁荣、经济的极大发展，这是网络共同体的最终使命。

综上所述，笔者认为，中国—东盟网络共同体的内涵是：它是中国—东盟共同建立的、以“网络命运共同体”为共识的基础理念、以共同建设的基础设施为物理基础的、以共同认可的网络共同治理国际法规则为法律基础的，用以实现双边共同经济发展的共同网络虚拟空间。

二、构建中国—东盟网络共同体的重大意义

网络空间的国际治理已经成为国际法上的最重要的话题之一，习主席提出“网络命运共同体”的理论，是从根本上指出未来网络空间国际治理的出路，我国作为网络大国，必将参与国际网络空间治理规则的制定和运行，积极参与网络空间国际法的立法。中国—东盟跨境电子商务正蓬勃发展，从基础设施建设到治理规则磋商，都有良好的政治基础以及经济基础，将跨境电子商务的发展，提高到一个战略高度，构建中国—东盟网络共同体，探索国际网络空间治理国际法规则，对我国意义重大。

(一)构建中国—东盟网络共同体是我国国际贸易发展的重要一环

“一带一路”是我国21世纪的重要国际战略,而东盟,作为海上丝绸之路的核心点,是我国推进“一带一路”倡议的重中之重,是我国驱动经济全球化、整合国际资源、打通国际贸易的重要战略地。东盟的发展,对我国的国际贸易的发展,举足轻重。回望我国这20年来的高速发展,与网络的高速普及是分不开的,截至2013年12月,中国网民规模达6.18亿,互联网普及率为45.8%。[①] 到2014年,网民迅速增加3100多万,网民数量达到6.49亿,网络普及率达到47.9%。[②] 我国在过去十年中,网络经济飞速发展,早在2014年,我国网络经济的规模就达到了1706.4亿元。[③] 某种意义上可以说,网络经济的发展,带来了中国经济的腾飞与质变;同时,产生了一大批互联网知名企业,如阿里巴巴、腾讯、京东等等。网络经济的发挥不同于传统经济,网络经济的发展有赖于网络的不断扩张、不断增加的用户数;同时,网络经济存在边际效益递增的规律,越扩张,则收益越大。国内的发展已经不能满足飞速发展的网络经济体,走出中国,互联国际,这个是网络经济发展到一定阶段的本质需求。我国的网络经济国际化,是我国网络经济发展到一定阶段的必然要求。而东盟正是做好这一步的最重要的试验田,也是基础条件最好的一个阵地。中国—东盟网络共同体的构建,会让我国的经济走上国际化的新格局;同时,为未来我国参与网络空间国际治理规则的制定提供了良好的范本和经验参照。

(二)中国—东盟网络共同体是我国互联网企业的发展诉求

东盟的贸易发展,是我国企业乃至地方发展的重要契机。过去几年,随着我国和东盟的不断深入发展,一大批电商平台得以在这片沃土上成长,如中国—东盟自由贸易区商务门户网站、(中国—东盟)南宁商品交易所、苏宁海外购东盟馆以及大商埠跨境电子商务平台等。[④] 我国过去网络经济的高速发展,造就了一大批

---

① 人民日报海外版:《中国网民总数达六亿多 其中手机用户占五亿》,http://www.chinanews.com/gn/2014/01-17/5748792.shtml,下载日期:2014年1月17日。

② 中国互联网络信息中心(CNNIC):《第35次中国互联网络发展状况统计报告》,http://www.cnnic.net.cn/hlwfzyj/hlwxzbg/hlwtjbg/201502/t20150203_51634.htm,下载日期:2015年2月3日。

③ 艾瑞咨询:《网络经济核心数据发布》,http://news.iresearch.cn/zt/230923.shtml#a2,下载日期:2014年3月1日。

④ 韦大宇:《中国—东盟跨境电子商务合作的机遇、挑战与对策》,载《东南亚纵横》2017年第4期。

互联网企业，如阿里巴巴、腾讯、京东等等。这些企业经过多年的高速发展，在自身领域已经成长为了超级巨头，呈现出寡头垄断的态势。比如，2016 年仅淘宝和天猫就占到网络零售市场的 76.33%；而阿里巴巴则在 B2B 市场上独占鳌头，市场份额高达 78.79%；支付宝则在网络支付市场以 93.79%的份额一家独大。[①] 这些企业的发展，在国内，慢慢地都会遇到瓶颈，他们自然会倾向于国际化发展，所以，很多企业都在近年来开始了国际化的布局。有学者称，互联网企业自带“全球化”基因。[②] 因为其本身，就有国际资本的多元构成，如阿里巴巴是投资者，多为国际资本，加上国内业务的不断成熟，它们自然会有国际化扩展的要求。东盟属于网络经济欠发达的地区，一旦基础设施和相应条件成熟，势必迎来爆发式的增长，这也是为什么很多互联网企业重视东盟的原因。一旦我国主导的东盟网络共同体建构成功，将会为这些企业的发展带来强劲的基石，引来我国互联网企业国际化的新高潮。

(三)跨境网络经济大数据的形成

网络经济的国际化，是我国未来经济发展的重要一步，网络经济不同于传统经济的一个重要特点，就是会形成跨境贸易的大数据，而大数据是未来经济区别于传统经济的重要特点。随着网络技术的发展，网络经济在不断地影响着国际贸易的各个环节，从采购、物流、金融、海关等各个环节影响着国际贸易，更低成本地发现贸易机会、更有效地整合物流资源、更简洁的报关环节、电子支付的快速结算等等，都让国际贸易进入一个新的时代。大数据可以给予国际贸易更好的资源配置，同时通过分析数据，指引贸易发展走向，提高贸易效率、降低贸易摩擦、扩大贸易规模。而东盟构建的国际贸易大数据更具全面性和代表性，一方面，东盟和我国毗邻，加之贸易结构比较多元化、复杂化，网络大数据对国际贸易的分析指引作用更加明显，线上线下的结合也更加的方便快捷，其大数据的建立将为我国对外贸易大数据的发展带来重要的示范作用。

(四)为我国参与制定网络空间国际法规则提供宝贵经验

网络空间，现在已经成了国家非常重视的“第五空间”。美国国防部发布的《网络空间行动战略》强调对美国军队及重要基础设施的网络安全保障，并提出网

---

① 中国互联网数据平台，www.cnidp.cn/enterprise/rank Analysis.do，下载日期：2017 年 3 月 23 日。

② 张爽：《互联网企业的“出海”挑战》，载《互联网经济》2017 年第 9～10 期。

络空间是与海、陆、空、天一样的“行动领域”,同时认为来自任何国家的网络破坏行为将构成战争行为。[①] 我国也非常重视网络空间,提出“国家对网络空间拥有一定的主权和管辖权”,[②]并积极参与到网络空间的共同治理当中。习主席提出“网络命运共同体”的概念,就是以发展的眼光审视网络空间的发展,其最终将成为一个关系所有人类的命运共同空间,共同治理是网络空间的必然宿命。然而,现在国际法上,对网络空间的国际法规范,还存在着各种各样的争议,如概念含糊不清、治理的理论也呈现多元化等。对于未来网络空间治理的国际规则,我国作为网络大国,必将积极参与,制定出适合我国发展的“中国网络空间治理规则”。而中国—东盟网络共同体的建设,就是一个非常好的探索机会。从网络空间治理规则的共识、到网络基础设施的共建、到网络安全的共同治理、到网络空间数据成果的共享,在中国—东盟网络经济的建设中,都将一一呈现。能否探索出一套行之有效的网络空间国际法治理规则,对未来我国在网络时代参与网络空间国际法构建,有着重要的意义。东盟和我国签署的国际条约、形成的国际惯例都将成为未来我国在网络空间国际法立法上的重要声音。

三、中国—东盟网络共同体的机遇与挑战

中国—东盟在地理上毗邻;在经济上,相互依赖和补足,有着长期合作发展的良好历史。因此,在区域网络共同体的构建问题上,存在诸多有利因素。

(一)经济与政治基础相对成熟

1.良好的电子商务基础。早在 1991 年,东盟与我国的贸易额就达到了 79.6 亿美元,东盟国家是我国毗邻的重要贸易合作伙伴。数据显示,2015 年,我国和东盟的双边贸易额为 4721.6 亿美元,而且每年以 18.5%的速度递增,东盟自来是我国重要的贸易伙伴之一。《2016 年度中国电子商务市场数据监测报告》数据显示,2016 年,东盟和我国的跨境电子商务交易总额占比 11.4%,东盟是我国的第三大电子商务市场,仅次于美国和欧洲。[③] 对于东盟的发展,电子商务一直受到高度关注和重

---

① Department Of Defense, *Strategy For Operating In Cyberspace*, July 2011.

② 《中国代表在中美互联网论坛上的发言》,转自《中国国际法年刊(2013)》,法律出版社 2014 年版,第 666 页。

③ 莫岱青:《〈2016 年(上)中国电子商务市场数据监测报告〉发布》,载《计算机与网络》2016 年第 18 期。

视。从2014年开始，中国—东盟电子商务峰会就已经将“互联网＋”以及“跨境电商合作共赢”等主题提上讨论日程，不断推进双方在电子商务领域达成共识。2015年，中国贸易促进会与东盟国家工商会通过签署《中国—东盟跨境电商平台合作备忘录》正式启动了东盟电商平台的建设事宜。2016年，我国和东盟又签署了《中国—东盟跨境电商平台运营与管理机制备忘录》，进一步强化平台的运行机制，推动电商发展。近年来，包括阿里巴巴、腾讯、京东在内的多家企业都在东盟发展中积极参与，推进诸多重大合作项目的建设。良好的沟通机制，为未来东盟区域网络共同体的构建提供了良好的基础。2004年，南宁东盟博览会的建立，打开了双方深入沟通的大门。中国—东盟商务与投资峰会、中国—东盟电信部长会议、中国—东盟电子商务峰会、中国—东盟网络空间论坛、中国—东盟信息港论坛等重要平台，不断地深入推动了双方电子商务的发展；同时也为未来网络共同体的构建，提供了良好的交流平台和制度保障。

2.“一带一路”大战略的制定，将东盟自由贸易区的发展推入一个新的高度。2016年，《国家信息化发展战略纲要》中，明确提出要“推进‘一带一路’建设信息化发展，打造网上丝绸之路”。[①] 在国家的大战略下，东盟的一体化进程将有新的战略高度，一方面，东盟本身具备很多有利的条件，如地理优势以及电子商务的良好基础，更容易做到构建网络共同体；另一方面，我国“一带一路”大战略，一定需要网络空间的发展支持，需要构建自贸区大数据体系。东盟将是我国在区域网络共同体建设上的重要样板，中国的网络自由贸易规则，能不能被更多的国家所接受，有赖于东盟的表现。2016年，中国—东盟电子商务峰会召开，明确将“互联网＋”“跨境电商”作为重要的主题，探讨互联网服务“一带一路”大战略的多元方式。[②] 同年4月，中国—东盟信息港项目正式批准，项目将从基础建设、技术合作、经贸服务、信息共享、人文交流五大方面进行平台建设，诸多国内知名的大型电商竞相参与，促进双边的贸易经济一体化。

3.巨大的电子商务市场前景。东盟有着将近6亿人口，这是一个紧邻我国的巨大消费市场；而对于东盟本身的市场，网络交易占比极低。据统计，东盟10国在线零售的份额还不到总零售额的1%，其比例远低于中国以及欧美，未来随着基础设施的普及、智能手机的不断运用，东盟国家的网络经济必将迎来蓬勃发展。随着

① 韦大宇:《中国—东盟跨境电子商务合作的机遇、挑战与对策》,载《东南亚纵横》2017年第4期。

② 《“互联网＋”引领未来,中国—东盟跨境合作方兴未艾》,载《广西日报》2016年9月8日第014版。

东盟国家的不断发展，其互联网普及率和基础设施也在不断完善，智能手机的普及率越来越高、电商的竞争环境相对宽松，未来跨境电商将大有可为。随着我国“一带一路”战略的推进，随着我国资金、技术的输入，东盟国家将体现出强大的后发优势，其经济增速将带来巨大的消费升级市场；而且，东盟国家还存在大量我国需要的原材料，随着东盟网络共同体的构建、跨境电子商务的巨大发展，我国的制造业也将受益匪浅。

4.跨境金融初具雏形。通过多年的建设，广西处于连接东盟的核心地位，通过银行之间的合作，先后与47个国家和地区建立了跨境人民币结算业务，包括新加坡、越南、泰国等，人民币作为东盟跨境结算的第一货币，已经初具雏形。未来，随着网络空间规则的不断完善、基础设施的不断加强，网络金融会有极大的发展，第三方支付和电子外汇结算的平台将使得跨境金融获得重大机会。

5.地理优势以及基础设施的不断完善，对中国—东盟网络共同体的构建有着巨大的促进作用。网络服务于现实交易，网络是一个多元集合体，它提供的不仅是交易本身，而且会集合支付、物流以及监管等各个环节。这些环节线上线下存在着有机的信息交付，而后构成线上线下一体的大数据体系。东盟和我国毗邻，从交通和基础设施上，存在先天优势，与之近邻的广西已经全省高铁覆盖，还与越南建立了国际铁路。同时，中国与东盟水路交通同样发达，西江水路和北部湾的海运港口，都为中国—东盟的网络共同体的建立提供了强大的物流保障。不仅如此，为了满足我国和东盟的跨境交易的便捷要求，广西建立了多个保税区、保税港，如广西钦州保税港区、广西凭祥综合保税区、南宁保税物流中心等，这些都是构建中国—东盟网络共同体的线下物质基础。

(二)中国—东盟网络共同体构建的挑战

1.国内外对网络共同体的概念尚缺乏共识。尽管中国—东盟双方都意识到了网络时代的来临，需要加强双边的互联互通，加大电子商务的发展，以促进经济的全面发展，中国—东盟电子商务峰会也明确将“互联网＋”“跨境电商”作为重要的主题不断推进双边电子商务的发展和构建。然而，简单的电子商务发展，无法从根源上协调双边发展，诸多的基础问题，都应当深入“网络空间共同体”的建构上来探讨。电子商务要获得蓬勃发展，依赖基础设施的建设，以及基础制度的一致性，而东盟各国差异化较大，简单地谈跨境电子商务，并不能真正释放网络经济的潜在能量。若要真正促进双方经济发展，必须结合政治、经济、文化、法律等多方面的问题进行推进，有了这些底层基础设施的完善，双边的电子商务才能够真正地生长。因此，对待中国—东盟电子商务长远发展的问题上，本着“网络命运共同体”的总体思

路，应当从“共识、共建、共治、共享”的动态角度来思考问题，最终构建一个区域化的网络空间共同体，形成自有的一套网络空间治理的国际规则，以之促进并且指引双方实体经济的不断发展，最终走向共同繁荣。

2.网络基础设施不够健全。网络空间的发展，必须基于通信设备的基础设施的完善，基础设施的跨国互联互通。作为网络大国，我国的通信信息技术在近年发展迅速，涌现出华为、中兴等一大批国际知名的通信企业，我国也已逐渐建立起自己的技术标准和规则。然而东盟诸国差异很大，很多国家基础的通信技术尚未普及，技术标准更是参差不齐。有报告显示，就宽带的速率而言，新加坡达到3Tbps，而老挝却只有13Gbps，人均国际互联网连接速率方面，第一名的新加坡达到555.6kbps，是缅甸的900倍。[①] 基础设施的巨大差距，让中国—东盟网络共同体的构建面临着巨大的技术障碍。从东盟的情况来看，文莱、菲律宾、老挝和缅甸等国家，其电子信息基础设施仍然处在落后国际水平的阶段，如果不得到解决，将会极大影响中国—东盟网络共同体的构建。

3.物流体系的建设存在滞后。网络经济并非虚拟的，高效的物流体系是其落地的核心；而对于东盟的发展，跨国快递发展起步相对较晚，导致其存在价格高、时间长的问题。从广西向东盟派发国际快递，最长时间达27天，而且快递费相当高昂。[②] 低效的国际物流体系大大增加了电商的周转周期，但高起的跨境物流成本使得电商的价格优势荡然无存，很多商品因为物流的价格占比太大而无法输出；同时，东盟的原材料输入也面临同样的问题。

4.跨境支付体系尚未建立。跨境交易的核心就是跨境支付，这个也是东盟网络共同体的核心。建立一种安全、快捷的跨境支付体系，是中国—东盟网络共同体建构的核心问题。首先是安全因素，很多东盟国家的民众对网网支付的安全性持怀疑态度，如越南、泰国等；同时，这些国家的民众尚未形成在线支付的习惯。我国在早年电子支付推广的时候同样遇到过类似问题，就支付安全而言，需要从政府到企业的多方联动，方能彻底建立起一套安全的网络支付体系。共同安全，是未来中国—东盟网络共同体的核心要素之一，建立东盟跨境支付的过程，就是构建中国—东盟网络共同体的过程。其次，跨境支付的国际竞争仍然存在。Pay Pal作为国际支付的领军企业，在东盟多国占据着主要的支付份额，对我国建立中国—东

---

① 韦大宇：《中国—东盟跨境电子商务合作的机遇、挑战与对策》，载《东南亚纵横》2017年第4期。

② 梁仲通、陈颖红：《“一带一路”倡议下税收服务广西东盟跨境电商的思考》，载《经济研究参考》2017年第59期。

盟网络共同体跨境支付体系形成了竞争。因为 Pay Pal 不能在中国取款,让很多东盟民众觉得使用不便,为双边的跨境交易带来了阻碍。最后,跨境支付还涉及汇率问题,各国货币并不统一,汇率即时结算体系尚未建立给跨境支付又增加了困难。

5.语言文化差异相对较大,经济发展不平衡。东盟区域发展不均衡,很多消费习惯和消费思维都完全不同;同时,东盟地区存在多元的宗教信仰。多民族、多文化、多语言的现状,是未来建立中国—东盟网络共同体的巨大阻碍。尽管网络空间克服了地域的限制,但文化和语言的差异无论处在线上还是线下,都一样的存在。构建中国—东盟网络共同体,需要一大批精通网络技术又熟知各国贸易文化和语言的网络人才。

6.政策、法律的多元现状。随着网络经济在世界上的兴起,东盟国家对电子商务也开始日益重视,陆续出台了相应的法规对本国的电子商务进行规范,如新加坡的《电子交易法》以及泰国的《电子商务法》等。这些法规主要针对本国内部的电子商务行为,但由于各国所处的经济阶段不同、文化不同、交易习惯不同,进而这些法律法规存在诸多不一致的地方。这些不一致,就形成了一种制度壁垒。通过双边或者多边的谈判达成一定的基础性国际规则,链接和兼容不同东盟国家的电子商务法律法规,最终消除这些制度性的壁垒,成为东盟网络共同体构建的一大难题。

7.海关清关以及税收体系的不同。各国税制不同、税种不同、税率不同,随着我国和东盟自由贸易的不断深入,电子商务可能会涉及更复杂的交易结构、更多元的交易流程。如何高效地链接各国的税收体系,让商品和服务实现高效的流转,可以依靠共同治理的网络来解决。但这需要通过充分的谈判和谅解,逐步建立起一个协调各方税制的网络平台,服务于中国—东盟跨境贸易。同时,东盟各国在海关法规制度、程序上同样存在差异,海关服务的电子化、网络化程度也完全不同,且各系统并未互联互通,无法实现数据共享。这些,对中国—东盟网络共同体的构建都形成了不小的阻力。

四、构建中国—东盟网络共同体的途径

(一)谋求共识:国内共识与国际共识

1.在国内,对中国—东盟网络共同体的战略意义达成共识。中国—东盟国际贸易发展多年,取得了很不错的成效,东盟也成为我国第三大贸易伙伴。随着互联网时代的到来,对中国—东盟电子商务的发展,不能简单地看成促进双边贸易的

增长，而应当把握时代机遇，站在“网络命运共同体”的概念高度，对中国—东盟电子商务体系构建作出全新的认识和战略定位。网络时代已经到来，未来世界经济必将是“互联网＋”的时代。网络空间的兴起，一定会改变全球经济的格局和结构，网络空间的国际法规则，将对世界经济格局有重要的影响。

从国际规则制定的角度来看，中国作为网络大国，在未来网络空间共同治理的国际规则制定上必须积极参与，在坚持网络主权的原则下，努力探索共同治理的国际法规则。未来的国际贸易，必将是网络空间结合下的国际贸易，可以说，谁能够影响未来网络空间规则的制定，谁就能够影响未来国际贸易的格局。

从经济发展的格局看，未来发展，跨境贸易的大数据必将成为国际贸易发展的基础。谁能够掌握未来国际贸易的大数据，谁就能够在未来的发展中独占优势，能够分析、预判国际贸易的走向，成为国际贸易的最大受益者。同时，未来的人工智能等领先科技，都建立在大数据的基础之上，其重要性不言而喻。因此，我国必须从战略上先发制人，中国—东盟网络共同体的构建，是战略的重要一步。

从战略上来看，中国—东盟网络共同体的构建，尽管面临着诸多困境，但是一定会对我国的“一带一路”倡议形成非常大的助力；并且其大数据能够让我国的对外战略不断分析优化，效率越来越高。同时，其有利于我国人民币国际化的战略，对于国际贸易结算、清关、税收能够做到一体化集成，还能够为我国的金融业国际扩张提供平台和数据，一举多得。

综上所述，笔者认为，对于中国—东盟网络共同体的建构，国内应当努力达成共识，并将其提升到新的战略层面，将其作为中国参与建构网络空间国际规则的重要一环。

2.国际共识。中国—东盟自由贸易的发展，在未来网络经济时代，要分享时代的红利，就必须尝试从基础层面建设一个共享、共治的网络空间，探索该网络空间的共同治理的国际法规则。我国外交部门应当围绕中国—东盟网络共同体的构建，积极展开双边、多边谈判，促进多方面的共识形成。首先，应当推广网络经济，让东盟从政府到企业都能认识到网络经济的优点，促进网络通信技术的普及，建立多层次的技术、人才交流平台，促进彼此在意识上达成对网络经济未来发展的一致共识。其次，要从规则层面加强沟通，就共同网络安全和网络数据共享等法律规则谋求共识。最后，努力在技术标准的认定上和东盟各国达成一致，政府与企业联动。我国在支持东盟国家基础建设的同时，应当同样注重软件的输出。因此，技术规范、人才培养同样重要。

(二)致力共建:硬件和软件的基础设施共建

东盟国家,基础设施建设差异很大,很多国家基础的通信技术尚未普及,技术标准也参差不齐,要建设一个能够互联互通的网络共同体,就必须解决基础设施共建的问题。过去10年,我国和东盟在信息领域开展了很多重要的合作。我国在政府的推动下,通过共建中国—东盟信息港,推动了东盟信息基础设施的建设和更新换代;同时,加快推动信息互通、深化信息方面的国际合作,使得东盟和我国在信息基础设施的对接方面,取得了不错的进展。中国—东盟信息港现已成为海上丝绸之路的中枢,为未来的网络经济腾飞打下了不错的基础。习主席也曾提出,要构建网络命运共同体,要加大基础设施建设的力度。① 这需要从多个方面着手构建:首先是政府引导的对东盟直接投资的方向,要继续朝着基础设施建设的方向延伸,尤其是通信基础设施的建设。其次是引导我国国内的先进企业对东盟的基础设施投资加强。有关数据显示,在一些欠发达的东盟国家中,我国工程类企业、通信类企业已经成为基建项目最大的投资者和承包商,中国企业在东盟基础设施建设领域开始呈现出强大的竞争力。② 当然,共同建设基础设施问题,并不是我国对东盟国家的简单投资问题,而说逐渐摸索一套基础设施共建的生态,同时形成一系列国际条约,对基础设施建设的各个环节进行规范,从投资、建设、维护、安全、回报、支付方式等问题进行妥善磋商。建设庞大的信息基础设施,还要实现跨国界的互通互联。从技术的角度来说,需要各国有公认的技术标准;同时,资金来源、施工标准等都需要各国乃至各个相关企业的共同努力。

当然,基础设施不仅包括硬件基础设施,还包括软件的基础输出。我国作为网络大国,在第三方支付等多个领域都有着软件优势,有着良好的通信基础设施。例如,在我国,以支付宝为代表的第三方支付机构就有200多家远超欧美。③ 这些软件基础设施会随着通信基础设施的不断完善,给东盟国家带来巨大的便利。这些基础设施将为未来的跨境互联网金融发展奠定基础,互联网金融本身边际成本极低、辐射边界趋于无限。对于很多欠发达

---

① 习近平:《在第二届世界互联网大会开幕式上的讲话》,载《人民日报》2015年12月17日第2版。

② 数据来源:ASEAN Investment Report(2015),转引自宋泽楠:《"一带一路"背景下中国向东盟的投资战略:基于中美日的比较视角》,载《广西财经学院学报》2018年第1期。

③ 李麟:《利用互联网金融优势 助力打造网上丝绸之路》,载《中国银行业》2015年第3期。

地区来说，银行网点本身就非常少，结算手续麻烦，一旦网络基础设施铺设完善，会为东盟民众带来巨大的便利。同时，还能在网络信用方面产生积累，这些都是基础设施欠发达的东盟国家真切需要的。

(三)定义共治:网络空间共同治理规则的多元构建

网络空间，需要国际共同治理，这一结论已经得到国际社会的认可。尽管在理论上还存在很大的争议，但由于网络空间的无边界性，共同治理是网络空间治理的必然选择。习近平主席提出，应当在坚持尊重网络主权、和平安全、开放合作、良好秩序这四项基本原则的基础之上，推动网络空间的国际治理。[①] 中国—东盟网络共同体的构建，实则给了我国一次推进“中国式”网络空间治理规则的实验机会。在尊重主权的前提下，应明确如何达成多边的、共享的网络空间治理规则，如何进行网络空间安全的共同维护，如何促进创新，最终促进共同繁荣。探索国际网络空间的共同治理规则，是一个非常复杂的过程，不可能一蹴而就，需要政府、企业等多种主体的参与。习近平主席指出：“国际网络空间治理，应该坚持多边参与、多方参与，由大家商量着办，发挥政府、国际组织、互联网企业、技术社群、民间机构、公民个人等各个主体作用，不搞单边主义。”[②]

从过程上来说，探索共治，体现为多元的沟通，从政府、到企业。政府层面，就信息共享、政府服务和监管等诸多方面，实现协调和统一，通过不断的谈判、磋商，逐步构建海关、边检以及相关政府机构的统一综合性的网上政务服务平台体系，打通各个环节，为中国—东盟跨境贸易提供网络空间平台支持，对国际贸易实现一站式网络支撑。同时，嫁接企业和消费者、行业协会等，让不同的平台和政府平台实现互联互通，让交易对接的成本不断下降，让信息流动越来越畅通。

从成果上来看，中国—东盟网络共同体的构建体现为多个层面的国际协议的不断签订，沟通的共识以国际法的形式得到巩固和执行，如在税收方面，“一带一路”的沿线国家中，有53个已经和我国签订了税收协议。诸多方面都需要我国和东盟国家通过不断的磋商谈判，达成共识，进而体现在国

---

① 习近平:《在第二届世界互联网大会开幕式上的讲话》，载《人民日报》2015年12月17日第2版。

② 习近平:《在第二届世界互联网大会开幕式上的讲话》，载《人民日报》2015年12月17日第2版。

际协议的签署上。如前所述,尤其是在网络相关的法律一致性问题上,需要多方深入沟通、不断协商,才能有所建树。通过共同建设,达成技术标准的一致性;通过谈判协商,达成在网络空间治理上的一致性共识。尤其是在跨境电子支付、网络空间共同安全、行政服务一体化这几个问题上,必须秉持政府主导、企业支撑参与、多方协同的原则,才能逐渐取得成效,最终逐渐建立起一个涉及跨境贸易全过程的网络空间共同体。通过中国—东盟网络共同体的构建实践,我国能够逐渐探索出一套适合我国、达成共赢的网络空间共同治理规则,逐步建立一套成型、可执行的共同治理国际法规则,为未来我国参与网络空间的全球治理、制定网络空间的国际法规则,提供宝贵的经验。

(四)实现共享:大数据共享多方共赢

开放性,是网络空间的特点。不少学者认为,开放性是网络能够蓬勃发展的核心要素[①],因为其开放性的特点,很多人把网络空间的性质,定性为公共产品。网络空间的共治共享,已经基本得到各国的认同,但对于网络空间大数据的共享规则,现在尚无普遍国际法规则予以确定。网络空间的四个要素,分别是载体、资源、主体和操作。载体是指网络空间的软硬件设施;资源是指存储在网络上的数据,主体为网络中的人类用户(也包括未来的机器用户);操作则是指对网络资源的创造、存储、改变、使用、传输、展示等活动;[②]载体,通过互联而共享,而资源的共享规则,却争议非常大。大数据的归属、公民隐私的保护、政府的监管等多要素涵盖在内,使得问题十分复杂。许多问题,在我国国内都尚未统一。数据的所有权,数据的使用权、数据的监管、个人隐私的保护、企业信息的保护等等,因为网络空间是开放性的,多方参与,导致其无法切割开来。数据共享的规则需要根据不同的行业、不同的主体、不同的法律规定进行分项协调,如何协调建立网络空间数据资源的使用规则,我国可以从中国—东盟网络共同体的建设开始尝试,率先找到适合我国的一套数据资源共享规则;并且通过中国—东盟网络共同体的构建,逐渐通过共同发展的实际数据,让国际社会看到我国的网络治理规则的成效,从而为网络空间国际法规则的构建做出中国独有的贡献。

---

① [英]约翰·诺顿:《互联网:从神话到现实》,朱萍等译,江苏人民出版社 2001 年版,第 271 页。

② 方滨兴:《定义网络空间安全》,载《网络与信息安全学报》2018 年第 4 卷第1 期。

On the Construction of Network Community between China and ASEAN

Ding Libai　Zhu Jing

Abstract: With the advent of the Internet age, the international governance of cyberspace has become an important theme in international law. As a big country in Network power, China must play an important role in the construction of international network governance rules. China-ASIAN, as an important strategic component of our country, the "the Belt and Road", the core area of the 21st-Century Maritime Silk Road, has become an important attempt to participate in international governance of cyberspace. Guided by President Xi's theory of Network destiny community, It is of great strategic significance for China to explore the international rules of co-construction, governance and sharing of cyberspace, and to build a regional network community between China and ASEAN.

Key words: Network Community Between China and ASEAN; Community of Shared Future in Cyberspace; International Governance

“中国—东盟命运共同体”的发展路径探索*

王晓燕** 向 伦***

摘 要:如今,中国与东盟各国有十分密切的经济贸易往来,东盟各国也有越来越强烈的意愿搭上中国这班发展的“快车”。但同时,中国的快速崛起不免使其他国家有所顾忌,加之部分东盟国家与中国仍有领土主权争端存在,阻碍了中国与东盟关系的进一步发展。如何促使中国与东盟摒弃嫌隙,实现习主席提出的“携手建设中国—东盟命运共同体”这一美好愿景确是一个较为现实的问题。解决这一问题之前,需在正视中国—东盟关系本身存在的问题的基础之上,积极、妥善地处理好中国与东盟本身、中国与东盟成员国以及中国与在东南亚具有相当影响力的其他大国的关系,以探索出一条积极务实的路径。

关键词:中国—东盟命运共同体;魅力攻势;路径

中国与东南亚各国之间有着深厚的历史渊源,期间虽也有摩擦,但更多时候,彼此保持着睦邻友好的关系。然而,自东盟成立以后,“中国威胁论”等问题依然掣肘着中国与东盟关系的进一步发展。加之东盟的一体化程度远不如欧盟,其成员

---

* 本文为2015年重庆市社会科学规划项目“国际私法之人本理论研究”(2015YBFX102),2015年重庆市教育科学规划项目“西部涉外法律人才培养模式改革研究”(2015-GX-045),2016年重庆市教委人文社科项目“境外追逃追赃的国际司法合作研究”(16SKJD03),2014年西南政法大学校级青年项目“新形势下海外追赃的司法协助研究”(2014XZQN-08),2017年西南政法大学青年教师学术创新团队资助项目“涉外民事纠纷解决中的选法规则研究”(2017XZCXTD-05),2017年西南政法大学专项资助重点项目“‘推动构建新型国际关系’视阈下中国参与国际事务和全球治理研究”(2017XZZXZD-09)的研究成果。

** 王晓燕,西南政法大学国际法学院副教授、硕士生导师。

*** 向伦,西南政法大学国际法学院2018级硕士研究生。

国之间针对某些问题也有较大的分歧，如南海问题。从长远来看，这些问题势必影响东盟各成员国之间的团结，从而影响东南亚地区局势的稳定——由于地理、文化、政治等因素的影响，这并不利于为我国的发展构建一个良好的国际环境。2013年10月，习近平主席在对印尼和马来西亚进行国事访问时，于印尼国会上郑重提出了“中国—东盟命运共同体”的倡议，并强调要坚持讲信修睦、合作共赢、守望相助、心心相印、开放包容，使双方成为兴衰相伴、安危与共、同舟共济的好邻居、好朋友、好伙伴。这当然是一个美美与共的美好愿景，为了使之得以实现，我们必须正视摆在中国—东盟关系面前的诸多问题，正面回应东盟国家对我国的猜忌，探索解决这些问题的最终办法。

一、中国—东盟关系现状

中国与东南亚国家的交往有着十分深厚的渊源。由于地理位置相近，东南亚各国与中国之间的文化交流尤为便利。由于宗教传播等原因使中国的传统文化得以影响这些国家，而在我国西南边境地区，东南亚国家的风俗也得以体现。因此，中国与东南亚国家容易在文化方面引起共鸣。在这种条件下，中国与东南亚国家建立起以“朝贡”为中心的交往体系。

但自殖民者开始对东南亚进行征服时，部分依然保持独立的东南亚国家为了自身的利益便放弃了与中国之间“朝贡”式的交往，转而加入了殖民体系之中。[①]日本明治维新后国力增强，而清政府逐渐失去对周边“藩国”的控制，较为主要的几个“藩国”，诸如越南、朝鲜、琉球等也先后宣布脱离清朝。[②]

“二战”结束以后，在某些被殖民者占领的东南亚国家寻求独立的过程之中，中国也提供了帮助。冷战结束之后，中国与东盟之间的关系逐渐深入，迄今双方已经发展成为战略合作伙伴关系。但是，随着中国在国际社会上的影响力日益扩大，东盟国家对中国的警惕愈加严重。另外，一系列的主权争议也加深了中国与部分东盟国家之间的不信任。

中国与东盟之间的经贸关系发展潜力巨大，东盟国家基本属于发展中国家，由于技术、经济的原因，东盟国家的主要产业依然集中在初级产品上。大多数东盟国家，并不具备完整的工业体系。中国与东盟间的经贸合作取得了较为显著的成

---

① 吕振刚：《朝贡体系、曼陀罗体系与殖民体系的碰撞——以1909年以前的暹罗曼谷王朝为中心的考察》，载《东南亚研究》2017年第5期。

② 简军波：《中华朝贡体系：观念结构与功能》，载《国际政治研究》2009年第1期。

果,尤其是中国—东盟自贸区的建立,更是将中国与东盟之间的经贸合作关系引到了新的台阶上。东盟国家需要加强与中国的经济合作是因为中国经济的快速发展极有可能辐射周边国家,为之带来好处;而中国庞大的内陆市场也是东盟国家所需要的。[①]

2015年,中国与东盟十国签订了《关于修订中国—东盟全面经济合作框架协议的议定书》,就服务贸易领域、经济技术合作领域达成了一致意见,在原有的自贸区框架基础上实现了升级。虽然中国依然在与东盟国家间的经贸往来中处于顺差地位,但随着中国的产业改革,一些劳动密集型的产业可能会被转移到东南亚,中国自身也有转移一些初级产品业的需要。[②]

商务部《中国对外投资合作发展报告2017》显示,中国对东盟十国的直接投资持续增加。中国与东盟之间的双边贸易也在持续发展,截至2017年,中国与东盟的双边贸易总额已经高达5148亿美元,中国连续9年成为东盟的第一贸易伙伴。中国倡导的亚投行、"一带一路"等项目对东盟国家十分具有吸引力。[③]

中国一直在主导亚太地区自贸区的开展。中国已经与澳、韩分别达成了自贸协定,同时中、日、韩之间的FTA谈判也在持续推进。[④] 在亚太地区自贸区的建设之上,东盟是不可或缺的一环。一方面,东盟国家的产品需要投放到更广大的市场中去,东盟国家也需要通过自由贸易引进资金发展自身实力;另一方面,东盟自身也在致力于"大东盟"范围内的经济合作,并在这方面与亚太其他国家共同努力,中、日、韩与东盟之间"10+3"的合作与对话模式成效显著。

但是,中国与东盟关系的发展也并非一帆风顺。迄今为止,中国与东盟部分国家仍有主权领土争端亟待解决,双方政治互信仍有待加强。虽然东盟国家十分乐意与中国进行经贸合作,但是随着地区经济一体化加强,东南亚国家在经济问题上对中国的依赖加深,来自这些国家的"警惕"便也越来越深。

---

① Qiaomin Li, Robert Scollay, Sholeh Maani, Effects on China and ASEAN of the ASEAN-China FTA: The FDI Perspective, *Journal of Asian Economics*, 2016, Vol.5, pp.1～19.

② 余淼杰、高恺琳:《中国—东盟自由贸易区的经济影响和减贫效应》,载《国际经济评论》2018年第4期。

③ Bogusława Skulska, Process of the Economic Integration of China with ASEAN Countries, *An Overview*, *Folia Oeconomica Stetinensia*, 2011, Vol.1, pp.36～52.

④ 竺彩华:《中国参与区域经济合作现状与对策》,载《国际经济合作》2016年第3期。

二、实现"中国—东盟命运共同体"的阻碍

时至今日，东盟成员已经囊括整个东南亚地区的国家。一方面，东盟国家出于自身安全的考量，一直奉行所谓的"大国平衡外交"政策。在这种政策的指导下，东盟国家并不乐见于任何一个大国在东南亚地区的势力过于强大，也正因为这种政策的影响，各种大国的势力在东南亚地区盘根错节，相互影响。另一方面，由于东盟本身的一体化并未达到相当的程度，同时东盟国家对某些特殊的问题各自打算。东盟内部存在不可忽视的分歧，以至于东盟国家的团结时常经受考验。要推动中国—东盟关系的发展，建立中国—东盟命运共同体必须正视中国同东盟之间、东盟内部存在的利益分歧，以及东盟的外交政策，从而探寻出增进双方互信的方法。

(一)中国—东盟间的分歧

中国与东盟已经建立了全球战略伙伴关系，双方交往不断深入，但是不可否认中国—东盟关系一直存在诸多问题，双方的互信程度依然有待提高。尽管中国与一部分东盟国家关系较好，并不存在什么实质上的利益纠葛，但这些国家对东盟整体的影响力有限。回顾中国—东盟关系中存在的问题，主要可以从中国和东盟两个方面进行探究。

1.中国崛起带来的"威胁感"

中国的崛起引起了其他大国的忌惮，比如说"二战"之后很长时间以来作为东亚经济领头羊的日本、当然还有作为G1的美国，以及正在快速发展的印度。这些国家出于自身利益的考虑，在一些问题上不仅不会保持真正的中立立场，反而会使某些问题复杂化。例如，美国坚持称在南海问题上保持中立，但某些发言和营造的舆论氛围都有非常明显的偏向。俄罗斯在东盟国家也有所耕耘，但是其并未在足以影响中国—东盟关系的问题上有什么手脚、对中国—东盟关系的复杂化并无加码。[①]

对于东盟国家而言，"中国威胁论"的声音从来没有真正消失。中国土地辽阔、人口众多，加之对外开放政策落实以后，国家经济、文化力量突飞猛进，而东盟却前后经历了两次世界范围的金融危机，经济发展出现了问题。此消彼长使"修昔

---

① Sarah Kirchberger, Enrico Fels, *Shifting Power in Asia-Pacific? The Rise of China, Sino-US Competition and Regional Middle Power Allegiance*, 2017, Vol.4, pp.408～409.

底德陷阱”的恐惧再一次笼罩着东盟十国。尤其是在中国的主权立场趋向强硬、中国的海上军事实力得到巨大进步之后,这种“中国威胁论”的论调又开始盛行起来。对于这些东盟国家而言,中国—东盟关系可以比作“大象与瓷器”的关系,足可以见东盟国家对中国的警惕程度。

虽然这并不意味着东盟国家乐于避开与中国之间的交往,而这些交往尤其是经济贸易上的往来,往往可以带来实际的利益。[①] 例如,在南海仲裁案发生之后,中国与菲律宾、越南等东盟国家的关系一度十分紧张,但这些国家依然没有和中国交恶的意图。虽然国内舆论在不断对中国进行抨击,但对于政府来说,“中国挑战论”可能更符合他们的观点。[②]

但建立在这种观点基础之上的中国—东盟关系较为敏感脆弱。中国如今并没有在其对东盟的政策当中很好地解除东盟的顾虑以及疑惑。完全消除东盟对中国的“威胁感”是一件十分困难的事情,因为我们不可能为此而不顾国家利益。对于如何实现“中国—东盟命运共同体”,中国在对东盟的政策中必须要解决这一问题。

2.东盟“大国平衡外交”政策

东南亚地处欧亚大陆的边缘,又将太平洋与印度洋隔开。自大航海时代以来,这一地区就是东西方文化交流与经济贸易的重要通道。也正由于东西方经贸需要的膨胀,殖民国家开始将战略目光投放至此处。整个近代历史,西方列强在东南亚地区开展了浩大的殖民活动,绝大多数的国家都沦为了殖民地,少数依旧保持着独立的国家但无不受殖民列强的干预与掣肘。“二战”之后,东南亚国家相继独立,但殖民时代大国对其的控制仍然使之心有余悸。

从世界格局上来看,东南亚地区的战略地位自然不比中东沿至波斯湾地区,但不可忽视近些年来,随着中国的崛起以及南海问题的激化,国际社会对东南亚地区的关注度逐渐攀升。[③] 事实上,东盟自身已非常积极地投入推动国际合作的工作中来,其本身在泛太平洋地区也具有不可忽视的重要地位。东盟国家并不情愿向这一组织像欧盟那样让渡部分主权,加之中国崛起,逐步扛起了推动东亚合作的

---

① Siow Yue,Chalongphob Sussangkarn,The Economic Rise of China:Challenges and Opportunities for ASEAN. *Asian Economic Policy Review*, 2006,Vol.1,pp.102～128.

② 东盟国家对中国的三种不同观点:“中国威胁论”“中国挑战论”与“中国机遇论”。“中国挑战论”实质上是“中国机遇论”与“中国威胁论”的折中,即认为中国带来的兼有机遇与威胁。

③ 部分学者认为,东南亚地区属于世界体系的“边缘地带”,其并非传统意义上国际关系的关注重点。

大旗，东盟的地位以及影响力在慢慢地减弱。中国已经成为全球第二大经济体，这一事实对世界格局的影响是巨大的；而面对崛起的中国，东盟也开始更加警惕而时常惴惴不安。他们既不能阻止这一变化的发生，又不得不正视中国这一强大的邻居将会给东南亚地区带来的巨大影响。从他们看来，中国既是新的机遇，又是新的“修昔底德陷阱”。① 为了保障自身的利益，东盟国家主张“大国平衡外交”的政策。这事实上是一种以强制强的思想，这些东盟国家在其间进行周旋，以期可收渔翁之利。对于东盟的“大国平衡外交”政策，中国不能直接加以谴责，究其根本这是东盟内部甚至是东盟国家的内政问题。

(二)东盟内部分歧

1.东盟内部分歧在中国问题上的体现：以南海问题为视角

东盟国家之间存在非常多的分歧，以至于东盟发展到现在，其一体化程度并没有像其成员国们预想得那样高。这种分歧主要体现在经济、政治等方面，但其中涉及颇广且与我国密切相关的东盟内部分歧，应当属于其成员国在南海问题上的分歧。

在南海问题上，对东盟国家可以进行这样的划分：激进争议国、非激进争议国以及非争议国。其中，激进争议国是指与中国经常具有直接冲突和摩擦的主权争议国家，主要包括越南及菲律宾；文莱、马来西亚虽然与中国也有主权争端，但他们主张采取协商、对话以及合作的方式解决争端，属于东盟中的非激进国；而其他虽然也紧密关注南海问题以试图协调各方的利益，对于南海没有主权声索的东盟国家，则是非争议国。② 相应的，在不同立场的国家分别盛行“中国威胁说”“中国挑战说”以及“中国机遇说”的理论。

东南亚国家对自身的实力有着较为清晰的认识。20 世纪后半叶开始一些东南亚国家的经济实力得到了迅速的发展，即便如此，这些国家也深知不能以一己之力对抗大国的影响。东盟的成立自然为这些东南亚国家寻求更为强大的一致力量提供了舞台。在诸多问题上，东南亚国家积极寻求集体的力量，以求通过团结的整个东盟的力量应对来自各个大国的压力。因此在南海问题上，与中国存在主权争议的东盟国家即使在东盟内部分歧十分明显的情况下，也并没有当然地选择直

---

① Lee Lai To, China's Relations with ASEAN: Partners in the 21st Century?, *Global Change, Peace & Security*, 2001, Vol.10, pp.61～72.

② 王森、杨光海：《东盟“大国平衡外交”在南海问题上的运用》，载《当代亚太》2014 年第 1 期。

接绕开东盟转而选择更为激进的方式去寻求与中国的对抗,而是极力主张采用协商一致的方式在东盟内部形成较为统一的意见之后,再采用集体的方式对中国施压。这一点在非激进国家中得到了更好的体现。

当然,一些激进争议国家也有按捺不住的时候。例如,2013 年菲律宾不顾中国政府的强烈反对,执意单方面将中菲之间的南海主权争端提交到海牙常设仲裁法院。这当然不能真正地解决南海问题,同时也极大地影响了中国—东盟关系。整体上来说,东盟希望中国能够执行海牙常设仲裁法院的裁决,但是面对中国强硬的"不接受""不承认"的立场,南海问题上不同立场国家的态度也有较为微妙的不同。大部分东盟成员国对裁决是欢迎的;而对于其他争议国来说,这无疑是法理上的"红利",因为裁决否定了中国一直强调的"历史性权利";与中国传统交好的国家,如老挝及柬埔寨则采取了反对和谨慎态度;而其他东盟成员国多保持中立立场。①

2.东盟国家其他内部分歧

事实上,除了中国问题以外,东盟各国之间尚有其他较为严重的分歧,归纳起来可分以下三个方面:第一,东南亚地区的发达国家极其有限,除新加坡之外,东盟其他国家的产业仍然以劳动密集型为主,各国之间产品结构相似且较为单一。因此,东盟国家普遍对资源输入、国际援助以及国际市场有相当的需求,东盟各国在争取外来援助以及产品市场方面时常发生纠纷。第二,东盟缺少一个具备公信的领导者,诸如越南、印尼等国都有意通过东盟的平台来提升自己的国际地位,但是这些国家并不完全具备使其他国家为之信服的条件。第三,领土主权纠纷同样存在于东盟国家内部。例如,在关于专属经济区的命题上,东盟各国之间争议不断。除此之外,特定国家之间的领土主权纠纷也常有发生,泰国与老挝,马来西亚与印尼、新加坡,越南与印尼、柬埔寨,以及菲律宾与印尼之间都曾经发生过有关领土主权的纷争。②

东盟内部的问题使东盟国家对于以东盟全体之力与大国进行博弈存在质疑,这也直接导致了东盟在面对大国时的弱者姿态。因此,即使有部分东盟国家与中国互信程度较深,但这很难影响其他国家对中国的看法。

虽然早在 2003 年,第九届东盟首脑会议就通过《东盟第二协约宣言》宣布要于 2020 年建成共同体,但东盟的一体化进程并没有得到实质性的进展。耐人寻味的

---

① 刘琳:《南海仲裁裁决后的中国—东盟关系》,载《世界知识》2016 年第 18 期。

② 赵爱国:《东盟内部的离心力与向心力——东盟各国国家利益冲突与协调分析》,载《国际论坛》2001 年第 6 期。

是,东盟国家却将这个计划提前到了 2015 年予以实现。① 一方面,东南亚国家并不想像欧盟那样让渡部分主权建立一个超国家主权的机关,或者并不情愿这么做,东盟成员国之间的黏性始终存在问题;另一方面,东南亚各国经济发展状况始终不平衡,各国之间差距较大,而这一地区的民族冲突和宗教冲突也并没能得到较好的解决。因而,所谓三大支柱的“共同体”建设只有经济共同体得到了长足的发展。或者,东盟政治安全共同体和社会文化共同体的建设还有很长的路需要走。

三、实现“中国—东盟命运共同体”的路径

探寻实现“中国—东盟命运共同体”的实现路径,需要寻找解决中国—东盟之间分歧的办法,借以在现有的中国—东盟关系的良好基础之上更进一步。厘清中国—东盟关系的现状与发展前景之后,进入策略上的探讨就显得很有必要。

(一)“魅力攻势”及其优化

中国对于东盟的外交政策显然是不能真正消除相关国家之于中国的疑虑的。中国采用的策略,如在南海问题上,一直强调的是“搁置争议,共同开发”;在经济、安全等诸多领域加强与东盟国家的合作,可以概括为“魅力攻势”。这些“魅力攻势”在某种程度上加深了中国同东盟国家的关系,但是并没能消除东盟国家对中国的戒备和警惕。

1.“魅力攻势”的成效

激进的争议国对在南海问题上“搁置争议,共同开发”的提法并不十分感兴趣,而大多数情况下这些国家能够保持克制主要是对中国有经济上的依赖以及军事上的忌惮。中国的“不称霸”政策在东盟国家看来是一种政治宣传——中国即使不称霸,也会成长为一个足以控制东盟的强大外来力量。从国际关系学的角度上来讲,美国、日本、印度对于东盟国家的作用在本质上是相同的——用以遏制中国在东南亚地区的影响力。在东南亚地区角逐的国家之中,只有中国直接毗邻东盟国家,足以在短时间内对东盟国家的经济及安全造成威胁。因此,可以说中国的对东盟的政策确实加深了东盟国家对中国的依赖,但在针对主要国家互信问题上并没有十分可观的成效。

以上从侧面证明了,虽然中国的“魅力攻势”确实起到了某些效果,但这种攻

① 2015 年 12 月 31 日,东盟轮值主席国马来西亚外长阿尼法发布声明宣布:东盟共同体正式成立。

势会让东盟国家深刻地感受到自己对中国的依赖反而会加深对自己有可能成为中国附庸国这种猜忌的恐惧。所以说在“信任”这个话题上,这种政策也有可能具有相反效果。[①]

详言之,“魅力攻势”不足的原因,在于它没有正面应对来自东盟国家的问题,而是企图通过一些有吸引力的合作或者条约来打消对方的疑虑,然而那些疑虑很难为友善所彻底消除。虽然东盟国家的实力也在与日俱增,却难以与中国的全面发展相媲美。东盟国家对中国的警惕,正是来自对未来的“不确定”以及很难跨越的其与中国之间力量的鸿沟。

2.“魅力攻势”的优化措施

消除东盟国家的“不确定”心理,从而弥补传统“魅力攻势”的不足,是解决中国—东盟问题的关键之所在。而从其回到实践中来,应当考虑如何面对东盟的“大国平衡外交”政策,同时应正视中国与东盟国家之间的分歧以及东盟内部的分歧。充分信任是一切合作的基础,加强中国与东盟之间的合作,一方面需要强化这种信任的基础,另一方面需要弱化消除导致“不确定”心理的因素。针对不同的问题,侧重点和具体的实施方式也有所不同。

(1)经贸合作领域“魅力攻势”的优化

经贸合作上的“魅力攻势”需要让东盟国家降低对中国经济依赖的负担。对于东盟国家来说,中国与东盟之间的相互依赖程度对等是理想的状态。但中国的经济总量与东盟国家的经济总量并不对等,一味强加中国对东盟的整体经济依赖是不现实的,但是在某些经济板块上确实可以增进双方的相互依赖。例如,拓宽东盟国家对中国投资的渠道,增进双方的资本互动。

但是由于东盟部分国家的地区行政区划与中国大相径庭,有些国家的地方自治权力较多,因此中国对东盟国家地方上的投资项目风险较高。所以在金融安全方面,中国与东盟国家仍然需要进一步合作。中国在与东盟之间的经贸合作上不仅应“授之以鱼”,还应“授之以渔”。对东盟国家的资金注入不能停留在“援助”的阶段,而应当致力于帮助东盟国家实现现代化。在现阶段,这主要存在于东盟国家的基础设施建设之中。

---

① 这种“魅力攻势”在对非洲国家的效果上,体现得尤为明显。目前,非洲国家对中国的评价较高也十分乐意接受中国的援助。与此相对,东盟国家对中国的顾虑是应当被予以理解的。东盟国家与非洲受援助国家国情不同,一方面,东盟国家的发展程度更高,其在基础设施建设等方面可以面临更多的选择,对于纯粹援助项目的需求并不如非洲国家高;另一方面,大部分东盟国家邻接中国,而非洲相隔甚远,“中国威胁论”的边际效应更低。

(2)文化交流领域"魅力攻势"的优化

"中原思想"在古代中国十分盛行,有所谓"夷夏之辨",将华夏以外的其他民族分为"南蛮""北狄""西戎""东夷"[①]。这种思想的传递不仅无利于增进东盟国家对中国的信任,反而有害于增强双方友谊。近代之后,中国积贫积弱,而部分东南亚国家在西方殖民者的统治之下开始了工业化进程,传统的"朝贡"体系得以崩溃。冷战时期近于西方资本主义阵营的东南亚国家受西方媒体的渲染,对中国的印象不佳。而这种印象,在中国改革开放之后,快速发展的今天,仍然以"中国威胁论"的形式时常被一些东盟国家的媒体所提及。

建立民间的互信是必不可少的,但部分东盟国家的民众对中国并不了解,他们受到一些媒体误导,对中国的认识产生了扭曲,中国需要改变自己在东盟国家国民心中的刻板印象,从而推动中国与东盟之间的民间互信。

首先,为推动东盟国家对中国刻板印象的改变,中国应当加强培养对东盟的涉外人才,培养的模式应当更为综合,使对东盟的涉外人才不仅掌握其文字语言、了解其风俗文化,还需要对东盟国家的政治生态、社会常识以及国际关系进行精细化的学习。其次,中国应当更广泛地接受来自东盟国家的留学生,使之了解中国,体会中国的发展与中国的精神,从而自觉地在其本国破除扭曲中国形象的谣言。再次,中国近年来文化影视行业得到了极大的发展,部分优质的影视作品受到了东盟国家国民的欢迎,中国应当积极推动影视文化产品在东盟国家的传播,利用影视文化作品改变其对中国的不实看法。最后,应当引导中国赴东盟的游客尊重别国法律及风俗文化,改变部分中国游客对其造成的不良影响。

(二)积极应对"大国平衡外交"

东盟国家在"大国平衡外交"政策下,积极寻求区域外国家对南海问题加以干涉,这并不利于中国同东盟国家增进互信;同时,南海问题与其他国际问题衔接,使之更为复杂,也并不利于南海问题的解决。在南海问题方面,我国虽然与东盟国家集体签订了《南海共同行为宣言》,但仍然不时出现南海问题的细小摩擦。当然,中国与东盟针对南海问题也在共同努力,中国与东盟已经在《南海共同行为宣言》的

---

① 这在儒家经典中可见一斑,最为明晰的可见《礼记·王制》中之论述,所谓"东方曰夷,被发文身,有不火食者矣;南方曰蛮,雕题交趾,有不火食者矣;西方曰戎,被发衣皮,有不粒食者矣;北方曰狄,衣羽毛穴居,有不粒食者矣"。

基础上进行了15次高官会谈。[①] 但是,落实《南海共同行动宣言》需要丰富这一框架下的内容。中国方面应当更加坚定在南海问题上"搁置争议,共同开发"的方针,重点应当放在"共同开发"上面。只有争议国确实在这一方针以及《南海共同行为宣言》框架下获得一定的利益,细微摩擦才不会演变成较大规模的冲突。

1.由点到面的对话模式

在南海问题上传统的"10+1"方式具有局限性,因为东盟十国在这个问题上的分歧较大,相关争议国之间就某些事项并不能够达成一致意见。因此,应该将"10+1"与"1+1"或"N+1"结合起来,在框架协议的基础之下,与各争议国调和矛盾,从而避免区域外其他大国横加干涉。

"1+1"即指中国与特定争议国之间的对话,以寻求与特定国家在特定问题上获得相近的意见,从而通过一国带动多国的形式为中国与东盟国家整体对话赢取空间。"N+1"则指与有相同或者相近诉求的国家以及在某一问题上意见相近似的国家进行对话,以了解这些国家内部诉求依然存在的分歧,同时探索针对不同问题的不同解决办法。可以说,"1+1"是点,而从"1+1"到"N+1"再到"10+1"是由点到面的过程。中国应当建立起与争议国由双边谈判到多边谈判的"由点到面"的对话模式,从而避免区域争端的扩大化、复杂化。

2.落实共同开发

"共同开发"应当着眼于双方的实际利益,而不应只停留在维持各方行为的稳定层面。虽然在岛礁主权上并无退让的空间,但是在对海洋资源的合作开发方面应当落到实处。双方投资,产出分红,中国在资金以及资源开采技术方面弥补东盟国家的不足。南海问题同样可以延伸到渔业经济问题以及海洋资源开发的问题上。在这些方面,需要双方在《南海共同行为宣言》的基础之上借鉴其他地区经验,如北极模式、地中海沿岸的合作经验等。[②]

形成一个有效的区域内争端解决机制是必需的。可以借鉴"一带一路"倡议中既成的模式,如中国—东盟自由贸易区的争端解决机制。这种模式在于并不涉及一国的内政问题,双方纠纷可以通过协商、调解甚至仲裁的方式予以解决。但是,这种模式应用于南海问题应当局限于渔业、海洋的环境保护以及海洋资源的利用开发等方面,而不应当涉及主权问题。协商、调解以及仲裁等方式应当落于争议国家,而不应由第三国或区域外的国家参与。

---

① 《落实〈南海各方行为宣言〉第十五次高官会举行》,载《人民日报》2018年6月28日第3版。

② 杜兰、曹群:《关于南海合作机制化建设的探讨》,载《国际问题研究》2018年第2期。

Exploration of the Development Path of "China-ASEAN Destiny Community"

Wang Xiaoyan Xiang Lun

Abstract: Today, China and ASEAN countries have very close economic and trade exchanges, and ASEAN countries have a growing willingness to catch up with the "fast train" of China's development. At the same time, China's rapid rise will inevitably cause other countries to be scrupulous. In addition, some ASEAN countries and China still have territorial sovereignty disputes, which has hindered the development of China-ASEAN relations. How to urge China and ASEAN to abandon the gap and realize the good vision of "building a China-ASEAN destiny community together" proposed by President Xi is indeed a more realistic issue. Before solving this problem, we must actively and properly deal with the relationships between China and ASEAN itself, among China and ASEAN member countries, and among China and other major countries with considerable influence in Southeast Asia based on the problems inherent in China-ASEAN relations so as to explore an active and pragmatic path.

Key words: China-ASEAN Destiny Community; Charisma Offensive; Path

中国—东盟自贸区《投资协议》中 NPM 条款法律问题研究*

徐忆斌** 李文燕*** 马小晴****

摘　要:中国—东盟自贸区《投资协议》中设置了较为合理的 NPM 条款,但该条款仍存在诸多不足,具体表现在以 GATT/GATS 中的例外条款为蓝本,未充分体现投资要义,且条款内容指向不明确;对金融方面的规定存在漏洞;缺少环境及劳工保护规定等方面。为了促进中国—东盟自贸区的发展、平衡投资者利益保护与东道国公共利益保护,有必要对问题产生的原因进行分析,并比较借鉴国际投资条约中的 NPM 条款,明确 NPM 条款的设置思路,建立符合投资要义与中国—东盟自贸区实际的 NPM 条款;同时还应完善《投资协议》中的 NPM 内容,明确 NPM 条款内容的指向,将环境保护、劳动保护、经济安全等内容作为重点内容添加至 NPM 条款当中,修改金融审慎措施例外规定,细化安全例外条款与国家安全条款。

关键词:NPM 条款;中国—东盟自贸区《投资协议》;利益平衡

联合国贸易与发展会议(United Nations Conference on Trade and Development)的报告中将 NPM 条款(Non-Precluded Measures Clauses,即非排除措施条款)视为保障东道国管理权、平衡投资者与国家公共利益的重要选

* 本文为西南政法大学国际法学院 2017 年度院级科研创新项目。

** 徐忆斌,西南政法大学国际法学院副教授、中国—东盟法律研究中心副秘书长。

*** 李文燕,西南政法大学国际经济法方向硕士研究生。

**** 马小晴,西南政法大学国际经济法方向硕士研究生。

择[①]。曾有学者断言,保护投资者权利与保护东道国权益之间的矛盾已经贯穿国际投资协议(IIA)的历史,并将在未来至少 50 年继续影响 IIA 的发展[②]。NPM 条款作为双边投资协定的重要条款由来已久[③],随着国际投资环境的变化及各国经济政策的改变,NPM 条款因其在平衡投资者与东道国利益、保障东道国管理权上发挥的作用吸引了众多国家与国际组织的关注。

中国—东盟自由贸易区(China and ASEAN Free Trade Area,简称 CAFTA)是我国与东南亚十国建立的为促进经济贸易快速发展的区域合作区。2010 年,中国—东盟自由贸易区全面建成。在《中国—东盟全面经济合作框架协议》的基础上,我国与东盟签订了《中国—东盟全面经济合作框架协议货物贸易协议》《中国—东盟全面经济合作框架协议服务贸易协定》《中国—东盟全面经济合作框架协议投资协议》(以下简称《投资协议》)、《中国—东盟全面经济合作框架协议争端解决机制协议》等一系列协议,共同组成了中国—东盟自贸区法律体系。《投资协议》不但为中国与东盟各国的投资者提供了法律保障,而且其中规定的 NPM 条款也说明该协定考虑到了东道国的公共利益,具备一定的合理性。但《投资协议》中规定的 NPM 条款仍存在较大的缺陷,如内容制定不规范、描述较为笼统等。因此,根据当前全球经济趋势,以及我国对与周边国家开展经济合作的重视程度,有必要对如何平衡投资者与东道国公共利益问题进行研究,进一步探究建立更为合理的 NPM 条款,以期平衡投资者与东道国的利益,并减少国际投资纠纷。

一、中国—东盟自贸区《投资协议》中 NPM 条款的现状

NPM 条款作为国际投资协定中的例外条款,为东道国在特定情形下违反投资协定中实质性条款的合法化提供了依据,在东道国履行其管理权的情

---

① United Nations Conference on Trade and Development (UNCTAD), *World Investment Report* 2015:*Reforming International Investment Governance* (2015) 124, 140-2, available at http://unctad.org/en/PublicationsLibrary/wir2015_en.pdf,last visited on 1 June 2016.

② Wei Wang,The Non-Precluded Measure Type Clause in International Investment Agreements:Significances, Challenges, and Reactions,*ICSID Review*,2017.

③ 友好通商航海条约中就已存在 NPM 条款,20 世纪 50 年代德式 BIT 引入该条款,最早包含 NPM 条款的条约是 1959 年德国—巴基斯坦《促进和保护投资条约》。

形下导致的投资者利益损害,东道国不承担赔偿责任。[①] 国际投资协定旨在促进国际投资,注重的是保障投资者利益,而忽略了东道国公共利益的保护,这就导致了投资者与东道国利益维护的失衡。美、德等发达国家较早地意识到了这一问题并作出应对,即在投资协定中规定 NPM 条款。我国作为世界上最大的发展中国家,同时是资本输出与资本输入大国,与许多国家之间均有国际投资协定或正在订立国际投资协定[②]。在以往的国际投资协定中仅有少数规定了 NPM 条款,这显然是不足以保障国家利益的。中国—东盟自贸区《投资协议》是我国为数不多的规定了 NPM 条款的双边投资协议,其在 NPM 条款的设置上具有一定的先进性,但其仍然存在较多不足。

(一)《投资协议》中规定的 NPM 条款

中国于 1998 年全面接受 ICSID 仲裁管辖,特别是中德双边投资条约签订后,中国在多个与外国签订的 BIT 中同意将投资者与东道国的投资争端全面提交至 ICSID 管辖。全面接受 ICSID 管辖权有利也有弊,利在能吸引外资,促进我国经济发展;弊端主要表现在我国"门户"放得太开而留下过多隐患,最终可能有国家利益受损的风险。联合国贸易与发展委员会曾一再提醒和告诫发展中国家谨慎对待 BIT 这把双刃剑,不要贸然放开手中握有的政治空间。对于我国来说,主要是指中国在签订 BIT 时要适当保留,不能将涉及公共利益的权力把柄交到他人手中,以免受制于人。也就是说,我国签订 BIT 时应当审慎制定 NPM 条款,保留应有的例外。

当前,国际上并没有形成统一的 NPM 条款结构形式、分布范围,各国对 NPM 条款的规定习惯亦不相同。这意味着只要 BIT 缔约国双方同意,便可以在 BIT 序言、正文、附件任何部分设置 NPM 条款。在《投资协议》中,NPM 条款的主体部分是协定正文中的第 16 条和第 17 条,其他的 NPM 条款散布于协定的款项之中。

《投资协议》第 16 条基本内容与《服务贸易总协定》,即 GATS 第 14 条并无二致。根据该条第 1 款,"在此类的实施不在情形类似的缔约方、缔约方的投资者或投资者的投资之间构成任意或不合理歧视的手段,或构成对任何一

---

① Prabhash Ranjan, *Investment Protection and Host State's Right to Regulate in Indian Model Bilateral Investment Treaty* 2015:*Lessons for Asian countries*, p.15.

② 例如,我国与美国于 2008 年正式宣布启动 BIT 谈判,与欧盟于 2013 年正式启动 BIT 谈判,目前谈判均正在进行当中。

方的投资者或其设立的投资的变相限制的前提下，本协议的任何规定不得解释为阻止任何成员采取或实施以下措施：(1)为保护公共道德或维护公共秩序所必需的措施；(2)为保护人类、动物或植物的生命或健康所必需的措施；(3)为使与本协议的规定不相抵触的法律或法规得到遵守所必需的措施，包括与下列内容有关的法律或法规：a.防止欺骗和欺诈行为或处理服务合同违约而产生的影响……"①这一条款明显是以GATS第14条为蓝本而制定的。此外，不考虑贸易协定与投资协定之间的差异就模仿制定NPM条款显然是不合理的。

《投资协议》第17条规定："本协议的任何规定不得解释为：(1)要求任何一方提供其认为，如披露会违背其基本安全利益的任何信息；或(2)阻止任何一方采取其认为对保护基本安全利益所必需的任何行动，包括但不限于：a.与裂变和聚变物质或衍生这些物质的物质有关的行动……"②此条款与GATT第21条的安全条款类似，均涉及缔约方的基本安全问题，且形式相同、文义相似。

另外，《投资协议》亦存在散见于协议中的其他NPM条款，主要包括征收和履行条款中的例外规定。比如，任何一缔约方不得对另一缔约方投资者的投资实施征收、国有化或采取其他等同措施（"征收"），除符合下列条件：(1)为公共目的；(2)符合可适用的国内法包括法律程序；(3)以非歧视的方式实施；以及(4)按照第2款规定给予补偿。总体来说，《投资协议》中NPM条款的规定较为全面，但仍存在诸多问题。

（二）《投资协议》中NPM条款存在的问题

国际投资条约中的NPM条款的规定体现出了各缔约方在平衡投资者利益与东道国公共利益的考虑，一方面保护投资者的利益，另一方面更重视对东道国在关键政策上的对自身权益的维护。③ 在国际投资仲裁实践中，仲裁庭一直将促进和保护投资作为价值追求，忽视了东道国国家安全、公共健康、环

---

① 参见《中国—东盟全面经济合作框架协议投资协议》，http://images.mofcom.gov.cn/www/accessory/200908/1250309222313.pdf.

② 参见《中国—东盟全面经济合作框架协议投资协议》，http://images.mofcom.gov.cn/www/accessory/200908/1250309222313.pdf.

③ UNCTAD，Bilateral Investment Treaties 1995—2006：Trends in Rulemaking，United Nations，New York and Geneva，2007，p.142.

境保护等利益。[①] 要平衡二者之间的关系,应重视 BIT 中的 NPM 条款,确保仲裁庭在处理投资争端时参考 BIT 中的 NPM 条款,衡量投资者与东道国的得失。《投资协议》中的 NPM 条款目前并未充分体现投资者与东道国之间的利益平衡,不利于中国—东盟区域内投资活动的顺利开展。

1.NPM 条款的规定未体现投资要义

《投资协议》中第 1 条第 4 款对投资进行了定义:"投资是指一方投资者根据另一缔约方的相关法律、法规和政策在后者境内投入的各种资产,包括但不限于……"[②]这一条款明确了中国东盟之间往来的投资活动的范围。虽然国际贸易与国际投资相互交融、不可分割,但是二者之间必然存在区别,其中重大的区别在于:国际贸易是货物、服务或技术的跨国交易且一般是短期或一次性的交易行为,各国的经济相对独立;而投资是资本的跨国流动一般是长期的经营项目,各国的经济相互融合。[③] 在国际投资的过程中,因投资的长期性与各国经济的融合性,外国投资者的投资活动必然会对东道国的经济安全、环境和劳动力等方面产生较国际贸易更为深远的影响。GATT/GATS 是国际贸易领域的多边条约,其中的例外条款规定必然是体现国际贸易因素的。而《投资协议》中 NPM 条款的设置仅是在 GATT/GATS 中的例外条款的基础上删减或增加款项,或者不加修改直接照搬,这显然是不符合投资要义的。

2.NPM 条款内容指向不明确

《投资协议》中 NPM 条款的规定过于笼统、抽象,内容指向不明确。比如,第 16 条、第 17 条中相关款项仅使用公共道德、公共秩序、基本安全利益等概括性措辞,此类表述明显缺乏明确的内涵与外延,法学界对上述概念甚至没有形成统一的界定标准。而由于措辞过于概括,导致条款内容指向不明确,这就使得 NPM 条款的范围到底是宽泛还是狭隘的决定权掌握在仲裁庭手中。换句话说,NPM 条款的内容过于空泛,大大降低了该条款在实践中的适用性

---

① Kojo Yelpaala, Fundamentalism in Public Health and Safety in Bilateral Investment Treaties, 3 *Asian J. WTO & Int'l Health L. & Pol'y* 235 (2008) .

② UNCTAD, Bilateral Investment Treaties 1995—2006: Trends in Rulemaking, United Nations, New York and Geneva, 2007, p.142.

③ 张幼文:《生产要素的国际流动与全球化经济的运行机制——世界经济学的分析起点与理论主线》,载《世界经济研究》2015 年第 12 期。

和有效性。由于 NPM 条款措辞不明确，再加上国际投资仲裁中先例[①]作用的局限性，导致了投资仲裁庭在案件审理过程中享有较大的自由裁量权，使案件的审理结果充满了不确定性。在 CMS 案[②]和 LG&E 案[③]中，CMS 仲裁庭援引《国家对国际不法行为的责任的条款草案》第 27 条第(a)项的规定，认为阿根廷提出的 NPM 条款的抗辩不免除东道国损害投资者利益而需承担的赔偿义务，所以东道国应承担赔偿责任。然而，LG&E 案仲裁庭却在考虑第 27 条与美国—阿根廷双边投资协议第 11 条，即 NPM 条款之后，作出与 CMS 案相反的判决，认为应由投资者承担损失。那么，同样，若中国与东盟国家就 NPM 条款发生纠纷，提交至国际仲裁机构进行仲裁，仲裁庭在适用此条款时，依旧存在对其进行解释的适用问题困境。[④]

3.金融方面的规定存在缺陷

国际金融危机的巨大危害性为国际社会谈之色变，因此，各个国家与相关国际组织都在为防止金融危机寻找出路。不少国家将金融审慎措施[⑤]列入了 BIT 的 NPM 条款当中，如美国 2004 年 BIT 范本中就详细规定了金融服务条款。《投资协议》第 16 条第 2 款规定："对于影响提供金融服务的措施而言，WTO 协议附件 1B GATS 关于金融服务的附件第 2 款(国内规制)，经必要调整后并入本协议，构成协议的一部分。"可见，中国与东盟之间的金融审慎例外是完全依照 GATS 规定的。《投资协议》直接适用 GATS 金融服务附件第 2 款的规定是不妥当的。一方面，GATS 中规定的金融审慎条款本身存在实施前提不明确、适用范围有限、认定方法不明等缺陷[⑥]；另一方面，自由贸易区开

---

① 原为英美普通法的一个主义，指先前法院的判决对以后的法院有拘束的效力。参见李浩培、王贵国：《中华法学大辞典 · 国际法学卷》，中国检察出版社 1996 年版，第 599 页。

② See CMS Gas Transmission Co. v. The Argentine Republic, ICSID CASE NO. ARB /01 /8, Award, May 12, 2005, para, 384.

③ See LG&E Energy Corp. v. The Republic of Argentina. ICSID CASE NO. ARB/02/1, Oct 3, 2006, para, 261.

④ 陈正健：《国际投资条约中不排除措施条款的解释》，载《法学论坛》2013 年第6 期。

⑤ 金融审慎措施是指缔约方可以为审慎原因而采取措施，包括为保护投资人、存款人、保单持有人或金融服务提供者对其负有责任的人而采取的措施，或为保证金融体系完整和稳定而采取的措施。

⑥ 徐昕：《区域贸易协定中的金融审慎例外条款研究》，载《上海对外经贸大学学报》2015 年第 2 期。

放程度更大、自由化程度更高,引发金融危机的可能性更大,因此需要更为有效的金融审慎措施例外规定确保金融安全。

4.环境保护方面的规定缺失

投资活动会对环境造成损害是国际上公认的事实,尤其是早期发展中国家因缺乏环境保护意识,未合理管控投资者大肆破坏环境的投资行为,牺牲自然环境换取利益,造成生态失衡的后果。如今,国际社会愈加重视生态环境的保护,保护环境成为所有主权国家的共同义务。在这种情况下,许多双边、多边投资协定中都将环境保护列入 NPM 条款中,如发展较为完善的北美自由贸易协定就是最先将环境保护列为 NPM 条款的协定。但是,《投资协议》中只有一款与环境保护相关的条款,即第 16 条第 1 款第 6 项规定"与保护不可再生自然资源相关的措施,如这些措施与限制国内生产或消费一同实施"。除此之外,整个 NPM 条款中甚至没有出现环境保护的字眼。这显然是与新时期国家经济决策趋势不相符的,也是有悖于我国一直强调的可持续发展理念的。

二、中国—东盟自贸区《投资协议》NPM 条款问题分析

《投资协议》中的 NPM 条款存在诸多问题的原因具有多样性,有必要进行深入分析;同时结合国际投资条约中 NPM 条款的相关规定,为完善《投资协议》中 NPM 条款提供必要支持。

(一)立法经验不足

在我国与他国签订的 100 多个 BIT 中[①],仅有不到 20%的 BITs 含有 NPM 条款,其中包括与德国、印度[②]等广泛应用 NPM 条款的国家签订的。可见,我国 BITs 中 NPM 条款并不是必备条款,在订立 BIT 或 FTA 过程中,不一定纳入该条款。那么,在设置该条款时,面临经验不足、意识不强问题也就不足为奇了。此外,我国在当时的条件下,急于引进外资,放宽对外资的限制条件,给外来投资者提供众多优惠条件,削弱了我国对投资者的管理权,导致

① 具体条约参见我国对外签订双边投资协定一览表 Bilateral Investment Treaty, http://tfs.mofcom.gov.cn/article/Nocategory/201111/20111107819474.shtml.

② 德国与印度对外签订的 BIT 中过半数包含了 NPM 条款,且德国 2005 年 BIT 范本、印度 2003 年 BIT 范本中均包含了 NPM 条款。

了投资者与东道国的利益失衡。

《投资协议》中虽规定了NPM条款，但其设置该条款的思路仍存在偏差，这与我国缺乏设置该条款的经验有关。《投资协议》中的NPM条款仅不加修改地一味照搬GATT/GATS中的例外条款，即使清楚地知道GATT/GATS中例外条款本身存在法律规则不系统不完善、措辞宽泛模糊、缺乏确定性、适用解释散乱等缺陷[①]，但出于与各法律文件对公共利益的保护保持一致的态度，并且缺乏准确订立NPM条款的经验与能力，依旧以WTO相关法律为蓝本构建了NPM条款。但这种设置思路显然已不适合如今的BIT的发展水平，更没有体现中国—东盟自贸区成员的国家政治制度及经济发展状况与特点。

(二)条款制定目的不明确

国际投资与国际贸易之间的关系密切，二者的联系众多，如《与贸易有关的投资措施协议》就是规范投资与贸易关系的国际性协议。但是，国际投资与国际贸易毕竟分属不同的国际经济领域，存在各自的特点。那么，在NPM条款的设置上也应当存在差异，因此，应厘清条款制定的目的，不可完全将国际投资与国际贸易混为一谈。

《投资协议》中的NPM条款基本未体现国际投资要义，主要原因在于未明确条款制定的目的。《投资协议》中的NPM条款应起到的作用是平衡东道国与投资者的利益，赋予东道国在特殊情形下违反投资条约义务时免除赔偿责任的权利。因此，在该条款的制定过程中，除公共道德、传统国家安全条款等此类国际投资协定中的常设条款之外，还应制定与国际投资因素相关的条款。例如，美国2004年BIT范本第14条第3款："缔约方不得在本条约实施后采取附件Ⅱ[②]措施，要求缔约另一方的投资者在该措施生效时基于国籍转让或处置投资。"

(三)国际考量不够

《投资协议》中的NPM条款内容不充分，缺少环境、劳工保护等重要条款。而在国际投资条约中，已存在较为完备的NPM条款 。《投资协议》中的

---

① 曾令良、陈卫东:《论WTO一般例外条款(GATT第20条)与我国应有的对策》，载《法学论坛》2001年第4期。

② 附件Ⅱ规定了相关的征收条款的内容。

NPM 条款在制定过程中,未充分考量国际投资条约对该条款的设置情况,忽视了相关内容的重要性,给投资争端的发生留下了隐患。因此,有必要借鉴国际投资协议中 NPM 条款部分,增加对该条款的考量程度。

1.经济安全例外

在国际投资协定的具体实践中,对国家安全例外的表述都不尽相同。[①] 但是,不论采用何种措辞方式,其实质内容相同,且大多数国际投资协定之中关于国家安全例外的规定仅对投资东道国的国防安全和为保障国际安全作出细致规定。譬如,NAFTA 第 21 章的内容:"根据第 607 条(能源与国家安全措施)的目的和第 1018 条(政府采购例外),本协定中的任何规定不得解释为……"《欧盟条约》第 296 条规定了根本安全例外条款:"本条约的规定不排除适用下列规则:(1)(a)没有任何会员国应有义务提供信息的披露,倘若它认为违背其安全的根本利益……"[②]

另外,国家安全例外条款已随着时代发展被赋予了新的内涵,影响国家安全的不仅包括传统的军事方面的威胁与恐吓,还包括严重的经济危机、重要产业受外国控制等。[③] 因此关于经济安全例外的条款现今也纳入了国家安全内容之中。从阿根廷与美国的相关投资仲裁案件审判结果中可以看出,ICSID 已将经济紧急情况纳入了第 11 条中的根本安全例外条款之中。例如,在 LG&E 公司诉阿根廷案件中,ICSID 对东道国在经济危机紧迫发生时对投资

---

① 美国在对外缔结的 BIT、FTA 中采用了"根本安全利益"的表述,德国 BIT 则采用了"公共安全",还有的国家采用了"国际和平与安全"等措辞;《欧盟条约》第 296 条规定了根本的安全例外条款,中国—秘鲁自由贸易协定(2009)中的投资规则采用了"根本安全利益"的措辞,中国—东盟自由贸易区投资协定中(2009)安全例外的表述采用了服务贸易总协定第 14 条的表述。

② 该条英文原句为:"The provisions of this Treaty shall not preclude the application of the following rules:1.(a) no Member State shall be obliged to supply information the disclosure of which it considers contrary to the essential interests of its security;(b) any Member State may take such measures as it considers necessary for the protection of the essential interests of its security which are connected with the production of or trade in arms, munitions and war material; such measures shall not adversely affect the conditions of competition in the common market regarding products which are not intended for specifically military purposes.2.The Council may acting unanimously on a proposal from the Commission make changes to the list which it drew up on 15 April 1958, of the products to which the provisions of paragraph 1(b) apply."

③ UNCTAD, the Protection of National Security in IIAs, UN 2009, p.7.

者的所有权的干预程度进行了评估，仲裁庭承认经济危机经济安全例外条款的内容。[①] 美国—阿根廷 BIT 中的第 11 条规定："本条约不应阻碍任何缔约方实行为维护公共秩序，为维护与恢复国际和平与安全相关的义务的履行，或为保护它自己所认为的根本安全利益所采取的必要措施。"

2.国家安全例外中自行判断条款

以美国为代表的一些国家在最新签订的 BIT 中均在国家安全例外条款中明确加上"it considers necessary"的措辞，表明该条款属于自行判断条款[②]。随后实施的协定和具体实践可以作为东道国在具体活动中的判断依据，[③]赋予了东道国自行判断情势，并有权力采取措施以保护国家根本安全利益。例如，比较 2008 年美国—乌干达 BIT 和 1991 年美国—阿根廷 BIT 中关于 NPM 条款的规定，第一个条约将后一个条约 necessary 修改为 it considers necessary。而赋予东道国自行判断情势的原因在于维护自身国家的根本利益，限制了国际投资仲裁庭判断国家情势的权限。

北美自由贸易协定(以下简称"NAFTA")中亦赋予了成员国自由裁定本国根本安全利益、判断情势的权利，且给予国家在应对例外威胁的情形下采取措施的权利。例如，在 NAFTA 的附件二中重点列出了一系列成员国可以自行决定投资自由化程度的部门，如电信行业、航运部门等。对于成员国可自行判断其情势的自由，NAFTA 的规定相比美国 BIT 范本的规定更为具体，将其判断情势的自由限定在一定的范围内，可以防止东道国滥用该权利，使得东道国利益与投资者利益失衡，损害投资者的权益。

3.金融审慎例外

由于国际金融危机爆发频繁，对各个国家均造成了严重影响，为防止金融危机造成的投资争端给本国经济雪上加霜，各国在其自身的国际投资协定中

---

① See LG&E Energy Corp.et al.v The Republic of Argentina.ICSID case no. ARB/02/1, Oct 3, 2006, para.251～252.

② 自行判断条款赋予缔约方单方退出一项国际义务的自由裁量权，对于是否符合免责条件的评估不能完全客观地建立在外部观点的基础上，应主要依据当事方的意见而得出结论。See Stephan W.Schill, Robyn Briese, "*If the State Considers*": *Self-Judging Clauses in International Dispute Settlement*, Max Plank Yearbook of United Nations Law, 2009(13).

③ Anthea Roberts, Power and Persuasion in Investment Treaty Interpretation: The Dual Role of States, 104 *Am. J. Int l.L.*179 (2010).

增加了金融审慎措施。美国 BIT 范本中第 20 条第 1 款[①]规定的关于 NPM 条款的金融审慎条款,是该范本最具特色的条款之一,并且在范本的脚注中解释了形成审慎条款的原因。[②]“审慎理由”包括维持所有的金融机构的安全,以及维持支付和清算系统的运作完整性。对于第 20 条第 3 款第(c)项第 ii 款的规定,明确了判断金融审慎原因的主体是双方共同判定,而这种判定方式仅仅限定于金融领域;对于非金融领域,若东道国援引该条进行抗辩,抗辩理由不成立。由此可见,美国对于东道国具有完全性质上的金融规制权限具有一定的顾虑。除此之外,美国 BIT 范本(2004)在涉及金融服务审慎措施的争端解决方面,还采取了特殊先决模式[③]。这样做,可以更好地反映缔约国的真实意图,避免由投资仲裁庭自行任意解释条约而影响缔约国金融安全的情形发生,可以为其他的国际投资协定提供参考与借鉴。[④]

《欧盟条约》第 58 条第 1 款也规定了金融审慎例外规定内容;中国—东盟自由贸易区的投资协议在第 16 条中,将 GATS 金融服务附件第 2 条纳入“一

---

① 美国 BIT 范本第 20 条第 1 款原文:“notwithstanding any other provision of this treaty, a party shall not be prevented form adopting or maintaining measures relating to financial services for prudential reasons, including for the protection of investors, depositors, policy holders or persons to whom a fiduciary duty is owed by a financial services supplier, or to ensure the integrity and stability of the financial system. where such measure do not conform with the provisions of this Treaty, they shall not be used as a means of avoiding the Party's commitments or obligations under this Treaty.”

② 美国 BIT 范本第 20 条第 1 款脚注内容:“it is understood that the term ‘prudential reasons’ includes the maintenance of the safety, soundness, integrity, or financial responsibility of individual financial institutions, as well as the maintenance of the safety an financial and operational integrity of payment and clearing systems.”

③ 特殊先决模式,即当投资者将争端提交仲裁而被诉方以金融审慎措施作为辩护理由时,首先要将问题提交给争端各方的主管金融机构协商并决定是否作出联合辩护,如在规定的期限内未作出决定,则可根据缔约国间的争端解决程序仲裁。只有当经过了上述程序仍未解决问题时,才可以提交 ICSID 或其他商事仲裁机构仲裁。

④ 余劲松:《国际投资条约仲裁中投资者与东道国权益保护平衡问题研究》,载《中国法学》2011 年第 2 期。

般例外”的条款中；[①]但均未规定相应的具体适用方式。

4.环境、劳工保护例外条款

美国新范本确定了更为严苛的关于东道国环保的要求，其第 12 条明确规定：禁止东道国通过弱化或降低环境法保护标准的方式来鼓励投资，并应确保不放弃或承诺放弃、减损其法律法规，还具体解释“环境法”。另外，第 13 条规定了投资与劳工规则，采用了与环境规则相同的模式。

NAFTA 是国际上率先通过了关于环境、劳工保护附属协议的国际条约。NAFTA 第 1114 条旨在强调东道国环境保护问题的重要性。首先，NAFTA 第 11 章不得被解释为以与东道国保护环境措施相抵触的方式予以实施；其次，NAFTA 成员国不得以降低环境保护标准，如以牺牲公共健康、安全或环境保护为代价来鼓励外国投资。NAFTA 中详细规定了劳工标准及劳工保护条款，该协议甚至附带了涉及劳工问题的《北美劳工合作协定》。综合众多 BIT 的规定，均有环境保护的规定，表明可持续发展已经成了各国经济发展的共识。因而，中国—东盟自由贸易区中 NPM 条款中应扩大环境、劳工保护的内容并进行具体规定。

三、完善中国—东盟自贸区《投资协议》中 NPM 条款的建议

实践中，在缔结投资条约时，各缔约国不会放弃作为其主权特权的一部分进行监管的权利。[②] 缔约国会尽可能地在协定中明确东道国与投资者的权利与义务，而 NPM 条款实际上就是为维护东道国国家主权与利益，行使管理权预留空间，从而实现东道国公共利益与投资者利益平衡，即 NPM 条款是保护

---

① GATS 金融服务附件第 2 条就规定：“尽管有本协定的任何其他规定，但是不得阻止成员为审慎原因而采取措施，包括为保护投资人、存款人、保单持有人或金融服务提供者对其负有责任的人而采取的措施，或为保证金融体系完整和稳定而采取的措施。如此类措施不符合本协定的规定，则不得用作逃避该成员在本协定项下的承诺或义务的手段。”

② Piero Bernardini, Reforming Investor-State Dispute Settlement: The Need to Balance Both Parties' Interests, *ICSID Review*, 2017, Vol. 32, No. 1, p.51.

东道国规制权[①]的重要手段。利益平衡符合罗尔斯所提出的正义原则,[②]正义原则已经得到了国际社会的普遍认可,是国际上衡量事物或者事件是否公平、合理的准则。而在 NPM 条款的设置中体现利益平衡原则可以成为衡量该条款优劣的标准,也是衡量中国—东盟自由贸易区投资规则是否完善的重要原则。现今针对《投资协议》中出现的投资者与东道国利益失衡的问题,NPM 条款的修订就极其重要,《投资协议》中的 NPM 条款存在缺陷,是中国与东盟各国之间就投资活动进行管理,即东道国合理行使规制权的一大隐患。

(一)明确《投资协议》中 NPM 条款的制定思路

中国—东盟自由贸易区的成员主要是发展中国家,是世界上人口数量最多的自由贸易区,同时也是最具有经济潜力的国际经济区域之一。自贸区内的合作内容之丰、发展速度之快令世界各国瞩目。中国—东盟自贸区在建设过程中已经形成了独特的发展模式,《投资协议》作为保障自贸区内投资活动稳定开展的投资法制之一,应当体现自贸区的特色,不能仅照搬 GATT/GATS 中的规定。作为《投资协议》中保护东道国利益的 NPM 条款是该协议中维持投资者与东道国利益平衡的重要条款,应进行相应修改,并且 NPM 条款的设置更应符合自贸区的实际。

《投资协议》中的 NPM 条款均是以贸易例外为蓝本制定的,没有体现投资要义,这种制定思路是有误的。国际投资与国际贸易不同,其本质是投资国将货币资本、技术、专利、经营管理、品牌等生产要素转移到东道国,而东道国提供土地、劳动力、资源、经营环境等生产要素[③]。国际投资使各国经济紧密融合,东道国的经济、环境、劳动等因素会受到一定的影响。《投资协议》中 NPM 条款缺乏与投资相关的内容,如资本、经营管理,仅在分散的款项中规定征收、国有化内容是不够的,有必要将货币资本、经营管理、经济、劳动力等投资因素以妥当的方式予以规定。

---

① 安东尼·奥格斯在其著作《规制:法律形式与经济学理论》中将“规制权”定义为:国家寻求或鼓励那些如果没有国家干预就不会发生的经济活动,其目标是纠正市场失灵以满足集体或公众的利益。

② 罗尔斯正义原则要求将不平等限制在一定的程度内,即一种不平等的后果必须对每个社会成员,尤其是给处于社会的劣势者(最不利者)带来最大的利益,正义是社会的首要价值。

③ Zhang Youwen, International Flow of Production Factors and Operational Mechanism of a Globalized Economy, *International Economic Review*,2013(5), p.31.

此外，应当继续赋予东道国NPM条款自行判断的性质，但是应对该权限进行一定的限制。在《投资协议》不断向保护投资者倾斜的情况下，NPM条款强调东道国的经济事务自主权，这是该条款所欲达到的目的，也是其设置的初衷所在。而只有将判断能否援引该条款的权利保留在东道国的手里，才能真正实现对东道国利益的保护。① 阿根廷的案例就是沉痛的教训，中国应当引以为戒。但是，还应确保NPM条款的规定能够平衡投资保护与监管权并且不被滥用，NPM条款应非歧视地、正常地、合理地应用。②《投资协议》中仅在第17条第1款第2项中出现了自行判断性质的条款，这说明我国已注意到自行判断性质对NPM条款解释的作用，以便确保今后东道国在卷入投资争端时具备更强的主动权。但若是完全赋予东道国完全的自行判断权限，容易成为东道国实行投资保护主义和不公平的歧视的保护伞。应当明确，我国在中国—东盟自贸区内更多的是作为投资者身份，更应当防止缔约另一方(东道国)滥用具有自行判断性质的NPM条款，损害我国投资者的利益。

(二)完善《投资协议》中NPM条款的内容

1.明确NPM条款内容的指向

《投资协议》中的NPM条款采取列举公共利益、基本安全利益内容的方式，这种方式一方面难以在实践中解释公共利益、基本安全利益具体包含的内容，容易造成适用困难；另一方面，由于内容抽象，投资者甚至双方缔约国都不能充分了解东道国政府何种措施属于NPM条款的内容，导致投资活动的风险加大。由于中国与东盟各国在公共利益、基本安全利益等概念的内涵与外延不同，仅对其抽象概括就极为不当。实际上，因为NPM条款内容指向不明而导致东道国败诉的案例已经存在。2001年阿根廷经济危机爆发，阿根廷采取一系列措施加以应对，相关措施的施行损害了投资者的利益，导致阿根廷受到了40多起诉讼，如著名的CMS案、LG&E案。ICSID在审理CMS案、LG&E案过程中，就对NPM条款中国家根本利益的内涵与外延进行了探讨，即国家根本利益即将受到损害是否包括经济危机。仲裁庭在这两个相似的案

---

① Stephan W.Schill, Robyn Briese,"If the State Considers":Self-Judging Clauses in International Dispute Settlement, *Max Plank Yearbook of United Nations Law*, 2009 (13), pp.61～140.

② See WTO, United States: Standards for Reformulated and Conventional Gasoline—Report of the Appellate Body, (29 April 2016), WT/DS2/AB/R.

件中却作出完全相反的解释[①]。可见,仲裁庭在对 NPM 条款适用问题上也没有标准的解释,即对适用 NPM 条款有无“必要性”没有统一的标准,NPM 条款在适用上存在很大的不确定性。

因此,一方面,有必要对 NPM 条款的相关概括性内容进行修改,明确条款的具体内容指向;另一方面,确保仲裁庭认定东道国行使的管理措施为必要行为,即 NPM 条款得以适用。中国与东盟国家之间修改《投资协议》中的 NPM 条款时,可以采取添加注释的方法为公共利益、基本安全利益等词作出大致的界定或规定范围,从而限制仲裁庭在不了解双方缔约国国情(包括历史文化传统及民族心理)的情况下随意解释 NPM 条。同时,可以借鉴印度 2015 年的 BIT 模式,以脚注的形式为仲裁庭如何确定东道国所采取的措施是必要的提供指导。[②] 这种模式有利于东道国行使规制权,平衡投资者与东道国之间的关系。

2.增加环境、劳工保护方面的内容

环境保护是现今各国普遍接受的规则,规定在许多多边、双边投资协定当中,保护环境已成为一项国际性义务。跨国投资在为东道国带来经济利益的同时,也给东道国的环境保护带来了巨大压力。美国、欧盟等发达国家和地区早就意识到了投资活动对环境的影响及保护环境的重要性,不论在 BIT 还是 FTA 中均规定了较为详细的环境保护条款,且通过 NPM 条款为政府的管理权保留了一定的空间。另外,跨国投资与劳工保护之间也时有冲突,当东道国因国内法律、政策的变动,损害了外籍劳动者的利益时,如何保障劳工的权利?损害如何划分?事前预防比事后补救更加重要,如果等到环境破坏到一定程度时再来补救,那么所花费的补救成本将会比预防成本高出几倍。同样,劳工保护也需要有法可依。

《投资协议》中的 NPM 条款缺乏对环境保护与劳工保护的规定,在中国—东盟自贸区开放程度日益扩大、各国之间合作愈加紧密,跨国资本流速增快的情况下,亟须增加环境保护、劳工保护的 NPM 条款。因此,可以适当借鉴在环保、劳工保护例外规定较为完善的 BIT、多边投资协定,如 NAFTA 与欧盟国家投资协议中的相关内容,并结合中国与东盟各国的经济发展需求,探

① See CMS Gas Transmission Co. v. The Argentine Republic, ICSID CASE NO. ARB /01 /8, Award, May 12, 2005, para, 366～373. SeeLG&E Energy Corp. v. The Republic of Argentina. ICSID CASE NO. ARB/02/1, Oct 3, 2006, para, 238, 257.

② See 2015 Indian Model BIT, (n 4) footnote 6.

索具有前瞻性的环保、劳工保护 NPM 条款。

3.修改金融审慎措施例外规定

中国—东盟自贸区发展迅速，双方在自贸区内的合作范围会越来越广泛，在金融领域也会不断开展合作。而过于自由化是金融危机爆发的重要条件之一，在中国—东盟自贸区内爆发金融危机进而影响全球经济稳定并不是不可能的。若东道国遭受金融危机，采取的措施给投资者造成损害，投资者与东道国之间必然发生纠纷。此时，如果没有完备的 NPM 条款豁免东道国的赔偿责任，那么东道国将承担巨额的赔偿，这无疑是雪上加霜。因此，有必要修改《投资协议》中规定的金融审慎措施例外，使其能更符合自贸区的发展状况，避免成员国受到更加严重的损害。

美国 2012 年 BIT 范本第 20 条较为详细地规定了金融审慎措施例外。美国 BIT 范本中不仅明确了金融审慎措施的范围，还规定了投资者与东道国之间若发生金融审慎措施的争议，将采取特殊的争议解决方式。这种规定几乎使缔约国完全控制了争议的解决权，从根本上防止了仲裁庭随意解释条款，可以有效维护缔约国金融安全与稳定。《投资协议》可以借鉴美国的做法，确定金融监管措施的范围、规定特殊的争议解决机制。但不能盲目照搬美国的规定，在借鉴美国模式时，应考虑发达国家与发展中国家在金融体制上的差别，作出相应的修改和完善。另外，还应结合整个投资协议的上下文及金融管制措施的需要作出调整。

4.经济安全应是 NPM 条款的题中应有之义

近日，美国利用安全例外条款，屡次向我国“发难”，我国也积极作出应对[①]。而美国利用安全例外条款采取的行动从国际法上来看并不违法，而我国的报复行为反而不符合 WTO 的相关规定，安全例外条款作为 NPM 条款内容之一，能有效维护国家安全。传统的国际投资条约中，将安全例外限定为缔约国的国防安全和国际和平与安全，其目的并不与经济直接相关。那么，如今新时代的安全例外是否应包含经济安全呢？

在经济全球化时代，经济安全已经成为能够影响世界局势的因素之一，经济方面的因素也足以危及国家安全。《投资协议》中 NPM 条款的内容不应当

---

① 2018 年 3 月 8 日，美国根据 232 条款发起调查后，拟对进口美国的钢铁和铝分别加征 25%和 10%的关税，并于 3 月 23 日生效。墨西哥、加拿大等国家获得了豁免，中国不在豁免行列。2018 年 3 月 22 日，美国根据 301 条款公布对华“301 调查”结果，并于 4 月 3 日发布中国产品清单，拟对清单内中国产品加征 25%关税，产品金额约 500 亿美元。

仅仅局限于传统的国际投资协定中的安全例外的内容,而应当将经济安全作为国家安全的题中应有之义在NPM条款中加以规定。

5.细化安全例外条款与国家安全条款

依照欧盟FTA中关于NPM条款的规定模式,将中国—东盟自由贸易协定中的关于NPM条款的规定进行细化,融合WTO/GATT20条的相关内容,使得该协定中的NPM条款更为完善。除此之外,在区域经济合作中更应强调国家安全的重要性。为了促进各国经济共同发展,符合"一带一路"倡议中提出的互利共赢观念,国家间要深入经济合作与交流,而国家安全亦是各国需要进行保护的重要内容,欧盟FTA在安全例外条款中明确了国家安全的概念与内涵,将国家安全放在了极其重要的地位,从条约协定角度保护了各国的国家安全,从而促进了欧盟各国间国际投资的不断增长。① 而在《投资协议》中亦需增加国家安全的内容并进行细化,中国—东盟自由贸易区内各个国家的经济发展水平极不均匀,绝大多数国家经济发展水平较低,在《投资协议》中增加并细化国家安全的相关内容可以保护经济发展水平较低的发展中国家的国家安全,不仅可以促进我国对外投资增长额度的提升,也可保障东道国国家的利益安全,实现共赢。

结　语

近年来,我国通过"一带一路"倡议的实践与开展,进一步加深了与沿线国家的经济交往。而自由贸易区建设符合我国对外经济交往、加强区域交流的意愿,因此,我国必定会继续参与同他国间自由贸易区建设,如中国—澳大利亚自由贸易区、中国—新西兰自贸区等等。而中国—东盟自贸区《投资协议》作为我国对外商谈的第一个自贸区的首个自贸区投资协议,其必然会成为我国未来创建其他自贸区时订立投资协定的借鉴版本。若其中的NPM条款不尽完善可能影响我国对外投资法的发展。由于我国在贸易区内更多扮演的是投资者的角色,有些学者担忧制定过于具体的NPM条款会不利于保障我国投资者的利益。但是,反之考量,NPM条款抽象笼统更不利于投资者预见投资风险,会增加条款适用的不确定性,也可能会造成更加严重的损失。所以,制定具体的NPM条款与抽象的NPM条款更能保障投资者与东道国的利益。因此,我国不仅应树立正确的立法理念,修改《投资协议》中不符合中国与东盟

① 参见《欧盟外资安全审查框架协议》第30条、第296条的概括。

实际的 NPM 条款、增加体现投资要义的 NPM 条款、谨慎适用自行判断原则，还应当完善《投资协议》中 NPM 条款的内容，明确 NPM 条款的内容指向，增加环保与劳工保护条款，修改金融审慎措施例外规定，将经济安全列入 NPM 条款的文义当中，细化国家安全例外的内容。完善 NPM 条款的规定，有利于我国对外投资法制的发展，也有利于平衡东道国与投资者的利益，从而更好地应对他国滥用 NPM 条款损害我国的利益。

On Legal Problems of NPM Clause in CAFTA Investment Agreement

Xu Yibin　Li Wenyan　Ma Xiaoqing

Abstract: The China-ASEAN Free Trade Area (CAFTA) has set up a relatively reasonable NPM clause in its Investment Agreement, but there are still many deficiencies in this clause. The deficiencies are mainly manifested in the following aspects: the clause based on the exceptional clause in GATT/GATS is does not fully reflect the investment essence, the content of the clause is not clear, there are loopholes in the financial regulations, lack of environmental and labor protection regulations and so on. In order to promote the development of China-ASEAN Free Trade Area, balance the protection of investor's interests and the protection of public interests of the host country, It is necessary to analyze the causes of the deficiencies, and draw lessons from the NPM clauses in the international investment treaties to clarify the NPM provisions, and to establish NPM clauses which are in line with the investment essentials and the reality of the China-ASEAN Free Trade Area. Meanwhile, it is necessary to improve the content of NPM clause in the Investment Agreement, clarify the direction of the NPM provisions. At the same time, we should improve the NPM content in the Investment Agreement, clarify the NPM content, add environmental protection, labor protection, economic safety and other contents as the focus of NPM clauses, amend the financial prudential carve-out provisions, and refine the safety exception clauses and national security clauses.

Key words: NPM Clause; Investment Agreement of CAFTA; Balance of Interest

中国企业对东盟直接投资利益保护的法律问题研究

裴　普[*]　姜　涌[**]

摘　要:东盟作为“21 世纪海上丝绸之路”的关键枢纽,是我国企业重要的对外投资目的地之一。然而,东盟国家政治、经济形势复杂多变,随着中国—东盟经贸合作向纵深发展,因制度差异和经济发展水平不一致所引发的问题也日益突出。除一般的商业风险外,中国企业对东盟直接投资可能面临的政治、经济、法律、人文等多方面风险问题频发,严重侵害了海外投资者的正当利益。在此背景下,建立投资风险预警机制,完善海外投资保险制度,加快各类协议的升级谈判以及建立调解仲裁、诉讼有机衔接的纠纷解决机制等,对保护我国企业在东盟的直接投资利益具有重要意义。

关键词:东盟;直接投资;风险;利益保护

一、中国企业对东盟直接投资的风险分析

近年来,随着中国“走出去”的步伐不断加快以及“一带一路”倡议的持续推进,中国企业海外投资的领域和规模大幅扩张。东盟各国是我国企业重要的投资流向地,中国—东盟自由贸易区的建立以及“一带一路”倡议的提出,给中国企业对东盟的直接投资创造了有利的投资环境和投资条件。但在“走出去”的过程中,风险和争端不可避免。中国企业除了需要应对商业活动本身不确定性带来的一般经营风险,更面临着来自东盟国家政治、经济、法律及人文等多方面的风险挑战,使得海外投资活动的安全性难以得到保障。

---

* 裴普,西南政法大学国际法学院副教授。

** 姜涌,西南政法大学国际法学院 2017 级硕士研究生。

(一)政策频繁变动导致的政治风险

政治风险是企业进行对外直接投资面临的首要风险。当前来看,东盟成员中政治环境最好的是新加坡,其次是文莱、马来西亚、印度尼西亚、老挝、越南和柬埔寨,政局最为动荡的是泰国、菲律宾和缅甸。[①] 以缅甸为例,2009 年,缅甸电力部、中电投云南国际和缅甸亚洲世界公司组成伊江上游水电有限责任公司,共同开发伊江上游水电项目。2009 年 12 月 21 日,密松水电站正式开工。2011 年 9 月 30 日,缅甸总统吴登盛突然单方面以人民意愿为由宣布在他的任期内搁置密松水电站。随着密松项目的搁置和缅北地区武装冲突的加剧,密松水电站之外的其他 6 座水电站的开发计划也被迫处于停工状态,致使中方先期投入的 30 多亿元人民币打了水漂。

密松水电站项目曾是中国企业走出国门的典范,但因难以预见的政治风险给中方利益带来了巨大的损失。密松水电站停工这类因东道国政策变动而导致投资活动无法按计划进行的的事件并非孤例,而且因为涉及东道国较为敏感的政治问题,其后续补救和重启谈判通常也很难达成,给海外投资者的利益带来了难以弥补的损失。

(二)经济波动导致的经济风险

多数东盟国家为新兴的发展中国家,国内经济基础薄弱、经济结构处于转型期,存在过度依赖国际市场而容易受到外部经济影响的风险,且部分国家常年处于财政入不敷出的窘状,大量的外债压力使其面临一定的财政风险。[②] 与此同时,近年来国际经济形势的不稳定性大幅增加,导致东盟国家经济发展态势波动频繁,给我国投资者在此地的投资带来了巨大的风险隐患。

以外汇风险为例,其发生的原因主要有:外汇管制不利于企业盈利正常汇出、特殊浮动汇率体制致使汇率波动较大、中资企业缺乏跨境结算硬通道以及投资规模扩大增加外汇风险。[③] 在外汇管制方面,现阶段除了新加坡、柬埔寨与印度尼西

---

① 李广杰、刘晓宇:《“一带一路”背景下中国对东盟直接投资的布局优化研究》,载《东岳论丛》2017 年第 9 期。

② 陈伟光、缪丽霞:《“一带一路”建设的金融支持:供需分析、风险识别与应对策略》,载《金融教育研究》2017 年第 3 期。

③ 刘新超:《中国对东盟直接投资面临的外汇风险及完善途径》,载《对外经贸实务》2017 年第 4 期。

亚没有外汇管制外,泰国、缅甸、文莱等7个东盟国家都在采取外汇管制,致使我国面临着较大的外汇风险。此外,很多东盟国家的汇率制度与美元相关联,经济状况易受美国牵制,汇率波动频繁,政府为了稳定汇率也会采取一定的外汇管制措施,加大了我国企业在此投资的外汇风险。2014年以来马来西亚林吉特、印度尼西亚卢比、泰国铢以及菲律宾比索等相继对美元大幅贬值,导致我国在当地的投资企业遭受严重损失。[①]

(三)法律体系不健全导致的法律风险

法律风险是指外资企业在该国的生产经营过程中,遇到问题或选择退出时在法律执行方面需要付出的成本。[②] 东盟国家在法律体系的健全程度上存在显著差异,多数欠发达成员国都存在法律体系不完备、不透明,法律制度变动频繁的情况,给法律执行带来了极大阻碍。而且,这些国家的法律体系较少与国际接轨,导致我国企业在对其开展直接投资时极易出现因政策不协调而难以开展工作的尴尬局面。除了需付成本的增加,部分东盟国家还存在不同程度上的执法不严甚至贪污腐败等问题,这些都可能给投资企业带来巨大风险。

另一方面,我国政府在海外投资利益保护方面习惯于政府主动出面与东道国磋商谈判,谋求东道国政府的政治保证。[③] 这种单一的保护手段忽视了法律手段在国际投资活动中的作用,虽然效率比较高,但极易导致经济问题政治化,影响我国与东盟国家间的关系,反而增加了海外投资利益保护的不确定性和难度。

(四)社会背景不一致导致的人文风险

民心相通是"一带一路"建设的重要内容,人文合作是中国—东盟关系中继政治安全和经贸合作之外的第三大支柱,中国—东盟民心相通及其人文合作,是双方企业合作发展的重要社会环境和基础。不同国家有着不同的人口规模、社会结构、文化传统、受教育程度等,而这些因素无疑将对母国企业的投资模式及东道国

---

① 李广杰、刘晓宇:《"一带一路"背景下中国对东盟直接投资的布局优化研究》,载《东岳论丛》2017年第9期。

② 王镝、杨娟:《"一带一路"沿线国家风险评级研究》,载《北京工商大学学报(社会科学版)》2018年第4期。

③ 祝宁波:《中国海外投资利益保护的法律风险管理模式探讨》,载《理论导刊》2018年第3期。

政府的政策导向、消费者的购买决策等产生重大影响。[1] 中国与东盟国家从文化传统到社会结构等多方面都存在较大差异，在认识问题的角度以及处理问题的方式上难免会产生分歧。另外，“一带一路”倡议虽受到大部分东盟国家的欢迎，但仍有部分国家对此持观望态度，怀疑中国提出“一带一路”倡议的意图，担心中国资本的进入会给本国产业的发展带来阻碍。以碧桂园在马来西亚的森林城市项目为例，该项目的公寓售价颇高，马来西亚当地人普遍负担不起。这引起了政府当局和民众的强烈不满，认为此项目并非“中国投资”而是“引入外国人”。早在 2017 年，碧桂园森林城市项目便传出消息称，其已经停止了在中国的销售计划。2018 年 8 月 27 日，马来西亚总理马哈蒂尔宣布，碧桂园森林城市项目不得向外国人销售，马来西亚政府也不会向外国人发放签证以令其可在森林城市居住。

当然，中国企业自身在该问题上也难辞其咎。部分中方企业倚仗自己投资方的身份在东道国行事高调张扬，损坏了当地民众的民族自尊心，引发了他们的强烈反感。这不仅使得项目本身在东道国实施困难，也严重破坏了中国的国际形象。

除上述提到的各种风险之外，中国企业对东盟的直接投资还可能面临劳工法律风险、环境法律风险等诸多风险。正确评估并有效化解各类风险，对于我国企业在东盟投资时的利益保护具有重要意义。

二、中国企业对东盟直接投资利益保护中存在的问题

(一)缺乏投资风险预警机制

海外投资作为一种跨境的经济活动，面临的不确定因素比国内投资更多、风险也更大；除了一般的商业风险，还包括政治风险和法律风险等非商业风险。部分东盟国家经济发展水平落后甚至政局不稳，大大增加了我国企业在该地区投资的风险。近些年海外投资过程中投资失败的案例远多于成功的案例，而导致投资失败的一个很重要的原因就是投资者对投资项目缺乏有效的风险评价和控制。[2] 为了有效避免海外投资失败的状况发生，必须从源头做起，通过建立风险预警机制进行风险管控，以保证企业在进行海外投资时得到及时提醒，从而降低风险、减少损失。

---

① 米家龙、李一文：《我国企业海外投资风险影响因素与防范策略》，载《求索》2015 年第 5 期。

② 杨春平：《中国海外投资风险预警综述》，载《经济论坛》2016 年第 3 期。

我国与东盟国家在政治制度和法律规定等方面均存在较大差异，投资者在该区域投资时很难对可能遇到的风险作出全面有效的评价和控制，从而导致利益受损的不利局面时有发生。基于此，以官方为指导、企业积极参与的投资风险预警机制的建立就显得尤为重要。但在我国企业对东盟的直接投资实践中，有效的投资风险预警机制尚未建立，给海外投资者的利益保护也带来了极大的威胁。

(二)海外投资保险制度不够健全

海外投资保险制度是一种特殊的财产保险，它是指资本输出国政府为了保护本国投资者在东道国的投资财产安全，对其在东道国的投资可能遇到的政治风险给予承保，在发生承保范围内的政治风险并造成投资财产损失时给予补偿的制度。[①] 海外投资保险制度应海外投资迅猛增长而生，又为海外投资顺利进行保驾护航，可以说是保护海外投资最普遍且有效的保险机制。世界主要资本输出国即发达国家和部分发展中国家均已建立较为完善的海外投资保险制度。[②] 海外投资保险承保的是本国投资者在海外投资时遭遇的政治风险，考虑到东盟国家特殊的政治环境，我国企业在该区域的投资可能面临巨大的政治风险，因此，建立健全海外投资保险制度是非常必要的。

中国海外投资保险法律制度的法律依据始于 1998 年上海市人民政府批转市外经贸委公布的《关于本市进一步扩大企业对外投资加快拓展国外市场若干意见的通知》(以下简称《通知》)，该通知第一次确立了海外投资保险制度的主要规范。但是，该《通知》仅是上海市政府的政策文件，效力级别低，并且规范内容并不详尽。另一方面，中国并没有严格意义上的独立海外投资保险机构，中国出口信用保险公司(以下简称“中信保”)是国内唯一一家开展海外投资保险业务的政策性金融机构。但是，中信保的成立依据仅是《国务院关于组建中国出口信用保险公司的通知》[③]及其所附《中国出口信用保险公司组建方案》和《中国出口信用保险公司章程》，而且该通知并未提及海外投资保险业务。虽然中信保实际上在经营海外投资保险业务，但

---

① 史晓丽:《构建中国海外投资保险制度的法律思考》，载《国际贸易》2013 年第 11 期。

② 曾华群、余劲松:《促进和保护我国海外投资的法制》，北京大学出版社 2017 年版，第 17 页。

③ 参见国发〔2001〕19 号。

国务院的通知在性质上属于行政规范或行政命令，中信保的运行仍缺乏正式的法律依据。[①] 因此，很难从根本上解决实践中的海外投资保险法律问题。

（三）已签订的双边投资协定亟待升级

双边投资协定（简称 BIT）在国际投资中举足轻重，也是我国海外投资法律体系中的重要组成部分。早在 20 世纪 80 年代，中国与东盟国家便开始通过缔结国际投资协定的方式加强彼此之间的投资保护。从 1985 年 3 月 12 日至 2001 年 12 月 12 日，中国与泰国、新加坡、马来西亚、菲律宾、越南、老挝、印尼、柬埔寨、文莱、缅甸等东盟十国分别签订了关于鼓励、促进和保护投资的双边投资协定。在上述 BIT 中，只有中国—文莱 BIT 迄今未生效。

在除中国—文莱之外的九个双边投资协定中，既包含关于缔约双方权利和义务的实体性规定，也包含关于代位权、投资争议解决的程序性规定，为投资者的对外直接投资搭建了基本的法律规范结构和框架，确保了投资的稳定性。但是，各国在缔约时基于各自立场而有不同考虑，我国在核心条款问题上的态度也有所变迁，导致上述双边投资协定对投资的保护水平参差不齐。以投资争端仲裁机制为例，在中泰 BIT 中，投资者无权对东道国提起任何投资仲裁，但在中缅 BIT 中，外国投资者有权就与东道国之间的所有争端提起投资仲裁。前一种做法对外国投资者利益保护不够周全，后一种做法极易导致投资者滥诉，两者都不可取。另一方面，由于签订的时间较早，中国和东盟各国签订的 BIT 存在具体内容模糊、核心内容泛化的问题，导致条约规则简略甚至多有遗漏之处。在现如今对外直接投资日益增多且日渐复杂的背景下，很难有效实现保护投资者利益的目的。

（四）对避免双重征税协定关注度不够

几乎所有的国际投资法学者都关注双边投资协定，但对避免双重征税协定（简称 DTT）的关注程度要低得多。企业对外直接投资面临着与国内完全不同的税收法律政策，涉税风险很大。避免双重征税保障了对外直接投资企业的利益，有利于降低对外直接投资的风险，从而鼓励海外投资行为。因此，在中国—东盟经贸合作日益密切的背景之下，与相关国家签订行之有效的

---

① 曾华群、余劲松：《促进和保护我国海外投资的法制》，北京大学出版社 2017 年版，第 25 页。

DTT 对于保护我国海外投资者的利益具有重要意义。

中国与除缅甸之外的东盟国家均签订了 DTT,需要注意的是,中国与柬埔寨签订的 DTT 尚未生效。但是,这些协定大多签订于 20 世纪,距今时间较为久远,协定签订的背景和当时所处的社会经济环境已经发生翻天覆地的变化,所签署的协定的很多内容已不适应当今形势的发展,也无法更好地为保护我国企业的对外直接投资服务。以税收饶让条款为例,根据税收饶让的相关规定,居住国政府对跨境纳税人在非居住国得到减免的那部分税额视同已经缴纳,不再按照本国规定的税率予以补正。税收饶让条款的存在为企业的海外投资提供了更为优惠的政策空间。在我国与东盟国家签订的 DTT 中,规定适用税收饶让条款的国家有泰国、马来西亚、越南、文莱、柬埔寨,给予我国单方税收饶让的国家有新加坡。可以看出,我国与东盟国家签订的 DTT 中税收饶让条款的覆盖面并不完全,对于我国企业海外投资利益的保护力度不够。

(五)《中国—东盟投资协议》仍需升级完善

2009 年,中国与东盟进行了多番磋商,最终签署了《中国—东盟投资协议》(简称《投资协议》)。《投资协议》包含 27 个条款,内容较为全面地体现了中国—东盟自贸区的特点,不仅涵盖了双边投资协定的基本要素,还有所拓展,主要规定了投资待遇、征收与损失赔偿、争端解决等内容。《投资协议》的特别之处在于它为外国投资者创设了国际法上的出诉权,也即外国投资者有权将其与东道国之间的纠纷提交至国际仲裁庭,诉称东道国的某些行为违反了该协议,并要求东道国给予赔偿。[①]《投资协议》的达成和生效可以在很大程度上抵消中国—东盟自由贸易区范围内各国国内法的不一致性以及由此衍生的法律风险,最终大大促进该自由贸易区范围内的跨国直接投资。

但是,《投资协议》作为中国与东盟国家间关于投资的框架性协议,条文多为柔性的软条款或意向性条款,缺乏强制执行力。实践中,部分东盟国家在外资市场准入领域、准入条件等环节上设置了诸多限制,从而阻碍了外资的有效进入。[②] 除此之外,《投资协议》仅作为一个初步协议,内容多有不足之处,且

---

① 魏艳茹:《中国—东盟投资协议:成就、不足与完善》,载《国际经贸探索》2011 年第 6 期。

② 鲁学武:《中国—东盟自由贸易区投资法制评析》,载《广西社会科学》2013 年第 11 期。

与中国和东盟国家签订的双边投资协定存在交叉甚至是冲突，已经很难适应和满足当下中国与东盟国家间投资合作的实践需要。

(六)投资争端解决机制不够合理

考虑到投资争端解决制度的重要性，中国与东盟国家签订的十个 BIT 都对该问题有所规定，2009 年中国与东盟十国签署的《投资协议》的第 14 条①也规定了缔约方和投资者之间涉及投资的争端解决方式，这些规定与 2004 年达成的《中国—东盟全面经济和合作框架协议争端解决机制协议》(简称《争端解决机制协议》)共同构建起了中国—东盟投资争端解决机制。现有的投资争端解决机制主要包括东道国国内救济和国际投资仲裁。但大部分东盟国家的法律体系与我国都存在较大差异，且国内法制不够健全，投资者很难通过东道国国内立法和司法程序来保障自身的合法权益。因此，国际投资仲裁成为解决投资争端的主要方式。

基于《华盛顿公约》而建立的国际投资争端解决中心(简称 ICSID)是专门解决国际投资争议的仲裁机构，也是世界上第一个解决相关争议的机构。以中国和东盟十国签订的 BIT 为例，对于投资争端的解决主要强调友好协商的外交方式，除中缅 BIT 外，其他 BIT 都没有规定"可将争议提交解决投资争端国际中心"，但缅甸本身并不是 ICSID 的成员国。此外，虽然中国是 ICSID 的缔约国，但长期以来，中国对国际投资仲裁都持非常谨慎的态度，中国也极少成为 ICSID 仲裁案件的当事国。② 另一方面，《投资协议》和《争端解决机制协

① 参见《中国与东盟全面经济合作框架协议投资协议》第 14 条规定："本条适用于一缔约方与另一缔约方的投资者之间产生的，涉及因前一缔约方违反本协议国民待遇、最惠国待遇、投资待遇、征收、损失补偿、转移和利润汇回，通过对某一投资的管理、经营、运营、销售或其他处置等行为给投资者造成损失或损害的投资争端。争端所涉方应尽可能通过磋商解决争端。如果按第三款规定提出磋商和谈判的书面请求后 6 个月内，争端仍未解决，除非争端所涉方另行同意，则应当根据投资者的选择，将争端：(一)提交有管辖权的争端缔约方法院或行政法庭；或(二)如果争端所涉缔约方和非争端所涉缔约方均为国际投资争端解决中心公约的成员，则可根据《国际投资争端解决中心公约》及《国际投资争端解决中心仲裁程序规则》提交仲裁；或(三)如果争端所涉缔约方和非争端所涉缔约方其中之一为国际投资争端解决中心公约的成员，则可根据国际投资争端解决中心附加便利规则提交仲裁；或(四)根据《联合国国际贸易法委员会的规则》提交仲裁；或(五)由争端所涉方同意的任何其他仲裁机构或根据任何其他仲裁规则进行仲裁。"

② 廖丽：《"一带一路"争端解决机制创新研究——国际法与比较法的视角》，载《法学评论》2018 年第 2 期。

议》中关于仲裁程序的运用也存在很多问题,如未规定法律适用及对仲裁裁决的执行措施、在仲裁员的回避问题上仅对仲裁庭主席作了回避要求而对其他仲裁员却无类似规定等。

三、中国企业对东盟直接投资利益保护制度的完善

(一)建立中国—东盟企业投资风险预警机制

切实有效的投资风险预警机制对于投资者来说具有正确的投资导向作用,可以帮助投资者在进行一项投资项目之前理性评估该项投资可能面临的风险,以避免不必要的投资损失。

企业海外投资离不开政府的支持,在中国企业东盟投资风险预警机制的建立和完善中,政府应当增强对我国企业海外投资项目的监管意识和服务意识,协助投资者对东盟国家的投资政策和投资环境进行有效的风险评估,尽可能从源头上减少投资者在海外投资时可能遭遇的风险。具体而言,政府可以采取通告或不定期报告形式,就投资国别和投资产业方向发生的政策或法律制度变动对企业进行及时的风险提示。同时,考虑到企业自身能力有限,可以设立专业协会,对各东盟国家的对外投资政策进行详细分析,建立有效的风险评估机制,为企业的海外投资提供参考指南。

与此同时,企业也应充分发挥主体作用,在企业内部建立一整套包括风险识别、风险评估、风险预报及风险排除在内的预警机制,实现对海外投资风险的实时预警与防范,有效保护自身利益。政府和企业应当保持良性的互动关系,政府为企业提供良好的投资政策环境和法律保障,减少投资阻力;企业在投资当中也应发挥掌控风险的能力,以实现风险和收益之间的平衡。

(二)完善对东盟国家的海外投资保险制度

1.制定专门的海外投资立法

前文已述,世界主要资本输出国均已建立起较为完善的海外投资保险制度。虽然我国的海外投资保险业务始于1998年且已取得显著成绩,但该领域在我国仍处于立法空白的状态。事实上,在由财政部起草、作为国务院通知附件的《中国出口信用保险公司组建方案》中已明文指出:“公司按照国务院批准的《中国出口信用保险公司组建方案》和《中国出口信用保险公司章程》运营。待条件成熟后单独立法。”随着“走出去”战略的实施和“一带一路”倡议的推

进，我国现已逐渐跻身于世界主要资本输出国行列，海外投资保险立法时机显然已经成熟。为此，应尽快启动专门的海外投资立法，即《中华人民共和国海外投资保险法》的起草工作，授权中信保作为我国海外投资保险正式承保机构的法律地位，使海外投资保险有法可依。

2.借鉴国外的海外投资保险制度

其实，许多国家的海外投资保险制度也是几经周折，才逐步发展出了符合本国国情的相关国内法制度。① 在海外投资保险制度的建立健全上，我国应当充分借鉴国外经验，在已有充分的海外投资保险实践经验的基础之上，结合中国企业在东盟投资的具体实际，制定并完善符合我国国情的海外投资保险制度。

3.借鉴《多边投资担保机构公约》的规定

除了各国国内立法实践和承保机构外，还有一个国际性的多边投资担保机构(MIGA)，它是通过《多边投资担保机构公约》(简称《MIGA 公约》)建立的，专门提供海外投资保险。《MIGA 公约》除了对 MIGA 的建立、成员、组织机构、管理等作出详细规定外，还具体规定了承保险别、适保投资和投资者、适保东道国、索赔的支付、代位权等，是最为全面完善的海外投资保险制度。在发展我国的海外投资保险制度时，应充分借鉴《MIGA 公约》中的相关规定；同时，应加强中信保与 MIGA 的合作。通过与 MIGA 的合作，一方面可以扩大中国海外投资的承保范围，将中小型投资项目纳入怀中；另一方面，也可以学习借鉴 MIGA 的海外投资保险业务技能和经验，为建立完善中国自己的海外投资保险制度打下良好的基础。

(三)加快开展与东盟国家 BIT 的升级谈判

1.加快中国与东盟国家签订 BIT 的体系化进程

当前国际投资条约体系中新旧条约并存、区域性条约与大量双边条约叠加，碎片化现象十分严重。② 本着充分发挥 BIT 促进和保护投资的目的，中国与东盟各国应当从实际情况出发，客观、公正地修订及完善 BIT 的基本目标，并以此为基点确定其具体内容和核心内容，形成依次递进的内容体系。通过

① 曾华群、余劲松:《促进和保护我国海外投资的法制》，北京大学出版社 2017 年版，第 29 页。

② 柯静:《“一带一路”倡议推进与中外双边投资协定重构》，载《现代国际关系》2018 年第 6 期。

充实中国与相关国家的BIT内容，将国民待遇、资产转移、环境保护、劳资关系、社会责任等极容易导致风险被政治化的内容规范化，对双方都形成约束。

2.注重平衡投资者与东道国的利益

目前中外BIT体系仍主要立足于中国作为投资东道国的身份，对本国投资者海外投资利益的保护重视程度不够。在中国—东盟经贸往来中，我国明显处于资本输出国的地位。因此，在与东盟国家的BIT升级谈判中，我国政府应当根据沿线国情及投资实践，对我国投资者的利益保护标准作出适当的调整，注重投资者与东道国的利益平衡。在尊重东道国主权、不违背东道国公共政策的基础上，加强对我国投资者的海外投资利益保护。

(四)重视发挥DTT在跨境投资中的作用

DTT签订的主要目的是避免法律性双重征税，其核心内容是对各类跨国所得和财产的征税权的划分以及避免和消除国际重复征税的方法，是管理投资风险、保护海外投资者利益的另一重要工具。实践中，投资者在进行海外投资活动时，一般都会进行比较详细的税收筹划。

首先，为了充分发挥DTT在保护我国企业海外投资利益方面的作用，我国政府相关部门应当积极与尚未签署DTT的缅甸以及虽已签署但尚未生效的柬埔寨进行磋商沟通，加快谈判和签约的进程。其次，对已经签署生效的DTT进行升级修改，完善相关条款和内容。通过加快协定签署谈判以及修改性谈判，降低我国企业在投资国的税收负担。同时，税务机关也要尽到宣传义务，协助我国企业全面了解投资国的税收政策以及我国与投资国签订的DTT内容，为企业提供税务咨询和帮助，将投资者海外利益的保护真正落到实处。

(五)加快开展《投资协议》的升级谈判

1.降低外资准入门槛

现有的《投资协议》规定相互给予对方投资企业最惠国待遇和国民待遇，但当前形势下企业更为关切的“准入前国民待遇”缺失，导致其促进和保护相互投资的作用大打折扣。[①] 在国际贸易规则迅速发展演进的背景之下，以“准入前国民待遇”和“负面清单”为主要特征的投资管理模式正在成为主流趋势。

---

① 宋志勇、袁波：《打造自贸区“升级版”——扩大中国对东盟的投资》，载《国际经济合作》2013年第9期。

因此，中国政府应该以“准入前国民待遇”和“负面清单”管理为核心，尽快开展《投资协议》升级谈判，进一步降低投资准入门槛并提高透明度，为中国企业在东盟国家的投资创造良好的环境。

2.协调《投资协议》与各BIT的相关规定

《投资协议》与中国和东盟各国签订的BIT存在着规定不一致甚至冲突的问题，给投资者选择法律适用带来诸多困惑，也为将来的纠纷解决埋下了隐患。在推进中国与东盟国家所签订BIT的体系化进程中，也应同时开展《投资协议》的升级谈判，协调《投资协议》与BIT的相关规定，统一中国—东盟自贸区投资法制，为投资者创造更好的投资环境。

(六)构建调解、仲裁、诉讼有机衔接的纠纷解决机制

2018年6月25日，最高人民法院审判委员会通过了《最高人民法院关于设立国际商事法庭若干问题的规定》，由最高人民法院设立国际商事法庭作为常设审判机构来审理国际商事案件，并选定相关机构共同构建调解、仲裁、诉讼有机衔接的纠纷解决平台。[①] 东盟各国是“一带一路”倡议的重点环节，中国与东盟国家间争端解决机制的构建也应顺应此种时代趋势，建立包括调解、仲裁、诉讼在内的纠纷解决机制。

1.引入投资争端调解解决机制

调解独有的优势在于其不仅能公平高效地解决争端，也有利于维系当事人之间的商业关系并保全当事人的商业信誉，还能促使双方对投资项目继续合作，从而实现投资目的。联合国贸易法委员会于2011年发布《国际投资争端：预防及国际投资仲裁的替代方式》报告，探讨多元化纠纷解决机制，特别是调解机制在国际投资争端解决领域的适用，随后各国也开始尝试将投资调解机制纳入BIT的投资争端解决机制中。结合中国企业在东盟国家的投资实践，引入投资争端调解机制确有必要。在调解制度的选择上，有学者建议适用《联合国国际贸易法委员会调解规则》。[②] 在调解员的选任上，考虑到调解员

---

① 参见《最高人民法院关于设立国际商事法庭若干问题的规定》第11条：最高人民法院组建国际商事专家委员会，并选定符合条件的国际商事调解机构、国际商事仲裁机构与国际商事法庭共同构建调解、仲裁、诉讼有机衔接的纠纷解决平台，形成“一站式”国际商事纠纷解决机制。国际商事法庭支持当事人通过调解、仲裁、诉讼有机衔接的纠纷解决机制，选择其认为适宜的方式解决国际商事纠纷。

② 王贵国：《“一带一路”战略争端解决机制》，载《中国法律评论》2016年第2期。

仅为争端双方提供建议和参考而不会作出决定性裁定，对其回避规定可以适当放宽。在调解协议的执行上，我国可以考虑与东盟各国签订区域性调解执行协议，推动投资调解协议的执行。

2.完善现有的投资争端仲裁解决机制

国际商事活动中最主要的一种纠纷解决方式便是仲裁。为了更好地发挥仲裁在解决我国企业在东盟国家投资争端中的作用，我国应当与东盟各国加强磋商谈判，从仲裁员的选任、仲裁法律的适用以及仲裁裁决的执行等多方面考虑，完善并统一 BIT、《投资协议》和《争端解决机制协议》等协议对投资仲裁的规定，形成规范统一的中国—东盟投资争端仲裁解决机制。同时，可以借鉴北美自由贸易区和 ICSID 在解决国际投资争端方面的实践经验，进一步完善中国—东盟投资争端仲裁机制。

3.重视投资争端诉讼解决机制

诉讼在解决国内争端方面具有不可替代的重要作用，但在跨国商事交往中，因涉及各国的司法主权，很难有效发挥其功能。国际商事法庭的建立对于通过诉讼方式解决国际商事争端具有重要意义，从国内司法层面为“一带一路”倡议提供了争端解决保障。我国应重视投资争端诉讼机制，努力与东盟各国达成一致，鼓励投资者将投资争端提交国际商事法庭，通过透明公正的诉讼程序解决投资争端。

结　语

“一带一路”倡议的提出大大提高了中国企业对东盟国家的直接投资水平，在各国政府及企业的共同努力之下，中国—东盟自贸区内贸易总量稳步增长，经济活动日渐活跃。但是，东盟国家政治关系复杂、经济发展水平不均，投资活动中可能遇到的政治、经济、法律及人文等风险问题不容忽视。建立投资风险预警机制和完善海外投资保险制度主要是从国内保障的角度出发，旨在提高我国企业抵抗风险的能力；加快 BIT、DTT 及《投资协议》等升级谈判更多的是从双边或多边的国际保护入手，为我国企业对东盟的直接投资创造良好的政策环境；建立调解、仲裁、诉讼有机衔接的纠纷解决机制则是为了有效解决投资纠纷，这也是我国投资者利益保护中最为关键的环节。从国内保护、国际保护以及争端解决机制三个维度共同发力，为我国企业对东盟直接投资的利益保护构筑完整的保护体系。

Study on the Legal Issues of Interest Protection for Chinese Enterprises Invest Directly to ASEAN

Pei Pu　Jiang Yong

Abstract: As a key hub of the 21st-Century Maritime Silk Road, ASEAN is one of the important outbound investment destinations for Chinese enterprises. However, the political and economic situations of ASEAN countries are complex and volatile. With the in-depth development of China-ASEAN economic and trade cooperation, problems caused by institutional differences and inconsistent economic development have become increasingly prominent. In addition to general commercial risks, the political, economic, legal, cultural and other risk problems that Chinese enterprises may face in their direct investment in ASEAN occur frequently, which seriously infringes the legitimate interests of overseas investors. In this context, it is of great significance to protect the direct investment interests of Chinese enterprises in ASEAN by establishing an early-warning mechanism for investment risks, improving the overseas investment insurance system, accelerating the negotiation of various agreements upgrading, and establishing a dispute settlement mechanism that integrates mediation, arbitration and litigation.

Key words: ASEAN; Direct Investment; Risk; Interest Protection

专题三

中国—东盟区域相关法律问题

以当事人主义提高中国国际司法竞争力*

——加入《选择法院协议公约》后新加坡司法对中国的启示

张 霞**

摘 要:《选择法院协议公约》在管辖协议及承认和执行判决方面实行当事人意思自治最大化原则,当事人对管辖法院的选择客观上形成《选择法院协议公约》的缔约国之间的司法竞争,中国和新加坡均是《选择法院协议公约》缔约国,新加坡国际民商事司法在管辖协议形式、管辖协议准据法、互惠承认和执行判决等方面较好地体现了当事人主义,有力地促进了其国际民商事司法在东盟国家的影响力。在"一带一路"倡议的背景下,中国应当在国际司法制度中合理体现当事人主义:允许管辖协议形式多样化、保障当事人选择管辖协议准据法、以推定互惠承认和执行东盟国家民商事判决等措施,有利于吸引更多东盟国家当事人选择中国法院为管辖法院,逐步提高中国的国际司法竞争力。

关键词:《选择法院协议公约》;意思自治;管辖;承认与执行判决;东盟

东盟国家是"一带一路"倡议下21世纪海上丝绸之路的重要枢纽和组成部分。中国与东盟都是《区域全面经济伙伴关系协定》(RCEP)的积极参与者,近年来,中国与东盟国家的经济贸易发展迅速。中国是东盟的第一大贸易伙伴,东盟是中国的第三大贸易伙伴、第四大出口市场和第二大进口来源地。2017年中国和东盟贸易额达5148.2亿美元,是2003年的6.6倍,占中国对外贸易总额的比重进一步上升到1/8。中国和东盟累计双向投资总额已超过

---

* 本文为国家社会科学基金一般项目"深化司法体制改革"[项目批准号(13BFX065)]的研究成果。

** 张霞,西南政法大学博士研究生,研究方向为国际私法、经济法。

2000 亿美元。[①] 随着中国与东盟国家经济合作的逐步深化,通过国际司法有效解决国际贸易纠纷、降低交易成本、提高贸易投资效率和资源配置水平成为中国与东盟国际贸易发展的突出需求。

一、《选择法院协议公约》背景下中国与新加坡的国际司法竞争

《选择法院协议公约》是海牙国际私法会议起草的一部关于民商管辖权协议及判决承认与执行的国际性公约,自 2015 年 10 月 1 日生效后在世界范围内产生了广泛的影响。东盟国家只有新加坡签署了《选择法院协议公约》;我国于 2017 年 9 月 12 日签署该公约后,我国与新加坡的国际司法竞争受到《选择法院协议公约》的深远影响。

(一)判决承认与执行的效力得到增强

《选择法院协议公约》通过明确排他性选择法院协议的效力及依该类协议作出判决的承认与执行,使得缔约国法院作出的判决可以在所有缔约国范围内得到承认与执行。诉讼当事人可以通过协议约定公约缔约国的法院享有排他性管辖权进行司法审判,而其他缔约国有义务按照既定规则承认并执行该判决。由于判决能得到缔约国之间广泛的承认和执行,国际民商事纠纷的当事人更愿意选择《选择法院协议公约》的缔约国进行诉讼,因此,判决的承认与执行效力促进了缔约国的司法竞争力。对于泰国、马来西亚等非缔约国而言,中国与新加坡均是《选择法院协议公约》的缔约国,在判决的承认与执行方面具有同样广泛的效力,由此加大了中国与新加坡在东盟国家的司法竞争。

(二)当事人意思自治扩宽选择管辖法院范围

《选择法院协议公约》明确规定:根据当事人协议选择的法院确定管辖权,未被选择的法院应履行中止或拒绝诉讼的义务,当事人选择法院所作出的判决应当在缔约国之间得到承认与执行。[②] 这一规定为国际商事纠纷当事人提

---

① 姜志达:《中国—东盟战略伙伴关系:提质升级着眼未来》,载《光明日报》2018 年 8 月 4 日第 8 版。

② 宋锡祥、朱柏燃:《“一带一路”战略下我国开展国际民商事司法协助的法律思考》,载《上海大学学报(社会科学版)》2017 年第 5 期。

供了自由约定司法管辖的争议解决途径。例如,中国企业在泰国履行销售合同争议可以在法国的法院进行审理,中国企业和马来西亚企业的合同争议可以在新加坡法院审理。当事人意思自治使得可选择管辖法院的范围扩大,法院的司法效率、司法成本等成为当事人选择管辖法院时的主要考虑要素。

世界上主要的国际商事法庭(院)有:荷兰国际商事法庭、英国商事法院、法国国际商事法庭、欧盟多边投资法院、美国特拉华州衡平法院、美国纽约联邦法院(第二联邦巡回法院)、迪拜国际金融中心法院、新加坡国际商事法庭、哈萨克斯坦阿斯塔纳国际金融中心法院、中国国际商事法庭等。对于东盟国家而言,荷兰国际商事法庭、法国国际商事法庭、英国商事法院、欧盟多边投资法院主要面对欧盟,它们的判决可以在欧盟境内得到执行,但东盟国家与欧盟的经贸合作并不多;美国纽约联邦法院(第二联邦巡回法院)及特拉华州衡平法院的案件与美国贸易体系密切关联;迪拜国际金融中心法院主要面对海湾地区和地中海地区国家;哈萨克斯坦阿斯塔纳国际金融中心法院于 2018 年 7 月 5 日开始运行,运行效果尚未明确。

与东盟国家距离较近并且同处于亚洲的是新加坡国际商事法庭和中国国际商事法庭。隶属于新加坡最高法院的新加坡国际商事法庭于 2015 年成立,其宗旨在于为亚洲地区激增的投资和贸易提供商事纠纷解决服务,“经过瑞士国际管理组织与香港政治与经济风险咨询公司的共同评估,新加坡国际商事法庭已经取得全球的信任与认可。现在,新加坡国际商事法庭正朝着英国发展的方向努力,指向国际纠纷解决市场以为‘一带一路’、东盟等区域经贸合作领域方面提供法律纠纷解决服务,以自身司法体制的改革与突破,希望谋求更多司法话语权和国际法律地位”①。中国国际商事法庭成立的时间不长,2018 年 1 月,中央全面深化改革领导小组会议审议通过了《关于建立“一带一路”国际商事争端解决机制和机构的意见》,提出设立最高人民法院国际商事法庭作为国际商事争端解决机构,公正、高效、便利地解决“一带一路”建设中的跨境民商事纠纷。2018 年 6 月,最高人民法院在深圳、西安设立第一、第二国际商事法庭,并颁布《最高人民法院关于设立国际商事法庭若干问题的规定》。在中国与东盟国家经贸合作、对外投资快速发展的情况下,中国国际商事法庭成立后如何通过司法制度创新增强自身竞争力是其面临的主要问题和挑战。

---

① 赵蕾、葛黄斌:《新加坡国际商事法庭的运行与发展》,载《人民法院报》2017 年 7 月 7 日第 8 版。

二、职权主义对我国国际商事司法竞争力的制约

我国现行的民事诉讼法将保护当事人的诉讼权利作为其首要的任务，虽然相对淡化了职权主义的影响，却仍然在地域管辖、级别管辖及法院依职权移送案件的执行等规定中体现了较强的职权主义色彩。

(一)当事人协议管辖意思自治受限

1.书面协议形式。我国民事诉讼法规定协议管辖必须依法为书面形式达成管辖协议，[①]该管辖协议方可生效并得到法院的认可。而《选择法院协议公约》对排他性选择法院协议，并未要求一定为书面形式，当事人可以口头形式等灵活方式达成管辖协议，从而扩大了当事人协议选择管辖的范围。我国将协议管辖的形式限定为书面形式，并不利于司法管辖权的扩大。

2.实际联系原则。我国民商事诉讼管辖实行"实际联系原则"。[②]《中华人民共和国民事诉讼法》(以下简称《民事诉讼法》)第265条将国际民商事纠纷管辖的实际联系地限定为"合同签订地、合同履行地、诉讼标的物所在地、可供扣押财产所在地、侵权行为地或者代表机构住所地人民法院"。《选择法院协议公约》并不要求当事人选择的法院必须与案件存在实际联系，当事人可以选择任意法院进行管辖。国际贸易当事人在实际联系原则下很难选择第三国法院进行管辖，引起了积极的管辖权冲突，对判决承认与执行造成了障碍，制约了我国法院提升国际民商事司法竞争力。

3.严格的专属管辖。根据我国民事诉讼法的规定，因不动产纠纷、港口作业纠纷、继承遗产纠纷提起的诉讼属于专属管辖。此外，因在我国履行中外合资经营企业合同、中外合作经营企业合同、中外合作勘探开发自然资源合同发生纠纷提起的诉讼，均由我国人民法院管辖。专属管辖具有较高的强制性，且与实体判决的法律适用相关。"一带一路"建设背景下，国际经贸合作与投资

---

① 《中华人民共和国民事诉讼法》第34条规定:"合同或者其他财产权益纠纷的当事人可以书面协议选择被告住所地、合同履行地、合同签订地、原告住所地、标的物所在地等与争议有实际联系的地点的人民法院管辖，但不得违反本法对级别管辖和专属管辖的规定。"

② 根据《中华人民共和国民事诉讼法》第34条、第265条及《最高人民法院关于适用〈中华人民共和国民事诉讼法〉的解释》第531条的规定，在合同或者其他财产权益纠纷类案件中，协议管辖应遵循"实际联系原则"。

的限制措施逐步减少，在东盟国家倡导国民待遇成为新的趋势，我国司法管辖把中外合资、中外合作企业合同纠纷列为专属管辖与国际经贸合作的需求并不适应。

综上所述，我国协议管辖制度对当事人意思自治的限制高于《选择法院协议公约》，由于当事人协议管辖意思自治受限较大，直接影响了国际商事纠纷当事人选择中国法院作为纠纷解决机构。

(二)法院地法原则与管辖权协议准据法的矛盾

认定管辖权协议的准据法是判断管辖权协议效力的法律依据，也是解决管辖协议成立和生效问题的前提。适用不同的准据法可能会对管辖权协议效力认定、可协议管辖案件的范围等方面产生不同的结果。

我国法律制度并没有明确禁止以外国法作为管辖权协议的准据法，但司法实践一般采用法院地法规则。例如，“山东聚丰网络有限公司与韩国MGAME公司、天津风云网络技术有限公司网络游戏代理及许可合同纠纷管辖权异议”纠纷，[①]双方当事人约定合同适用中国法律，但合同争议在新加坡的司法管辖。一审法院认为根据当事人的管辖约定，案件纠纷属于新加坡法院管辖，但双方约定中国法律为准据法。因此，双方协议管辖条款也必须符合选择的准据法，即中国法律的有关规定。同时，根据实际联系原则，当事人选择的新加坡法与争议案件没有实际联系，因此管辖权协议无效，本案应由中国法院管辖。案件上诉后，最高人民法院经审理认为，“协议选择适用法律与协议选择管辖法院是不同的法律行为，应当根据(不同的)相关法律规定分别判断其效力，且应当依据法院地法而不是协议约定的准据法进行判断协议选择管辖法院条款的效力”。[②]

根据《协议选择法院公约》第6条第2款的解释，“被选择法院确定协议有效性的依据是其本国法，被选择的法院应根据本国冲突法指引适用第三国法律判定协议的有效性。例如，根据被选择的法院所在国的冲突法，协议有效性的判定应依据主合同的准据法，则根据公约上述冲突法规则应予以适用，而非直接适用被选择的法院所在国的内国法”。[③] 据此，管辖法院并非根据本国或者第三国法律判断管辖权协议的有效性，而是根据被选择法院国家的法律进

① 参见最高人民法院(2009)民三终字第4号民事裁定书。

② 周祺:《国际民商事诉讼协议管辖制度研究》，华东政法大学2016年博士论文。

③ 参见《选择法院协议公约》第6条第2款。

行判断,从而确保同一管辖权协议判定准据法具有一致性。东盟各国的政治、法律制度的多样性及法制建设的不均衡性,使各国法律制度难以相互衔接。只有充分的兼容性才能使中国司法为东盟国家所接受。国际商事纠纷当事人来自不同国家,法律观念和法律制度差异极大,法院在审理案件中必然会面临各种法律冲突,我国国际民商事审判如果坚持法院地法,势必影响东盟国家当事人将我国法院作为争议解决的第一选择。因此,为了增强我国的国际司法竞争力,必须突破法院地法的局限性。

(三)承认和执行外国民商事判决的局限性

根据我国《民事诉讼法》第 281 条、第 282 条的规定,我国法院承认和执行外国民商事判决的依据是条约或互惠原则。除新加坡外,我国与东盟各国在民商事司法协助方面的双边条约主要涉及司法协助中的送达和调查取证,并没有约定双方相互承认和执行民商事判决的具体规则和内容。我国民事诉讼法允许根据互惠原则承认和执行外国民商事判决,但更多采用的是事实互惠原则。[①] 如果基于国家之间没有缔结或者参加相互承认和执行法院判决的国际条约,亦未建立相应的互惠关系,严格限制承认和执行东盟国家民商事判决的范围,不能有效实现互惠原则中对等报复和激励支持的两大价值。在互不承认执行判决的结果中受损害的是在外国诉讼中胜诉的个人,其往往是拒绝承认和执行国的本国国民。而且,事实互惠原则中的对等报复往往使国家之间形成一种相互不承认判决的僵局,陷入"囚徒困境"。在裁定原外国法院的生效判决不予承认和执行之后,依照我国最高人民法院的司法解释,当事人在我国的唯一权利救济是重新向我国的人民法院起诉。但我国人民法院重新审查案件时绕不开现存的管辖权协议,根据我国法律,选择外国的排他的管辖权协议亦有效。因此,我国法院并无管辖权,我国法院理应驳回原告起诉。在这种局面下,当事人的法益在我国无法得到保护。在我国司法实践中亦出现过类似的案例,如"俄罗斯国家交响乐团、阿特蒙特有限责任公司申请承认英国

---

① 我国法院对采用事实互惠或推定互惠具有自由裁量权,可以根据具体情况适用。事实互惠原则要求外国有承认和执行内国判决的法律或事实才适用互惠原则;推定互惠原则只要没有相反证据证明外国曾有拒绝承认与执行内国判决的先例,就推定两国之间存在互惠关系。我国司法实践中对事实互惠原则体现在"日本公民五味晃申请中国法院承认和执行日本法院判决案""弗拉西动力发动机有限公司申请承认和执行澳大利亚法院判决案"等案件中,上述案件中我国法院基于国家之间没有缔结或者参加相互承认和执行法院判决的国际条约,亦未建立相应的互惠关系,对外国法院的判决不予承认和执行。

高等法院判决案”中，即使我国法院违反当事人的意思自治获得管辖权，当事人在我国实现其法益也需要通过外国诉讼、在中国法院申请判决的承认与执行、中国法院再诉讼的曲折道路。虽然还有不少国家以缺乏互惠为理由不承认和不执行外国裁判，这是于己无利而妨碍国际往来的措施。[①]“由于外国民商事判决的承认和执行更多地牵涉当事人私权益的保障，很少损及国家主权利益和社会公共利益。如果绝对地要求互惠作为承认和执行外国判决的条件，势必损害到私人利益的保护，而对国家亦无好处。”[②]

从激励支持的角度来看，由于各个国家对外国民商事判决承认与执行的条件差异较大，外国法的查明很难达到信息完全对称，国家基于主权的考虑，对外国民商事判决的承认和执行具有天然的保守性倾向。事实互惠原则下，各个国家都不愿意首先承认和执行对方的民商事判决，合作难以开展，对外国民商事判决的承认和执行无法形成有效激励的良性循环。通过检索中国裁判文书网分析司法数据，2012 年至 2017 年的上网裁判文书中，“申请承认和执行外国法院判决”的文书 785 件。其中，753 件是涉外婚姻纠纷（该类案件不要求相关国家之间存在互惠关系）、商事纠纷文书仅有 32 件，而同期“申请承认和执行外国仲裁裁决”的文书有 61 件（该类案件主要依据《承认及执行外国仲裁裁决公约》审理）。可见，事实互惠原则产生的是一种反向激励，由于事实互惠的局限性，外国法院判决被承认和执行的范围有限，当事人更倾向于通过仲裁方式解决国际贸易争端，并申请相关法院“承认和执行外国仲裁裁决”，而不愿意通过诉讼方式解决争端。

三、我国国际司法中强化当事人主义的必要性

国际民商事司法程序中始终争议的一个原则问题是当事人意思自治原则优先还是主权原则优先。意思自治原则的法哲学根基在于自由意志理论，即尊重个体对自由的追求。近代思想启蒙运动通过对自然法理论的阐释，认为人生来就具有自由和平等的权利。康德认为：“人最适合于服从他给自己规定的法律——或者是给他与别人共同规定的法律。”[③]自由法学派的代表人物洛

① 李浩培：《国际民事程序法概论》，法律出版社 1996 年版，第 46 页。

② 杜涛：《互惠原则与外国法院判决的承认与执行》，载《环球法律评论》2007 年第 1 期。

③ [德]康德：《法的形而上学原理》，沈叔平译，商务印书馆 1991 年版，第 26 页。

克、斯宾诺莎、孟德斯鸠均主张,人的意志可以依其自身的法则去创设自己的权利和义务,当事人的意志不仅是权利义务的渊源,而且是其发生的根据。意大利法学家孟西尼(Mancini, 1817—1888)最早提出了现代国际私法意义上的"意思自治"理论:根据国籍国的法律处理当事人身份问题的本国法原则;允许当事人选择合同法律适用的意思自治原则;如果国籍法和当事人选择的法律违背了管辖法院的公共秩序和最高利益,则法院可以拒绝适用公共秩序保留原则。在国际司法领域,以意思自治为基础的当事人主义有利于协调各方的利益关系,实现国际司法的主权优位向平位协调转化。我国在国际民商事司法中强化当事人主义的必要性具体有以下方面。

(一)有利于保障司法中立性

法院在职权主义模式中对各种具体程序的启动和终结具有主动性和决定性,不利于实现诉讼对当事人的程序保障,当事人容易对法官的中立性产生怀疑。因此,职权主义模式是一种注重法院职权并以此限制当事人意思自治的民事审判模式。当事人主义强调民事审判以当事人双方积极的诉讼活动为核心展开,依据当事人双方的主张举证而进行,当事人可以按照自己的意志处分权利,是一种当事人诉讼行为实行意思自治的民事诉讼模式。诉讼的进行、发展依赖于当事人,尊重了诉讼当事人在民事诉讼中的处分权。当事人主义有利于调动双方当事人推动诉讼进程的积极性,法官只是居中公断,处于被动、中立的地位,强调了当事人的权利和自由,对国家权力加以约束更能取得当事人的信任。

(二)符合东盟国家的法制特征

当事人主义是英美法系国家的基本民事诉讼原则,在当事人主义下,当事人有权选择法律的适用,法官对当事人之间的争执和主张不作干预,而是尊重当事人的意志。1806 年法国民事诉讼法典中首先确定当事人主义,1877 年德国民事诉讼法典和 1891 年日本民事诉讼法典也相继确定了当事人主义。东盟各国中,新加坡、马来西亚的法律制度接近于英美法系;泰国、越南、老挝、柬埔寨的法律制度受法国影响,但又有本国独特的法律体系;印尼受荷兰法影响较深……整体上,东盟国家的法制特征偏向于当事人主义。

中国的国际司法要在东盟国家具有公信力,既要充分尊重东盟国家的法制特征,也要尊重当事人的利益。对于东盟国家来说,中国适用法律冲突解决原则时能够尊重东盟国家的法律和利益,东盟国家也会充分利用相关协作制

度进行支持和帮助；对于当事人来说，则需要在司法纠纷解决中充分尊重其权益。只有通过这两方面的共同努力和完善，才能得到当事人的信任和所涉国家的支持协助，从而真正提升司法的国际公信力。①

（三）市场经济发展的内在需求

当事人主义的形成源于私法自治原则和市场经济的影响。私法自治的自由主义诉讼观认为，“民事诉讼涉及私人利益的纠纷，运作诉讼和诉讼程序进行的主导权应由当事人持有，法院及法官在诉讼中的角色，是扮演严格中立者，只是事实作出法律上的判断，而不是越过当事人意思自治的界限，无端进行干预”。② 民事纠纷起因于民事权利义务争议，国家干预不利于保障私法领域当事人之间的平等关系。从市场经济的角度来看，市场经济环境下国家的功能在于为经济实施调控，不应直接干预社会经济。因此，法院在民事诉讼中只是居中裁判，而不能过多干预当事人的意思自治。

中国和东盟各国之间的经济合作离不开司法的服务和保障。无论是戴维·米特兰尼（David Mitrany）的扩展说，还是厄恩斯特·哈斯（Ernst B. Haas）的外溢论，均认为一个功能领域的合作会扩散、外溢到其他具有共同利益的领域，并通过合作过程中的学习增加信任、减少猜疑，推动合作态度的改变，从而在更大范围、更广领域展开更深入的合作。③ 随着“一带一路”倡议的不断落地实施和深入推进，推进亚洲的全方位、宽领域、多层次的功能性合作，能够积极推动国家之间的发展战略对接、经济政策协调，深化经济合作、缩小发展差距、实现共同发展。④

四、新加坡司法中当事人主义的借鉴

新加坡与中国均是《选择法院协议公约》的缔约国，新加坡的国际民商事

---

① 曹平、杨鹏：《中国—东盟区域合作司法服务保障机制构建的困境与路径》，载《广西社会科学》2016 年第 4 期。

② 胡亚球：《民事诉讼制度进化中的争点整理程序》，载《苏州大学学报（哲学社会科学版）》2012 年第 5 期。

③ 梁林：《功能性合作与约旦——以色列和平进程（1967—1994）》，中国外交学院 2005 年硕士论文。

④ 张天桂：《亚洲经济一体化的现实路径与推进策略——共建“一带一路”的视角》，载《国际展望》2018 年第 6 期。

司法以其专业而卓越的审判服务有效巩固了新加坡国际贸易的中心地位，新加坡通过当事人主义扩大管辖范围，提高判决被承认和执行效力对我国提高国际司法竞争力提供了极好的借鉴。

(一)确保当事人协议管辖意思自治

新加坡国际商事法庭受理案件的范围包括：涉及国际性和商业性的案件、当事人协议约定由国际商事法庭管辖的案件、新加坡高等法院根据一方当事人申请或移送到国际商事法庭的案件、当事人没有以任何方式获取过其他相应司法救济的案件。新加坡国际商事法庭采用实质性连接标准和争议性质标准的混合方式对案件的国际性认定，根据新加坡《法庭规则》第 110 号令第 1 条，只要当事人双方明确表示争议标的与一个以上的国家有关的案件均可认定为国际性案件。而在我国，《最高人民法院关于设立国际商事法庭若干问题的规定》第 3 条规定，国际商事案件要求具备下列条件之一：一方当事人国籍、经常居所地、标的物、法律事实发生在中华人民共和国领域外。由此可见，新加坡对国际商事案件的认定在尊重当事人意思自治原则下强化了当事人主义。

《新加坡最高法院司法条例》、新加坡《法庭规则》第 110 号令对双方协议管辖中书面协议的形式进行了较为宽泛的规定，由新加坡国际商事法庭审理的协议可以事先约定，也可以在争议出现以后再由各方当事人约定。管辖协议不仅仅局限于单纯的书面形式，还包括口头和电子等其他形式的记录方式，只要该协议内容可以体现双方就管辖达成合意，管辖协议就可以成立生效。[①]而且对当事人双方约定提交新加坡国际商事法庭管辖的案件没有额外限制，这些措施有效扩大了新加坡国际商事法庭的管辖范围。

(二)尊重当事人对法律适用的选择

1.依据新加坡《法庭规则》第 110 号令，新加坡国际商事法庭主要基于当事人所提供的口头或书面意见决定是否适用外国法，而法院无须进一步证明该问题。提出意见的当事人需由适合的专家或法律顾问就适用外国法问题进行主张。同时，新加坡国际商事法庭在适用外国法时，法庭还会参考该外国法的立法机关、外国法院决议、新加坡上诉法庭和高级法庭案件中的同类问题或

---

① 王欣濛：《新加坡国际商业法庭的司法制度及启示》，载《湖北社会科学》2015 年第 6 期。

新加坡国际商事法庭先前所作出的类似司法案例实践等。[①]

2.外国程序法的适用。新加坡国际商事法庭显示出比一般国内法院在程序、证据等规则方面的更多灵活性。例如,当事人可以在诉讼程序中申请一项命令,以替换新加坡法律的证据规则,改用诸如国际律师协会(IBA)的证据规则。因此,新加坡国际商事法庭适用外国法不仅包括实体法,还包括程序法。

3.新加坡国际商事法庭制定了区别于新加坡国内诉讼程序的《新加坡国际商事法庭实务指引》。《新加坡国际商事法庭实务指引》规定新加坡国际商事法庭诉讼程序中有独立具体的文件出具、书面质询、合并审理程序,并且,除非新加坡国际商事法庭根据新加坡《法庭规则》第 110 号令决定适用,一般情况下新加坡国际商事法庭不受新加坡证据规则的约束。

(三)扩大承认和执行外国民商事判决的范围

新加坡法院判决可以依据新加坡与英联邦国家相互承认和执行判决法案及新加坡与外国相互承认和执行判决法案在众多英联邦成员国和地区法院被有效地承认和执行。同时,新加坡在印度等国家被认定为"互惠国家"而可获得判决承认和执行。此外,新加坡国际商事法庭还计划在多边条约(如东盟国家之间)、双边条约以及法院间以协议或备忘录的形式(如与英国商业法庭签订双方协议),从三个层面提高新加坡国际商事法庭案件判决的可执行性。这极大地拓宽了新加坡国际商事法庭判决在外国法院被承认和执行的范围,促进了更多国际贸易当事人选择新加坡国际商事法庭作为诉讼法院。[②] 此外,新加坡在司法实践中积极实施"推定互惠"原则。2013 年原告昆山捷安特轻合金科技有限公司诉被告雅柯斯(远东)私人有限公司(新加坡企业)买卖合同纠纷案中,苏州市中级人民法院判决雅柯斯(远东)私人有限公司返还昆山捷安特轻合金科技有限公司货款并赔偿损失。判决生效后昆山捷安特轻合金科技有限公司向新加坡高等法院申请执行。根据《新加坡与英联邦国家相互承认和执行判决法》和《新加坡与外国相互承认和执行判决法》的规定,新加坡法院采用重新起诉的程序,昆山捷安特轻合金科技有限公司作为债权人在新加坡重新起诉后,新加坡高等法院并不审查案件的实体纠纷,而仅仅判断苏州市

---

① New Order 110 of Rules of Court(Amendment No.6)[Z].Rules 2014,Supreme Court of Judicature Act(Chapter 322),Government Gazette,2014.

② 张天桂:《亚洲经济一体化的现实路径与推进策略——共建"一带一路"的视角》,载《国际展望》2018 年第 6 期。

中级人民法院的判决书是否符合“既判力”的条件,形成新加坡高等法院要求“被执行人”向“申请执行人”支付款项的判决,对苏州市中级人民法院具有既判力的判决予以承认和执行。2016 年的“高尔集团股份有限公司申请承认和执行新加坡高等法院民事判决案”中,原告高尔集团(瑞士成立的股份有限公司)与被告江苏省纺织工业集团进出口有限公司买卖合同纠纷经新加坡高等法院作出生效判决后,高尔集团向南京市中级人民法院申请对新加坡高等法院的判决予以承认和执行。南京市中级人民法院根据互惠原则承认和执行新加坡高等法院的民事判决。“该案最大的突破点在于,只要外国法院不去审查中国法院判决的实体内容,那么就可以视为外国法院承认和执行了中国的司法判决,并且不必再去考虑该外国法院根据其本国法采用了什么样的审查程序。”[①]该案对中国与东盟国家承认和执行民商事判决具有良好的示范作用。

总体而言,新加坡在当事人主义原则下,尊重当事人对管辖及法律适用的选择权,以当事人利益出发扩大对外国民商事判决的承认和执行。这对中国有极强的借鉴价值。法院及法官作为中立裁判者,不能越过当事人意思自治的界限去过多干预,而是应当充分尊重当事人意思自治,实现诉讼对当事人的程序保障,提高当事人对诉讼的认可度。

五、以当事人主义提高中国国际司法竞争力的建议

民事诉讼具有保护个人权利、维护法律秩序、实现公共利益等多元目的,《选择法院协议公约》允许各国以声明方式排除特定事项,而且公约还可扩及适用于非排他性的法院选择协议,允许缔约国在自愿基础上以相互声明方式予以承认和执行非排他性的法院选择协议等。因此,《选择法院协议公约》适用具有很大的灵活性,赋予缔约国一定的司法制度创新空间。我国完全可以通过制度创新充分发挥国际商事司法审判的职能作用,充分保护国际商事纠纷中当事人的诉讼权利,妥善解决国际司法管辖冲突,扩大民商事判决承认与执行范围,为中国与东盟国家的经贸合作提供坚实有力的司法保障。我国现行民事诉讼法中严格的地域管辖及对承认和执行外国民商事判决的限制原则并不利于当事人意思自治。随着国际交流的深入、社会主义市场经济的不断发展,强化当事人主义是我国提高国际民商事司法竞

---

① 葛黄斌、吴正坤、佘正:《打造“和平合作”的国际法治环境——南京法院承认和执行新加坡法院判决的分析与建议》,载《人民法院报》2017 年 8 月 11 日第 8 版。

争力的重要途径。

(一)放宽管辖权协议生效的形式要件

随着国际贸易和信息技术的发展,合同缔结形式变得灵活多样,现代司法理念更倾向于促使合同成立。1980年《联合国货物销售合同公约》规定"销售合同无须以书面订立或书面证明,可以用包括证人证言在内的任何方法证明"。欧盟《罗马公约》规定"合同的形式要件只要符合合同准据法,或者缔约时合同当事人在同一国时按照合同订立地法,或者缔约时合同当事人不在同一国时合同当事人各自所在国的法律中任何一个法律的形式要求合同均成立有效。随后,瑞士、马其顿和奥地利等国新修订的国际私法立法均允许只要符合行为地法或者准据法的形式要求合同即有效"①。

我国协议管辖制度对书面形式没有明确解释。从文义解释来看,书面形式包括合同书、电报、电子邮件、传真、信件、电子数据交换等形式。频繁的国际经济贸易交往中,大量合同以数据电文的形式订立,包括合同中的管辖权协议、争议解决条款的订立亦完全可以通过非纸质的形式实现,很难将合同其他条款和管辖权协议的形式要件分开。如果将协议管辖的形式限制为纸质媒介的书面形式,国际贸易中大量以数据电文形成的管辖协议将被认定为无效。这不仅不利于国际民商事活动的开展,也不利于保护当事人的利益。

(二)尊重当事人意思自治扩大协议管辖的效力

程序主体性原则是协议管辖的法理依据,当事人意思自治的协议管辖制度充分体现了程序法公平和效率的基本价值。尊重当事人合理意思自治达成的管辖权协议,"将当事人选择无任何连接点的法院造成的诉讼成本增加转化为当事人自身的诉讼成本,并确立当事人承担由于举证不利造成败诉的后果,使得当事人在达成管辖权协议之时就考虑这些不利的效率因素,使得所达成的管辖权协议更为合理"②。协议管辖制度是国际民商事诉讼程序法上意思自治的根本制度,扩大协议管辖的效力涉及以下方面。

---

① 周祺:《国际民商事诉讼协议管辖制度研究》,华东政法大学2016年博士学位论文。

② 周祺、赵骏:《国际民商事协议管辖制度理论的源与流》,载《南京社会科学》2014年第6期。

1.当事人意思自治优先原则。国家主权和当事人意思自治原则发生冲突时,现代国际民商事司法理念提倡"当事人意思自治优先"。在协议管辖方面,"如果当事人意思自治可能给国家或社会公共利益带来直接损害时,可以排除当事人意思自治的权利,但前提是排除当事人意思自治的法定管辖权必须予以立法明示,法律不予禁止的即为可以协议管辖,以增加可预见性,减少诉讼成本。排除当事人意思自治的事项应与国家或者社会公共利益具有直接关联,而不应考虑司法权益和政治等间接因素"①。排除当事人意思自治应充分权衡国家主权与当事人权利之间的平衡,国际民商事诉讼的裁判、执行往往涉及多个国家,如果法官可在自由裁量权中以国家主权为理由否定当事人的管辖意思自治,这不利于国际民商事交往的发展,也不利于国际司法合作。因此,对当事人之间真实意思表示的管辖权协议应当依法确认其效力,公共秩序的审查应仅限于判决承认和执行,在协议管辖的管辖权审查阶段不考虑公共利益因素,如涉及国家主权事项需特殊安排的,应通过专属管辖制度加以明确,易于被司法机关和当事人所理解与接受。

为提高案件审查的专业性和效率,当事人违反专门法院职能管辖和级别管辖的管辖权协议应被认定无效,但根据意思自治最大化的理念,在当事人约定的管辖权协议不符合级别管辖的情况下,应根据当事人约定的管辖法院确定其上级或其下级法院为有权管辖法院。在级别管辖规则调整的情况下,应由法院对当事人管辖权协议指向的法院管辖权作出明确说明,以保障管辖协议效力的确定性。

2.弱化实际联系原则。英美法系的协议管辖制度适用于域内外除专属管辖以外的所有案件,并不要求当事人选择的管辖法院与案件应有实际联系。《选择法院协议公约》对协议管辖也不适用实际联系原则。我国法律要求国际民商事案件的协议管辖符合实际联系原则,且限定了"合同签订地、合同履行地、诉讼标的物所在地、可供扣押财产所在地、侵权行为地或者代表机构住所地"人民法院为有实际联系的地点。但国际商事纠纷的关联地众多,可能涉及"当事人的主要营业地、代表机构所在地、登记地、货物装运地、运输转运地、可供扣押财产所在地,甚至还可能包括侵权行为实施地、侵权结果发生地"等。②

---

① 周祺:《国际民商事诉讼协议管辖制度研究》,华东政法大学2016年博士学位论文。

② 肖永平:《提升中国司法的国际公信力:共建"一带一路"的抓手》,载《武大国际法评论》2017年第2期。

当事人如果难以在与案件有客观联系的法院中找到合适的管辖法院，只能协议选择与案件无客观联系的第三国法院管辖以期待获得专业、公正的判决，允许当事人选择第三国法院管辖有利于提高诉讼效率。借鉴新加坡国际民商事司法通过减少对协议管辖不必要的限制，最大限度地发挥协议管辖制度的积极作用。我国应当在国际民商事诉讼中以尊重当事人意思自治和契约自由为原则，允许当事人在更大的范围内协议选择弱连接或者无连接的法院管辖，当事人协议选择法院与诉讼标的是否有关联不应作为认定管辖权协议是否有效和可执行的判断依据。

“中外合资企业合同、中外合作经营企业合同、中外合作勘探开发自然资源合同”中的国外企业大多都在我国成立法人企业，上述合同的履行往往涉及我国境内的土地、厂房等不动产，应将我国境内发生的上述合同纠纷的专属管辖规定转化为国际社会的通行规则：“以法人的有效、无效、解散，或其机构决定的有效、无效为标的诉讼，由法人所在地法院专属管辖。”[①]对于不动产权属纠纷与不动产合同纠纷，也应区别对待。不动产所在地法院拥有专属管辖权的仅是不动产的权属纠纷，如果涉及的是不动产合同纠纷或其他纠纷，则不动产所在地法院实无专属管辖权，如不动产抵押合同纠纷可不列入不动产所在地法院专属管辖的范围。

3.扩宽管辖权协议准据法的范围。在管辖权准据法的选择中，法院地法的实质是职权主义，更侧重于法院保护主义；当事人意思自治的实质是当事人主义，更侧重于当事人利益保护。在国际经济一体化的过程中，各国司法部门逐渐形成相互竞争又相互合作的关系，司法管辖权从强调国家主权逐渐转变为注重为当事人服务。《最高人民法院关于人民法院为“一带一路”建设提供司法服务和保障的若干意见》中强调充分尊重“一带一路”建设中民商事纠纷当事人协议选择司法管辖的权利，通过与“一带一路”沿线各国友好协商及深入开展司法合作，避免或减少司法管辖的国际冲突，稳妥解决国际间的平行诉讼问题。[②] 东盟国家是“一带一路”建设的重要环节，与我国均建立了友好往来的经贸合作局面，东盟国家法律制度、司法体系各不相同，随着交通运输、贸易投资、能源合作等的互联互通，国际民商事关系的连接点呈现出多样化和跨

---

① 肖永平：《提升中国司法的国际公信力：共建“一带一路”的抓手》，载《武大国际法评论》2017年第2期。

② 黄进：《自觉担当时代使命，主动融入“一带一路”建设》，载《中国审判》2015年第8期。

国性的特点。随着基础设施建设、产业投资、能源合作和交通运输等方面的互联互通,涉外民商事关系的连接点将呈现出前所未有的多样化和跨国性特点。[①] 因此,我国有必要对国际司法的准据法适用放宽限制,充分尊重当事人的选择权。根据《最高人民法院关于设立国际商事法庭若干问题的规定》第7条的规定,"国际商事法庭审理案件,依照《中华人民共和国涉外民事关系法律适用法》的规定确定争议适用的实体法律。当事人依照法律规定选择适用法律的,应当适用当事人选择的法律"[②],以及《中华人民共和国涉外民事关系法律适用法》第8条、第9条的规定,"涉外民事关系的定性,适用法院地法律。涉外民事关系适用的外国法律,不包括该国的法律适用法"[③],可见我国对外国法的适用主要是实体法,对程序问题仍然适用法院地法。

我国以法院地法作为管辖权协议的准据法,虽然无须作外国法查明,适用简单明确,更容易把握和适用,但根据法院地法判断管辖权的效力使管辖协议的效力处于不确定状态,为当事人订立合同时所无法预见,增加潜在诉讼成本和交易成本,导致司法资源浪费和诉讼判决的冲突。

在司法实践中,管辖权条款往往是主合同的组成部分,当事人约定的合同准据法不一定是双方约定的法院地法。管辖权协议作为当事人处分其诉讼权利的私法合约,不应当局限于管辖法院的法院地法,在不违反法律法规和公序良俗的前提下,应允许当事人在主协议的准据法、管辖法院的法院地法、第三国的法律中自主约定管辖权协议准据法。管辖权协议的成立和效力涉及当事人的缔约能力、合同的形式要件及合同效力等。在国际民商事领域,尊重当事人的意思自治,强调法律的服务功能而非主权功能,有利于我国民商事国际司法与国际接轨,也有利于增强国际贸易纠纷解决的可预见性和可操作性。我国现行法律和《选择法院协议公约》在管辖权协议、准据法确认等方面存在一定差异,应借鉴新加坡国际民商事司法的当事人主义,允许当事人对管辖权协议中关于协议成立和有效性问题的准据法实行意思自治,在趋于统一的规则下完善民商事纠纷管辖制度。

(三)以推定互惠承认和执行东盟国家民商事判决

在"一带一路"倡议下,中国与东盟国家经济交往日益密切,平等协商、互

---

① 张勇健:《"一带一路"司法保障问题研究》,载《中国应用法学》2017年第1期。

② 《最高人民法院关于设立国际商事法庭若干问题的规定》第7条。

③ 《中华人民共和国涉外民事关系法律适用法》第8条、第9条。

惠互利的合作机制为推定互惠原则的实施奠定了良好基础。新加坡以外的东盟国家虽然没有签署《选择法院协议公约》,也没有与中国签订相互承认和执行民商事判决的协议,但中国与东盟的经济贸易往来迅速发展,相互承认和执行民商事判决是中国与东盟经济合作的内在需求。采用推定互惠的原则审查管辖权协议指向的法院作出的判决,进而承认和执行外国民商事判决,有利于当事人实体权利的实现,促进国家间的司法协助,进而加强国际经贸往来。2017 年第二届中国—东盟大法官论坛通过的《南宁声明》第 7 项内容提出:"区域内的跨境交易和投资需要以各国适当的判决的相互承认和执行机制作为其司法保障。在本国国内法允许的范围内,与会各国法院将善意解释国内法,减少不必要的平行诉讼,考虑适当促进各国民商事判决的相互承认和执行。尚未缔结有关外国民商事判决承认和执行国际条约的国家,在承认与执行对方国家民商事判决的司法程序中,如对方国家的法院不存在以互惠为理由拒绝承认和执行本国民商事判决的先例,在本国国内法允许的范围内,即可推定与对方国家之间存在互惠关系。"[①]该规定表明我国与东盟国家在承认和执行民商事判决方面达成采用推定互惠原则的共识,是对我国承认和执行外国民商事判决的重大突破。

东盟各国的国内法中,文莱对外国法院判决实行对等原则,只要外国法院承认和执行文莱法院所作的判决,则文莱法院也会承认和执行该国法院判决。越南的民事诉讼法规定承认和执行外国法院民事判决的原则,在相互来往的基础上,对于没有相关条约的国家,越南法院根据具体案件情况承认并执行该外国法院的民事判决。泰国没有专门法律规定外国判决的承认与执行,但与我国有良好的司法合作。总体而言,东盟各国的国内法均不排除对外国法院民商事判决的承认和执行,具有互惠合作的基础。

从激励的角度来看,如果没有推定互惠原则,外国法院民商事判决的承认和执行无从开展,司法协助条约的形成更加障碍重重。而且,东盟国家大多是中小国家,国内产业规模有限,在中国对外投资迅速发展的情况下,东盟国家可能存在保护本国产业的顾虑。在司法中以推定互惠原则承认和执行东盟国家民商事判决,可以发挥互惠原则的正向激励作用,增强东盟国家对中国司法制度的认同,有利于塑造中国与东盟国家的双边关系,增强国家之间的信任和合作信心。因此,在"一带一路"倡议背景下,针对东盟各国的司法状况,我国

① 张勇健:《"一带一路"背景下互惠原则实践发展的新动向》,载《人民法院报》2017 年 6 月 20 日第 2 版。

充分发挥推定互惠原则的激励功能,以推定互惠原则畅通中国与东盟国家判决承认与执行机制,可弥补中国与东盟国家双边司法协助条约之不足,拓宽中国国际民商事司法的发展空间,为中国与东盟国家长远发展提供有力的司法保障。

结　语

管辖协议、准据法适用和判决承认与执行之间有着紧密的联系:对国际民商事诉讼的管辖法院选择是法律适用和判决的承认与执行的逻辑起点;对国际民商事协议管辖效力的认定离不开准据法的法律适用问题;而判决的承认与执行又以认定当事人双方协议管辖法院的管辖权和依此作出的判决效力或既判力为前提。海牙国际私法会议前秘书长汉斯·范·鲁(Hans van Loon)指出:"在面对形成中的全球经济一体化时,人们需要一种全球性的体制来确定地告诉全世界的贸易商、制造商或使用因特网的事实上的消费者应在哪里起诉或被诉,以及如何避免无用的诉讼和程序的重复。这种体制的缺失恰好正是现今时代中的一种反常现象。一项全球性公约所带来的法律上更显著的确定性和公平性将会有效地刺激世界经济的发展。"《选择法院协议公约》提出"本公约缔约国,希望通过加强司法合作增进国际贸易和投资,相信在民商事项的管辖和外国判决承认与执行上统一规则能够加强这种合作,相信增进这种合作尤其需要国际法律机制提供确定性,并保障商业交易当事人达成的排他性选择法院协议的有效性以及根据这种协议进行诉讼产生的判决的承认和执行"。《选择法院协议公约》是以选择法院协议这一管辖权依据为基础的,并进而扩大判决承认和执行效力的公约。要提升我国在东盟国家的国际司法竞争力,根本途径在于以当事人主义扩大国际民商事诉讼的管辖范围和提高民商事判决的执行效力,在《选择法院协议公约》的助力下,形成具有中国优势,又符合国际私法规律的国际民商事司法制度。"一带一路"倡议中"21世纪海上丝绸之路"突出"政策沟通、道路联通、贸易畅通、货币流通、民心相通"的合作内核,中国与东盟国家的互联互通不仅是基础设施建设的互联互通,更是制度与文化交流的互联互通。"依法维护中外市场主体的合法权益,其深刻地表明了人民法院'司法公器'的功能及'司法为民'的宗旨,传导的是法律平等、司法公正等法治价值理念,表明了司法活动融入和服务国家战略实施的重要性,

彰显出人民法院的历史责任感和时代担当。”①

To Enhance China's International Judicial Competitiveness through Adversary System

—Enlightenment of Singapore Judiciary to China after Acceding to the Convention on Choice of Court Agreements

Zhang Xia

Abstract: The Convention on Choice of Court Agreements acts on the principle of party autonomy in terms of jurisdiction agreements and recognition and enforcement of judgments. Objectively, the party' choice of competent courts brings about judicial competition among the contracting parties to the Convention. China and Singapore are two of the parties. The international civil and commercial justice of Singapore well reflects the adversary system with regard to the forms of jurisdiction agreements, the applicable laws on jurisdiction agreements, reciprocal recognition and enforcement of judgments and effectively beefs up its influence over international civil and commercial justice in ASEAN countries. Against the background of "the Belt & Road Initiative" construction, China should give proper expression to the adversary system in international justice: allowing diverse forms of jurisdiction agreements, ensuring applicable laws on the party's choice of jurisdiction agreements and recognizing and enforcing civil and commercial judgments in ASEAN countries on a reciprocal basis. These are conducive to attracting more ASEAN parties to choosing Chinese courts as their jurisdiction courts and progressively improving the international judicial competitiveness of China.

Key words: The Convention on Choice of Court Agreements; Autonomy; Jurisdiction; Recognition and Enforcement of Decisions; ASEAN

---

① 张晓君:《司法护航“一带一路”建设》,载《人民法院报》2015 年 7 月 8 日第 5 版。

《南海行为准则》案文设置考*

李煜婕**

摘　要:目前,中国和东盟已就《南海行为准则》(COC)的框架和单一磋商文本草案达成一致,正稳步推进制定案文的磋商进程。《南海行为宣言》中争议最大的第4条、第5条、第6条业已成为COC磋商中的主要争议焦点。东盟参与和协调南海问题的态度逐渐明晰,以东盟原则为基础的磋商机制折射出东盟对南海问题态度的不断微调。如何将对南海问题的本质思考,在中国倡导的处理南海问题的"双轨思路"下,运用外交谈判与国际法律应对机制相结合的方法,坚持双边协商有关具体争议的原则,与东盟及相关各国之间就南海区域安全、法律等机制的构建以及海洋安全的共同维护等问题继续与东盟深入磋商COC的案文将是下一步工作的重中之重。

关键词:《南海各方行为宣言》;《南海行为准则》;海洋权益;东盟原则

一、南海地区早期基本法律文件的历史演进

(一)从《东南亚友好合作条约》(TAC)、《关于南海问题的东盟宣言》到《南海各方行为宣言》(DOC)

1976年签订的TAC和1995年签订的《东南亚不扩散核武器条约》(NPT)是早期关于在南海海域调整各方行为的法律性文件。《东南亚友好合作条约》规定了南

---

* 本文为西南政法大学王玫黎教授主持的2017年国家社科基金项目"中国—东盟合作开发南海区域海洋制度研究"(17XGJ003)的阶段性成果。

** 李煜婕,西南政法大学国际法学院讲师、西南政法大学海外利益保护研究中心和海洋与自然资源研究所研究员、博士研究生。

海各方行为的基本原则:使用和平方式解决争端、不使用武器或武力威胁、促进各有关方面进行合作等。[①] 1992 年 7 月,第 25 届东盟外长会议上通过的《关于南海问题的东盟宣言》,将东盟作为一个地区性组织首次就南海问题表达了立场。[②] 中国未签署该宣言,但部分地认可和接受该宣言中关于南海问题的主张,如保持克制、通过谈判和平解决问题等原则。[③] 在此基础上,还在南沙问题上低调处理、积极参与有关解决争端的协商讨论会及建立地区安全机制的各种双边和多边对话会等等。[④] 1995 年,主要以 1992 年《关于南海问题的东盟宣言》的第 4 点为依据(要求各方以东盟友好合作条约的原则作为建立南海国际行为准则的基础)的 COC 开始构思。1995 年 8 月,中菲关于南海及其他合作领域磋商的联合声明同意了有关争端的行为准则的八项原则。[⑤] 1998 年 12 月在河内举办的第 6 届东盟高官会议中,东盟各国领导人一致同意建立一部南海问题的应对准则。

1999 年东盟外长会议和东盟地区论坛上公布的东盟共同的文件草案未获通过,COC 的适用范围仍未达成共识。[⑥] 最后,东盟已达成一致的行为准则基本内容有:行为准则是一份政治性文件,不具严格的法律意义;建立相互信任的办法,不对各方的主权立场及主权权力产生影响;只提出处理南海地区争端、维护和平稳定的原则,如致力于使用和平方式解决争端、克制本国的各种行动、在得到所有各方面的同意后才能开展其他的行动等。[⑦] 1999 年年底,中国与东盟开始一对一的谈判。2000 年,有关各方对成立起草行为准则联合研究组已达成共识,但出现了几个主要分歧:适用的范围区域、联合军演以及关于不多占南海区域的条款。不多占南海各岛礁、联合军演是绝对的敏感问题,与各国的军事力量息息相关,所以东盟在这

---

① *Treaty of Amity and Cooperation in Southeast Asia*, Indonesia, 24 February 1976, available at www.aseansec.org/1217.htm.

② *ASEAN Declaration on the South China Sea*, Manila, Philippines, 22 July 1992, available at www.aseansec.org/1196.htm.

③ 《中国主张和平解决南沙争端对东盟宣言一些基本原则表示赞赏》,载《人民日报》1992 年 7 月 25 日版。

④ 金永明:《从东盟南海宣言到南海各方行为宣言》,载《东南亚》2004 年第 3 期。

⑤ *Joint Statement, RP- PRC Consultations on the South China Sea and on Other Areas of Cooperation*, 9-10 August 1995, Manila.

⑥ Positive ASEAN response to proposed code of conduct in the South China Sea noted, *Business World*, (Philippines), 14 September 1999.

⑦ *ASEAN's Draft Code of Conduct in the South China Sea*, 25 November 1999.

些问题上迟迟未达成共识。[①]

(二)阶段性成果:DOC

2002 年 11 月,中国与东盟签订了《全面经济合作框架协议》,[②]贸易顺差为后续的谈判与阶段性成果铺平了道路。有学者认为,从政治角度来说,中国—东盟自由贸易区协定体现出了影响中国—东盟关系的非历史、非政治因素。[③] 打破僵局性的是,2002 年 7 月,第 35 届东盟外长会议上,马来西亚外长 Syed Hamid Albar 建议停止建立行为准则,另行出台 DOC 作为代替。[④] 经考量,该建议符合中国的南海战略和政策,是“搁置争议、共同开发”策略中的一步。同年 11 月,中国和东盟签署了 DOC。

DOC 的目标是为寻求长久和平解决南海争议的办法,巩固和发展各签署方的友好合作关系。[⑤] 作为一份不具有强制约束力的政治文件,其规定不影响中国此前发布的主权宣言;而从其字面意思分析,签署方只代表各自的国家,无东盟整体立场。这说明东盟并不自认为是南海问题的实质关系一方,更凸显出东盟没有应对和解决南海问题的职能。[⑥] 从内容上来看,DOC 强调“增进地区和平、稳定、经济发展与繁荣”和“促进南海地区和平、友好与和谐的环境”,强调自我约束义务与无法律约束力;此外,宣言表示,各签署国承诺根据公认的国际法原则,如 1982 年《联合国海洋法公约》(UNCLOS)等,由利益相关各方进行友好磋商和谈判,用和平方式解决领土和管辖权争议。[⑦] 这意味着,非直接利益攸关方不应参与有关争议的磋商和谈判;也暗示,东盟国家

---

① ASEAN, China move toward a code of conduct in South China Sea, *Asian Political News*, 4 July 2000.

② *Framework Agreement on Comprehensive Economic Co-Operation Between ASEAN and the People's Republic of China*, available at http://www.aseansec.org/13196.htm.

③ Amitav Acharya, *Seeking Security in the Dragon's Shadow: China and Southeast Asia in the Emerging Asian Order*, *IDSS Working papers*, March 2003.

④ Malaysia seeks “code of conduct” for Spratlys, *Reuters*, 24 July 2002.

⑤ *Declaration on the Conduct of Parties in the South China Sea*, 2002, http://www.aseansec.org/13163.htm.

⑥ 周士新:《东盟在南海问题上的中立政策评析》,载《当代亚太》2016 年第 1 期。

⑦ See *Declaration on the conduct of parties in the South China Sea*.

在领土和管辖权争议上无法形成一致立场。[①]

二、COC的磋商及主要掣肘点

(一)影响COC磋商的主要掣肘点

东盟再度主动提议并推动COC的谈判是在2011年7月的东盟外长会议上。此前,从2002年签署DOC到2011年7月东盟外长会议期间,南海局势相对趋静,COC谈判并未提上日程。2011年7月时值东盟外长会议,菲律宾和越南与中国在南海产生摩擦,直接导致菲律宾和越南推动重启COC谈判。[②] 从2013年东盟与中国重启COC谈判开始,到2017年"南海行为准则"谈判初见成效,达成了关于"南海行为准则"的框架;再到2018年8月,在新加坡举行的中国—东盟(10+1)外长会议上达成了COC单一磋商文本草案,5年谈判艰难进程凸显COC协商的难度与复杂性,也进一步折射出谈判各方的让步与妥协。

第一,磋商的主体,毫无疑问,还是中国与东盟的相关国家。DOC和TAC的磋商相类似,东盟既非参与方,也不是签署方;南海问题也不是中国与东盟的问题。因此,东盟不大可能以统一的整体代表部分利益相关国家与中国磋商。[③] 目前的情势,东盟部分成员国之间还存在着岛礁领土争端和海洋权益争议,且争夺权利的态势异常激烈;南海声索国与东盟作为一个地区性组织的诉求各有不同。比如,菲、越两国不遗余力地将南海议题提交由东盟主导的地区多边机制内进行讨论,利用东盟的外交影响力不断拉拢与域外大国的合作,力争实现其索求目标。[④] 中国是面对一个整体还是分别与相关国家磋商,仍然是案文协商和设定的前置条件。

第二,协商的路径:以协商一致为原则进行磋商。南海问题,实质是岛礁

---

① 陈长水:《海上问题的妥协与合作——〈南海各方行为宣言〉签署的案例》,载《南洋资料译丛》2015年第1期。

② *Philippines and China: An Encounter in Reed Bank*, March 4, 2011, available at https://worldview.stratfor.com/article/Philippines-and-china-encounter-reed-bank.

③ 《中国外长王毅:南海问题不是中国与东盟问题》,http://www.china.com.cno/v/news/2013-07/01/content_29277502.htm,下载日期:2013年7月1日。

④ Tomotaka Shoji, Vietnam, ASEAN, and the South China Sea: Unity or Diverseness? *NIDS Security Studies*, 2011, Vol.14, No.1, p.3.

领土主权争端及其海洋权益的争议。中国一直强调相关国家通过双边外交谈判解决争议,力求达成双边共识,而非所有方共同达成共识。“合理预期、协商一致、排除干扰、循序渐进”的原则是中国与东盟所坚持的。“协商一致”意味着所有参与磋商方若对磋商结果不满意或认为最终的协议可能会损害自己的领土主权或海洋权益,均得提出异议甚至直接否决,开启重新谈判直至所有参与方一致认可。遵循“先易后难”的方针,从海洋低敏感领域合作寻求突破,既与DOC第6条规定相符,也满足了UNCLOS第123条的规范性要求。

第三,COC的性质、地位及约束力。如前文所述,从20世纪70～80年代(大致是东盟第1～3届峰会时期)源起的寻求一种南海问题的解决方案,历史上曾经出现过多种法律文件和政治文件,COC制定的原则、精神都不能脱离之前的法律、政治文件精神,应成为声索国恪守的规则。然而,近10年间,东盟一些国家以己利为出发点地进行单边活动,抢占南海岛礁的行为尤为突出,根本没有依据TAC或者DOC行事。那么,COC究竟应该是与所有前位文件呈一种“高低位”关系,还是一种“包容”的关系?或者说,应该直接取代之前的文本,成为一种强约束力的指导性规则?主要设置可选择性建议性条款,还是直接确定某些禁止性条款?

第四,COC规则设置的目标应主要是设定与管控,而非直接解决实质冲突。COC应具有约束力的应然,那么,“具有约束力”,究竟应是一反之前各类文件的性质,直接定性为法律规则,还是仅在某些条款下具有约束签字国的效力?从结果上来看,COC应该是一个双赢的规则,而双赢对于南海的和平与稳定、探索南海区域安全机制的构建以及海洋安全的维护,对于中国与东盟是至关重要的。那么,在建立政治互信方面,军事政策和活动方面的公开性如何把握?在非传统安全领域中,信息和情报技术的交流与共享、人员交流与培训、共同行动和研究行为、各类海洋合作论坛、海上执法机构对话合作等是否应列入COC成为具体规范?在遵守执行方面,仅靠协议签字国的自愿遵守能否达成?

(二)东盟“核心要素”影响下的COC规则磋商

1.基于“六点原则”的东盟“核心要素”

2012年7月通过的《东盟对东盟国家与中国〈南海行为准则〉的建议要素》(以下简称《建议要素》),虽未就关于南海问题的联合声明达成一致,但随

后发布的东盟对南海“六点原则”(six-point principles)的声明[①],以此作为未来与中国就COC进行谈判的基础。[②] 为达成相关各方都能接受的解决方案,中国政府于2013年提出了解决南海问题的“双轨思路”,即在尊重历史事实和国际法基础上与直接当事国通过谈判协商和平解决有关具体争议,南海的和平与稳定则由中国和东盟国家共同加以维护。[③] 有学者认为,[④]该原则中包括国际法,国际法决定领土归属,海洋法决定海洋权益的划分,是非常重要的提法。

“六点原则”的有些观点还是与DOC存在较大冲突的:[⑤]首先,第3点强调“尽快达成南海‘行为准则’”,表达了意愿但无视客观情况。其次,第4点和第6点不是简单地重复,其优先以UNCLOS为准据,运用大陆架和专属经济区的权利削弱我国关于南海“断续线”的主张。[⑥] 最后,将南海问题泛化。“核心要素”强调最终协议将提交给东盟秘书长和联合国秘书长报备注册,其他国家也要尊重COC,也就是意图将其他国家也拉入COC体系之中,包括美、日、印、澳等域外大国。由此看来,“核心要素”即是要泛化“争端”,将中国与部分东盟国家的领土主权和海域管辖权争议涵盖其中,与磋商方向和目标相悖。

---

① 该“六点原则”是:全面落实DOC;落实DOC后续行动指针;尽快就“南海地区行为准则”达成一致;全面尊重包括《联合国海洋法公约》在内的、被国际社会广泛认可的国际法原则(包括TAC、DOC、和平共处五项原则等各种规定和平解决冲突的国际法原则);各方继续保持克制,不使用武力;各方要依据《联合国海洋法公约》在内的、被国际社会广泛认可的国际法和平解决有关争议。

② 罗国强:《东盟及其成员国关于〈南海行为准则〉之议案评析》,载《世界经济与政治》2014年第7期。

③ 《王毅:以“双轨思路”处理南海问题》,载中华人民共和国外交部网站,http://www.fmprc.gov.cn/mfa_chn/zyxw_602251/t1181457.Shtml,下载日期:2014年8月9日。

④ 参见时任中国国际问题研究所所长曲星在2012年7月21日新华网记者专访中的提法。

⑤ Carlyle A. Thayer, *Indonesia's Efforts to Forge ASEAN Unity on a Code of Conduct*, *Paper for 3rd Annual Center for Strategic & International Studies Conference on "Managing Tensions in the South China Sea"*, CSIS, June 5-6, 2013, p.5, available at http://csis.org/files/attachments /130606_Thayer_Conference Paper.pdf.

⑥ 众所周知,UNCLOS不能决定领土主权归属,而只能决定海洋权益的归属与划分。东盟部分国家有可能借此以海洋权益覆盖领土主权,违反COC磋商的精神。

2.对“六点原则”的持续发酵

尽管中国—东盟已于2017年5月18日达成了COC框架协议,但距达成最后的文本协议还需很长一段时间。在2017年10月23日结束的东盟防长会议上,联合声明的第2点和第3点重申了东盟“核心要素”即“六点原则”的立场。[①] 2017年11月的东盟国家首脑会议上再次就之前提交的文本内容进行了商议。在2017年11月13日的第9届东盟—联合国峰会的主席声明第7条;[②]同日第5届东盟—美国峰会暨东盟—美国四十周年纪念日的主席声明第8条和第9条,[③]同日第20届东盟—日本峰会主席声明第7条和第8条;[④] 11月14日东盟—印度峰会声明第6条和第7条;[⑤]2018年3月19日东盟与澳大利亚峰会签署的《悉尼宣言》第9条;[⑥]均不同程度地重申和强调:维护和促进和平、安全、稳定、海上安全、以规则为基础的秩序以及在南中国海上空飞越和飞越自由的重要性。有必要增强相互信任和信心,强调非军事化的重要性以及增强互信和信心的必要性,强调所有其他国家进行所有活动的军事化和自我克制的重要性,包括可能使局势进一步复杂化的所有其他国家的活动并加剧南中国海的紧张局势。2018年3月,第23次中国—东盟落实DOC高官会,表明中国—东盟在领导人层面认可“框架”并同意正式协商COC。但围绕COC的协商原则性分歧较大,无更深进展。[⑦]

---

① 参见 http://asean.org/storage/2017/10/11th-ADMM-Joint-Declaration-as-of-23-Oct-20172.pdf,下载日期:2018年4月。

② 参见 http://asean.org/storage/2017/12/9th-ASEAN-UN-Summit-Chairs-Statement-FINAL.pdf,下载日期:2018年4月。

③ 参见 http://asean.org/storage/2017/12/5th-ASEAN-US-Summit-Chairs-Statement-FINAL.pdf,下载日期:2018年4月。

④ 参见 http://asean.org/storage/2017/11/20th-ASEAN-Japan-Summit-Chairs-Statement-FINAL.pdf,下载日期:2018年4月。

⑤ 参见 http://asean.org/storage/2017/12/15th-ASEAN-India-Summit-Chairmans-Statement-FINAL.pdf,下载日期:2018年4月。

⑥ 参见 http://asean.org/storage/2018/03/Joint-Statement-of-the-ASEAN-Australia-Special-Summit-Sydney-Declaration-FINAL.pdf,下载日期:2017年11月。

⑦ ASEAN Joint Consultative Meeting held in Singapore, available at http://tgvn.com.vn/asean-joint-consultative-meeting-held-in-singapore-67401.html.

三、DOC 第 4 条、第 5 条、第 6 条分析及 COC 相关规则设置建议

(一)DOC 第 4 条、第 5 条、第 6 条分析及其相互关系

1.第 4 条关于使用“武力或以武力相威胁”的问题

DOC 第 4 条要求各有关方在解决领土和管辖权争议时不使用武力或以武力相威胁,但并未对“武力”和“武力威胁”作出界定。《联合国宪章》第 2 条第 4 款所禁止的非法武力威胁的含义是狭义解释,指一国公然威胁要使用武力(抑或以发动战争为威胁),从另一国获得领土,或者迫使他国作出实质的政治让步。[①] 据此看来,《联合国宪章》中禁止使用武力原则所指的使用武力或武力威胁的情形,不适用南海地区的现时情势。[②] 有国外学者认为,为预防和管理南海海上事件,不得对渔船和渔民使用武力或武力威胁,不得使用军事船舶执法。[③] 沿海国为捍卫主权权利,对外国船舶采取一些必要的执法措施,如冲击、撞击对方船舶,指挥渔船上的照明弹,发射大功率水炮或实弹警告,高压

---

① 黄瑶:《论禁止使用武力原则——联合国宪章第二条第四项法理分析》,北京大学出版社 2003 年版,第 62、167～177、193～198、204～205 页。

② 我国台湾地区学者王冠雄教授指出,“观察南海争议的历史,由早期的夺岛军事战,发展到目前已经实质进入外交战与法律战的状况”。转引自王冠雄:《东协南海政策动向》,载刘复国、吴士存主编:《2013 南海地区形势评估报告》,台湾政治大学安全研究中心 2015 年版,第 61～62 页。

③ Tran Truong Thuy, *Code of Conduct and Prevention, Management of Incidents in the South China Sea*, available at https://www.google.co.uk/url? sa =t&rct =j&q =&esrc =s&source =web&cd =1&cad =rja&uact =8&ved =0CCQQFjAAahUKEwiWsMzKo6fIAhVL1xoKHU4NApM&url = http%3A%2F%2Fnghiencuubiendong.vn%2Ftrung-tam-du-lieu-bien-dong%2Fdoc_download%2F895-tran-truong-thuy-code-ofconduct-possible-content-who-participates-how-to-conclude&usg =AFQjCNFE-fSXmsUrbqcsuLjt_7nqNE8tmw, 14, last visited on Aril 4, 2018.

水枪等,并不构成公认的"使用武力"定义。有国外学者认同此观点。①

《联合国宪章》第 2 条第 4 款禁止非法使用武力或武力威胁,自卫权等合法使用武力应不在禁止之列。因此,COC 所禁止的应是非法使用武力或武力威胁行为,应加以界定和明确。TAC 第 2 条第(e)款、第 13 条分别提及了基本原则和解决争端的方法。美国学者 Mark J. Valencia 教授质疑:在专属经济区海水及上空进行的电子战,尤其是一些积极信号情报活动是否构成《联合国宪章》所禁止的武力或武力威胁行为,从而应受到 COC 的规则反对?② 综上,恪守《联合国宪章》规定的禁止使用武力原则,针对南海地区的现时情势将"武力或以武力相威胁"明确化或以排除的方式加以解读,应是 COC 规则设置的应有之义。

2.第 5 条关于"使争议复杂化、扩大化"的行动和"保持自我克制"问题

DOC 第 5 条有两点需要引起重视。第一,与第 4 点规则相类似的,"使争议复杂化、扩大化"是否应明确界定?表述为"使争端复杂化、扩大化的行为"可能会放大争议焦点。塞耶教授通过比较分析认为,UNCLOS、DOC 和《东南亚无核武器区条约》(SEANWFZ)为和平解决南海争端确立了法律、规范和地理框架。③ 大规模填海会扩展地物面积,改变海洋环境,能为海军、空军及进攻性武器部署起到潜在的"防御作用"。但若将填海活动的意图和目的透明化后,绝非禁止一切填海活动。据 DOC 第 5 条第 4 款,声索国应互通情况,鼓励各国邀请观察员考察填海和建造等活动。④ 有国外学者预判性地认为,DOC 规则中并未明确禁止岛礁建设行为,但 COC 案文磋商制定过程中应该

---

① 参见 Carlyle Thayer 教授的文章第 9 页注释 4。Thayer 指出,东盟和中国需要考虑是否将海上执法部门与渔民的一些物理对抗,如:危险的海军演习、威胁冲击、捣毁、在对抗期间脱鞘和瞄准甲板枪、向手无寸铁的渔民发射实弹炮弹警报以及其他战术等认定为 DOC 所指的"使用武力"的范畴;同时,还需要确定在南海领土争端中扮演国家民兵或国家代理人角色的渔民和国有拖船员的法律地位。

② Mark J. Valencia 认为,新型情报侦察活动剑指沿海国的通信和防卫系统,不宜单纯定义为情报收集活动,参见 Mark J. Valencia, *The South China Sea:Back to Future? Global Asia*, July 15,2011,p.6.

③ 参见 https://www.c3sindia.org/archives/review-of-the-implementation-of-the-2002-asean-china-doc-and-coc-and-challenges-by-carlyle-thayer/,下载日期:2018 年 4 月 4 日。

④ 参见 Carlyle Thayer 教授的文章第 9 页注释 4。

会成为个别东盟国家极力反对的对象。[①] 2018年2月13日，中国—菲律宾南海问题双边磋商机制第二次会议的联合声明提道："双方讨论了管控和防止海上意外事件、加强海上对话合作以及增进互信的方法。"双方一致决定"对在南海采取的可能让争端复杂化或激化并影响和平稳定的做法予以克制"。两国还宣布，将在渔业、油气、海洋科研与环保、政治安全等领域召集技术工作组，探讨"互利合作倡议"[②]。COC案文既然是对DOC规则的具体化落实指引，那么，对南海区域未来的互利合作形式和内容应加以重点磋商。

第二，DOC规则中各国关于"保持自我克制"的表述各不相同。印尼《南海区域性行为准则零号草案》（以下简称《零号草案》）第5条指出，DOC签署国在DOC有效期内采取的行为，不构成提出、支持或否认南海内领土主权或创设主权权利（rights of sovereignty）的基础。该条款貌似借鉴了国际法上有效控制规则中的"关键日期"和南极条约"冻结领土主权要求"的相关规定。[③] 然而，该条款并不针对海洋权利主张及相关的维护、行使海洋权利的行为，中国在非主权性历史性权利方面，看似有主张和加强权利行使的合法空间。[④] 因此，COC如何明确"各方保持自我克制"的具体规则，将是下一步磋商中的重点。

3.关于南海区域海上航行与空中飞行的问题

有国内学者提出，南海问题主要涉及两个层面的内容：第一，中国与东盟部分国家之间的南沙岛礁领土争议；第二，中美针对专属经济区内的军事活动争议和军舰在南沙岛礁领海内的无害通过争议，即所谓的在航行自由/飞越自

---

① 参见Carlyle Thayer教授的文章第9页注释4。与此相关的，2012年9月印尼单方面提出的《零号草案》第6条就明确禁止缔约方占领或在岛屿和陆地地形上建造新设施，不论其现在是否被占领。我们认为，针对岛礁建设的标准、建设范围、建设目的，所涉利益各国都持不同意见，如何在已有岛礁建设的基础上，在COC框架下公开、公平、公正地讨论既有海上风险管控的预防性措施应是对各方有利的开放性合作途径。

② 参见https://www.fmprc.gov.cn/web/wjbxw_673019/t1534825.shtml，下载日期：2018年4月22日。

③ 东盟个别国家强调"准则"的无限期性，寻求"全面持久地解决南海领土与管辖权争端"，等于仅认可中国提出的"搁置争议"，但否决了"主权在我"和"共同开发"的政策主张，变相将部分东盟国家非法占领中国的南沙岛礁固定化，甚至可能合法化。参见黄瑶：《"南海行为准则"的制定：进展、问题与展望》，载《法治社会》2016年第1期。

④ 黄瑶：《〈南海行为准则〉的制定：进展、问题与展望》，载《法治社会》2016年第1期。

由方面的对立和分歧。[①] 美国显然是南海问题的域外国,但其一直关注包括南海在内的航行自由/飞越自由并认为确保南海航行自由事关美国的核心利益。[②] 事实上,从 2009 年开始,美国对于南海问题就由最初采取的"中立""不介入"政策发展到间接和直接"干预"政策。随着"一带一路"倡议的进一步落地,贯通黄海、东海和南海,进出西太平洋和东印度洋的海上通道作为我国海上战略的通道,[③]对外承担贸易运输的重担,更是捍卫我国海上权益与海上安全的重要防线。海上战略通道成为大国利益争夺的焦点,也是美国用以平衡和制约我国在亚太区的筹码。[④] 同时,为规制军舰在我国领海内的有害通过行为,根据 UNCLOS 第 21 条第 1 款,我国有权制定无害通过领海的法律和规章,以此维护我国领海安全。另一方面,"商业船舶的航行自由没有什么争议"。[⑤] 那么 COC 案文应否详尽规范外国军舰在争议专属经济区内的活动?外国军舰未经沿海国允许进行军事演习、武器测试等活动应否受到限制?案文的设置,是否应并入前述"不使用武力或武力威胁"的条款?由于区域内各国军事实力相差较大,加上区域外的美、日、澳等大国尤为重视南海航行自由(美国将此视为核心利益),这有可能成为 COC 磋商下一步的重点条款。

2016 年 8 月,中国与东盟出台《中国与东盟国家应对海上紧急事态外交高官热线平台指导方针》和《中国与东盟国家关于在南海适用〈海上意外相遇规则〉的联合声明》。此举说明,中国和东盟已经找到了一条既体现国际法规则,又有效管用的办法,也表明中方和东盟国家完全有智慧、有能力处理好南海问题。[⑥] 中国国务院总理李克强认为,南海地区航行和飞越自由本无任何

---

① 金永明:《海上丝路与南海问题》,载《南海学刊》2015 年第 4 期。

② 金永明:《美国军舰进入南沙岛礁领海的可能影响及应对策略》,载《海南大学学报》(人文社会科学版)2015 年第 4 期。

③ 梁芳:《海上战略通道论》,时事出版社 2011 年版,第 252 页。

④ UNCLOS 第 30 条规定,如果任何军舰不遵守沿海国关于通过领海的法律和规章,而且不顾沿海国向其提出遵守法律和规章的任何要求,沿海国可要求该军舰立即离开领海。

⑤ Mark J. Valencia, *A Code of Conduct for the South China Sea: Politics, Principles and Possible Provisions*, Maritime Institute of Malaysia,转引自黄瑶:《〈南海行为准则〉的制定:进展、问题与展望》,载《法治社会》2016 年第1 期。

⑥ 参见中国国务院总理李克强于 2016 年 9 月 8 日在第 11 届东亚峰会上的讲话。尽管较早前中美两国已于 2014 年 8 月签署内容更为详尽的双边《海空相遇行为准则》,并分别在亚丁湾与南海进行了基于这一准则的通信验证。然而,美国舰船一直不放弃以"航行自由"为理由在南海巡航,不得不说这是一个潜在的、域外大国搅扰南海局势的因素。

问题，各方都应坚持DOC的规定——南海有关争议应由直接当事方通过谈判协商和平解决——履行就此作出的承诺。如果这个最直接、最明确的规则不被遵守，将会严重搅乱地区秩序，损害地区的和平稳定。[①] 2018年2月，新加坡国防部长黄永宏称，COC磋商复杂异常，短期内就COC规则达成共识是不现实的。但他同时表示，东盟10国有望在2018年10月前就南海空中意外相遇规则达成一致，并称此举将与前述《海上意外相遇规则》一同助力消除安全威胁。

4.第6条关于"全面和永久解决争议之前开展合作"的问题

DOC第6条第a款和第b款规定保护海洋环境和海洋科学研究。有学者建议，一是从渔业合作、海洋环保以及科学勘探着手构建一个机制性沟通平台；二是巩固双边合作基础；三是搭建一个多边合作平台，这是我们未来很重要的支撑点或者支撑构架。[②] 毫无疑问，DOC关于合作开发的问题是符合国际法的。[③] 同时也符合现时的南海岛礁领土争议情势。所以，中国加强与东盟国家开展海洋低敏感领域合作是过渡期措施，力求为最终解决南海问题创造条件。[④] 第6条第c款规定在海上航行和通信安全领域建立信任。有学者建议，中国—东盟联合工作组应成立海上航行和通信安全工作组，以解决如何管理和预防在南海运作的海军和海上执法机构的危险行动。[⑤] 并将承诺有效执行《海上计划外人员守则》(CUES)和《国际海上人命安全公约》(SOLAS)等国际公约和准则列为COC的部分法律依据。[⑥]

第6条列出了六项一般合作活动。这些合作活动应与各国承担的UNCLOS签署国义务相符。例如，UNCLOS第9部分规定，在闭海半闭海，缔约

① 参见中国国务院总理李克强于2016年9月8日在第11届东亚峰会上的讲话。

② 参见中国南海研究院海上丝绸之路研究所林勇新副所长在2016年12月16—18日举行的"中国海洋安全与南海社会治理学术研讨会"上的发言整理。

③ UNCLOS第123条规定，闭海或半闭海沿岸国在行使和履行本公约所规定的权利和义务时，应协调海洋生物资源的管理、养护、勘探和开发，行使和履行其在保护和保全海洋环境方面的权利和义务，协调海洋科学政策等方面互相合作。

④ 金永明：《海上丝路与南海问题》，载《南海学刊》2015年第4期。

⑤ 参见https://www.c3sindia.org/archives/review-of-the-implementation-of-the-2002-asean-china-doc-and-coc-and-challenges-by-carlyle-thayer/。

⑥ 这里存在值得商榷的问题，能否在COC的规则中根据现时的国际形势或南海区域形势加入相应的国际法律规范？又能否根据现时情势变化，将DOC模糊性处理的条款具体化？

国"应相互合作,在本公约下行使其权利和履行其职责"。换句话说,合作应该被视为一种建立信任的措施本身,而不是合作的先决条件。合作是一项重要的建立信任措施。东盟与中国的联合工作组应该采取坚定的态度来合作建立信任措施,来解决最紧迫的摩擦和冲突。[①]

(二)COC相关规则设置建议

从2012年印尼提交的《零号草案》来看,根据塞耶教授的文章分析,[②]该草案关于建立争端解决机制,向东盟秘书长和联合国秘书处注册报备等与前述"六点原则"的内容一致,增加了东盟与中国建立监督和报告机制的内容,力求东盟居于磋商优势地位。

《零号草案》第1条至第3条几乎全部来自前文所述的《建议要素》。第1条列出了COC的指导原则,[③]公认的国际法原则体现在诸如国际条约、国际习惯等国际法渊源中。[④] 第1条同时还载有其执行条款,共列出四项原则:(1)"以和平手段促进解决争端的方式和安排,并防止其升级……";(2)遵守COC的规定并采取行动;(3)鼓励其他国家尊重包含在COC的宗旨和原则;和(4)建立监督COC执行的有效机制。

第2条规定,COC是一个基于规则的框架,包含一套管理各方行为的程序,确定了两项目标:(1)促进信心和预防事件;(2)管理和解决事件。该条明确了COC的规则体系构成,包括一整套致力于管理各方行为的法律架构。尊重和依据国际法律规则,谈判并缔结协议应是最终和平解决南海问题的必经之路。因此,COC设置整套法律架构的思路是值得肯定的。然而,同时在

---

① 参见 https://www.c3sindia.org/archives/review-of-the-implementation-of-the-2002-asean-china-doc-and-coc-and-challenges-by-carlyle-thayer/。

② 参见 https://csis-prod.s3.amazonaws.com/s3fs-public/legacy_files/files/attachments/130606_Thayer_ConferencePaper.pdf。

③ 这些原则也来自DOC,可以说是一脉相承的。主要包括《联合国宪章》,1982年UNCLOS、TAC、DOC、和平共处五项原则以及其他公认的国际法原则,包括以和平方式解决争端的原则。

④ 中国主张的"历史性权利"正是基于国际习惯提出的,所以国际习惯的原则性指导作用应作为COC的基本原则。明确提及国际习惯与否,可能会影响对中国"历史性权利"的国际承认,因此,大多数学者建议明确国际习惯作为国际法渊源列入COC案文。

联合国秘书处和东盟秘书长处登记备案这点，仍然凸显出“东盟主导”地位。[①] 一个可供协调的方法是，COC 条款不提及“条约对第三方无损益原则”，将涉及第三方的问题留给 UNCLOS 等普遍性的多边条约或者国际习惯来调整。[②]

第 3 条第 4 款要求签署国“建立解决与行为准则的解释和适用有关的争议的机制”。这其中包括两个争端解决机制用以解决违反或违反 COC 的情况。这个条款被认为是促使 COC 成为一个强有力的国际协定中最重要的一环。第一个是《东盟友好合作条约》(TAC)中的争端解决机制。它规定了一个部长级的东盟高级理事会，并授权它在事先达成协议的情况下，向争端当事方(包括中国)提供斡旋、调解、调查或调解等措施。经争端各方同意，高级理事会本身可以自行承担这些职能，然而，在 TAC 存在的 42 年中，高级委员会从未被组建或使用过。[③] 同时，高级理事会也有权“建议防止争端恶化的适当措施……”[④]。如果各方无法在东盟框架内解决争端，则适用第二种机制，即争议方可诉诸国际法规定的争端解决机制，包括 UNCLOS，这就包括提交国际法庭裁决(类似菲律宾单方面提起的南海仲裁案)。究竟应该建立一套 COC 独有的争端解决机制还是直接套用现有的争端解决机制？我们认为，磋商现阶段，应首先穷尽 UNCLOS 双方全部履行和平方法谈判解决争端的所有方法，在全部履行以谈判解决争端的交换意见义务之后，再寻求现有体制下的争端解决方案。以谈判解决争端的交换意见义务，也得到了联合国大会决议的确认。[⑤]

除机制以外，该条还涉及基于 DOC 的各方的“基本承诺”，它重申了一些原则，又增加了三项关键承诺：尊重沿海国家专属经济区和大陆架，尊重 COC 并开展与之相符的行动，鼓励其他域外国家尊重 COC。有关尊重沿海国家专属经济区和大陆架的条款含糊不清，无论是否符合 UNCLOS，它都可能意味

---

① 有学者认为，鼓励其他国家尊重 COC，可能隐含着鼓励其他国家参与南海事务的因素，必须慎重考虑。

② 罗国强：《东盟及其成员国关于〈南海行为准则〉之议案评析》，载《世界经济与政治》2014 年第 7 期。

③ Mark J. Valencia, *What the 'Zero Draft' Code of Conduct for the South China Sea Says (and Doesn't Say)*, 2012.

④ 根据塞耶教授的分析，该条主张的理由是中华人民共和国于 2003 年加入 TAC，并以书面形式承诺忠实履行并执行其中的所有规定。

⑤ 1998 年 12 月 8 日通过的《谈判的原则和指针》联合国大会决议中，规定了国家进行谈判的原则和各种义务，其中就包括国家应遵守相互达成的框架并实施谈判。

着尊重现有的主张,尊重沿海国家颁布的法律。“处理和解决事件”条款下的“基本承诺”是“拟定以和平方式解决争端的方式和安排,防止冲突升级,影响该地区的和平、稳定与安全”[①]。

第4条(适用范围)是新设的,它规定“在不妨碍领土主张的情况下,应在所有南海有关方面未解决的海洋边界地区适用COC”。该条款颇具争议,边界未决的情况下,它是否包括声称的内水、领海和群岛水域?其中的“未能解决争端”“海洋边界”等词语很显然是以东盟为整体考虑而设计的,在磋商中应以中国和东盟的协商意见来进行规范。同时,在协商中,应重点关注和规范领土和边界争议以外的水域。

第5条(南海的领土要求)是一份新设的详细免责声明,明确表示COC内容的解释不应损害任一当事方的立场或主张,其第三次重申依据公认国际法原则和平解决争端的立场(包括但不仅仅是1982年的《联合国海洋法公约》),将主权争端排除在COC体制之外解决争端;在其他领域展开合作也符合中方历来所主张的“搁置争议”。

第6条以超过条文规则全文三分之一的篇幅规范了COC的实施问题,它包含两个非常详细和可能的争议点。第一点是加强和促进信任。此处以负面清单的方式列举了四项妨碍信任的行为:避免在南海进行军事演习、军事警戒或其他挑衅行为,避免在岛屿和地面占据或建造新的设施无论其当前是否被占领,避免向当前无人居住的岛屿或者其他地面部分移民,避免采取危害航行自由和污染环境的措施。第二点与一些国际协定相关,如《国际海上避碰规则》和《关于防止公海水面和上空意外事件的协定》等,规定了相当多的细节。有学者认为,改为避免军事冲突,还算具有一定的合理性。[②] 我们认为,在COC整个法律体系的建构过程中,宜以尊重与执行现有的国际法规则、国际惯例与国际习惯以及各类国际法律规范为主,强调利益当事国的充分协商意志,如遇应由中国与东盟已经达成的《海上意外相遇规则》《中国与东盟国家应对海上紧急事态外交高官热线平台指导方针》与正在协商的《空中意外相遇规

---

① 因为含糊不清,且只有征得争议各方的同意才能援引TAC,中国或许可以接受这一规定。然而,尽管通过TAC或UNCLOS争端解决机制作出的决定无法执行,但中国拒绝或忽视不利争端解决方案的决定将可能会侵蚀其软实力。See Mark J. Valencia, *What the "Zero Draft" Code of Conduct for the South China Sea Says (and Doesn't Say)*, 2012.

② 罗国强:《东盟及其成员国关于〈南海行为准则〉之议案评析》,载《世界经济与政治》2014年第7期。

则》为主调整与规范关于上述行为，不宜在COC中单独设立。

第7条也是新设的，包含监督和报告机制，留下了中国与东盟之间日后商定的精确监测和报告机制。应引起重视的是，该机制的设立是仅限于日常监管而非解决争端。有学者认为明确其职能有助于防止个别当事国滥用该机制来纠缠中方，从而妨碍整个COC的落实。[①] 我们质疑，设立一个新的监管机制是为了有效实施各方行为与活动的监督与管控，但在争议解决机制尚不统一不明确的情况下，再设立一个管控行为的机制，是否会留下管控权的真空？是否又会形成双重管控？此外，该机制仅“监控COC的实施”，没有说明如果发现某方违反了该守则会发生什么以及怎样处理。[②]

第8条逐字逐句重述了上述讨论提案中所载的两个争端机制：《东南亚友好合作条约》项下的东盟高级理事会和根据国际法提供的争端解决机制（包括UNCLOS）。TAC争端解决机制，是建立了一个由各签署国部长级代表组成的高级委员会受理争端并采用政治手段解决之，必要时以争端当事方同意为前提条件，采取“适当的措施”。

第10条要求在有关各方协商一致的基础上，每5年召开一次部长级审查机制。这显然是借鉴了WTO的贸易政策审议机制，以促COC在签署国间的有效实施。但众所周知的是，协商一致仅适用于非重大的经济性、程序性或原则性事项，在涉及本国海洋权益或领土争端时，妄想通过东盟的核心原则“协商一致”来审议利益争议国的行为及相关海洋政策，是徒劳无功的。剩余部分，包括COC禁止保留、生效，以及修订等其他问题属于附则，此乃有拘束力条约的必要组成部分。

最后，重大分歧之处是运用兜底或保留条款。多边条约涉及国家众多，各国利益相互重叠交杂，通常无法做到所有签署国对条约全部条款都完全同意，为保条约的广泛适用性，力求不让个别分歧将某些国家排除在条约之外，这实际上是一种求大同，存小异的做法。

---

① 罗国强：《东盟及其成员国关于〈南海行为准则〉之议案评析》，载《世界经济与政治》2014年第7期。

② 有学者指出，也许还应该有一条条款要求公开报告监督职能，将国际谴责作为一种有效的执法工具。See Mark J. Valencia, *What the'Zero Draft'Code of Conduct for the South China Sea Says (and Doesn't Say)*, 2012.

四、前景与展望

2017 年 8 月 7 日，第 7 届东亚峰会外长会议上，中国外长就 COC 的定位公开表示：“中国和东盟国家将继续在全面落实 DOC 的框架下积极推进 COC 磋商，打造共同认可的地区规则”，“最终达成的 COC 将是 DOC 的升级版”，是“一个能够管控分歧、维护地区和平的 COC”。[①] 而东盟国家则期望一份有约束力的“南海行为准则”。《越南之声》(Voice of Vietnam)在 2017 年 8 月东盟与中国通过“南海行为准则”框架之后的报道中多次提及“准则”“约束力”(legally binding tool)的必要性，称“东盟期望一份具有法律约束力的准则”。[②] 具有法律约束力的 COC 版本，是东盟的终极目标。显而易见，东盟与中国在“准则”性质上存在本质分歧，再加上美国、日本等域外大国明确支持东盟与中国协商 COC，在客观上契合了美国“规则制华”的目标，南海问题的泛化，则是中国最不愿意看到的结果。2018 年 11 月 13 日，美国副总统彭斯乘机飞越南海，并自称是航行自由行动。而与此同日，在第 44 届“新加坡讲座”上，中国国务院总理李克强作了题为“在开放融通中共创共享繁荣”的演讲，他表示中方愿与东盟各国在协商一致的基础上，争取未来 3 年完成 COC 磋商。据此，中国首次提出了 COC 磋商完成时间节点的期待性目标，也充分体现出中国推动南海区域规则制定的信心与决心。随后，15 日在新加坡举行的东盟峰会上，李克强再次重申，各方同意 2019 年内完成单一磋商文本草案第一轮审读。

“民族国家政治利益的价值冲突，要谋求真正的解决之道，就是建立南海地缘命运共同体，其前提预设就是重建价值系统，实现南海地缘国家的价值汇通。”[③]这并不是说我们避重就轻地将争议点从领土主权、海洋权益模糊到了经济合作上，而是在“一带一路”倡议实施的关键点上提出的共赢方案。目前已落地的许多规划、倡议和合作项目，如“中国—东盟战略伙伴关

---

① 《王毅谈 COC 磋商：不希望域外国家指手画脚》，载中国外交部网站，http://www.fmprc.gov.cn/web/wjbz_673089/tp/t1483266.shtml，下载日期：2017 年 8 月 8 日。

② ASEAN Determined to Maintain Peace，Stability in the East Sea，August 8，2017，available at http://english.vov.vn/politics/asean-determined-to-maintain-peace-stability-in-the-east-sea-356065.vov.

③ 参见陕西师范大学政治经济学院院长袁祖社教授在 2016 年 12 月 16—18 日举行的“中国海洋安全与南海社会治理学术研讨会”的发言整理。

系2030年愿景”；将“2＋7合作框架”升级为“3＋X合作框架”的倡议；澜沧江—湄公河合作、中国—东盟东部经济增长区等次区域合作项目进展顺利。这其中不少都是由东盟方面率先提出方案，而后中方利用科技、制度、法律等独特优势细化落地，这种“Initiate to Implement”的发展新模式，既体现了中国与东盟合作发展的增量，也是双方关系发展的重要定位。作为“一带一路”倡议下各类建设的制度性保障，中国在接下来的磋商中，仍应坚持“有关争议由直接当事国通过协商谈判解决、南海的和平与稳定则由中国与东盟国家共同维护”的“双轨思路”，以维护南海主权和权益，善用、巧用外交谈判与稳步提升法律应对机制的方法，一方面积极参与制订COC案文的谈判，力争将制订COC的不利因素降到最低限度；另一方面，应继续积极作为，强化中国在南海的主权存在，加大南海资源的开发与保护力度，现实保障最大限度地争取南海利益。

Textual Research on the Text of Code of Conduct in the South China Sea

Li Yujie

Abstract: At present, China and ASEAN have reached an agreement on the framework of the *Code of Conduct in the South China Sea* (COC) and the draft of single consultation text, and are steadily advancing the consultation process for the formulation of the text. The most controversial Articles 4, 5, and 6 of the *Declaration on the Conduct of Parties in the South China Sea* have become the main focus of controversy in COC negotiations. The attitude of ASEAN to participate in and coordinate the South China Sea issue has gradually become clear. The consultation mechanism based on the ASEAN principles reflects the continuous fine-tuning of ASEAN's attitude towards the South China Sea issue. How to think about the essence of the South China Sea issue, and how to build safety and legal mechanisms in the South China Sea and jointly maintain marine safety with ASEAN and related countries through "two-track thinking" (using the method of combining diplomatic negotiation and international legal response mechanism) advocated by China to deal with the South China Sea issue and by insisting on the principle of specific disputes between bilateral consultations will be the top priority of the next step of the continuously in-depth consultation with ASEAN on the text of the COC .

Key words: Declaration on the Conduct of Parties in the South China Sea; Code of Conduct in the South China Sea; Maritime Rights and Interests; ASEAN Principles

析国际法庭裁决的效力兼评南海仲裁裁决的效力

杨永红*

摘　要:缔约国在创立各类国际性法庭的时候,基于各自的利益诉求不同,常常在最终达成合意后创立出与一般司法制度与仲裁制度相背离的国际法庭与争端解决机制,各自自成体系、碎片化严重,这导致它们的裁决效力的差异,更因其裁决的执行主要依赖于政治途径,其裁决的效力具有很大的弹性与不确定性,加之国际法庭扩权造法时有出现,导致国际法庭裁决的效力一再被质疑,以致影响国际法的有效性与发展。目前南海仲裁案的仲裁庭的明显越权裁判突破了缔约国的授权,丧失了合法性;而且由于《联合国海洋法公约》在争端解决机制上的缺陷导致中国对南海仲裁案的仲裁庭的明显越权裁判无法援引任何救济措施,使中国不承认仲裁裁决的法律效力并拒绝执行它的行为正当化,也令联合国海洋法体系的有效性受损。同时,为了防止菲律宾利用南海仲裁案的裁决缠讼和产生类似的错案,中国应该采取行动发起关于该公约的争端解决机制修正案,或权衡该公约的争端解决机制缺陷所带来的后果对中国一向履行国际法下的义务的声誉的影响,亦可以选择退出《联合国海洋法公约》。在国内法层面亦可仿效德国与意大利法院,通过司法机构建立限制国际法庭越权裁决或违宪裁决效力的规则。这不仅为中国否认南海仲裁裁决提供了合法性,还为今后中国拒绝国际法庭的越权裁判与违宪裁决提供了法理基础。

关键词:法律效力;强制执行;强制管辖权;纠错机制;造法

众所周知,与国内法庭完全不同,由于国际性法庭的设立与管辖权还有它们所作出的裁决的效力源自国家意愿的妥协,它们的机制也因此各自自成一体,具有极强的独特性,也存在着各自的缺陷,其裁决的执行与其效力的实现受到当事国家

---

* 杨永红,西南政法大学国际法学院副教授、德国马尔堡大学法学博士。

极大的影响,具有很大程度的不确定性。2016 年 7 月 12 日,仲裁庭对菲律宾根据《联合国海洋公约》(以下简称《海洋法公约》)附件 7 对中国提起的仲裁案中对实体问题和剩余管辖权以及可受理性问题发布了仲裁裁决,在国际社会上引起了轩然大波,其仲裁裁决的法律效力也遭到了强烈的质疑。[①] 事实上,对国际性法庭[②]的裁决效力进行质疑的,中国政府并非是第一个,也肯定不会成为最后一个。显然,国家对国际法庭裁决的否认会损害国际法庭的地位与国际法的效力。因此,有必要对国际法庭裁决的效力进行专门研究,特别是结合《海洋法公约》对国际法庭裁决的效力的分析有助于中国应对南海仲裁案的不利裁决。

一、国际法庭效力之不确定性

国际法庭裁决的效力问题似乎是一个很简单的问题,但事实正好相反,它是一个相对复杂的问题,答案并非是确定的。首先,国际法庭裁决的效力通常会分成两个层面。第一个层面是在国际法体系中的国际法庭的裁决效力;第二个层面是在当事国的国内法体系中的效力,在国际法体系中产生效力并不意味着在国内法体系中也有法律效力。其次,数十年来国际法的繁荣带来多样化的条约体系,必然伴随着诸多不同的争端解决机制的建立与发展,各自体系中的国际法庭所作出的裁决的效力亦存有差异,也存在着各自的局限和缺陷。最后,国际法庭裁决的执行主要依赖于国家自愿执行和自助执行,这令当事国及其他国家对国际法庭裁决的质疑与拒绝也严重影响着国际法庭裁决的效力。这些因素最终导致了国际法庭效力的不确定性。

---

① 全国人大外事委员会就南海仲裁案裁决结果发表声明:重申有关裁决对中国没有约束力,http://www.chinacourt.org/article/detail/2016/07/id/2021030.shtml;蔡英文办公室声明:绝不接受南海仲裁结果,http://tw.haiwainet.cn/n/2016/0712/c345658-30087396.html? from=groupmessage&isappinstalled=0;王毅:南海仲裁案的本质是披着法律外衣的政治闹剧,http://world.huanqiu.com/article/2016-07/9163034.html。

② 国际法庭狭义上仅指国际性司法机构,广义上主要是指现行国际体系中以国际组织、国际制度等形式、以法律的方法解决国际争端的程序与组织,既包括司法方法,也包括仲裁方法,还包括准司法性质的 WTO 争端解决方法。在本文中,国际司法机构被定义为广义上的。参见杨永红:《分散的权力——从 MOX Plant 案析国际法庭管辖权之冲突》,载《法学家》2009 年第 3 期。

(一)国际性法庭裁决效力的差异性

随着国际法庭的繁荣,在贸易、投资、人权、环境保护、刑事、海洋等不同的领域都出现了各种不同的国际法庭,有司法的、准司法的、常设的、特别的法庭,还有仲裁庭,它们的有效裁决均约束当事国。[①] 但是,不同国际法庭之裁决的效力是有差异的。众所周知,《联合国宪章》与《国际法院规约》建立了国际法院作为联合国体系中和平解决争端的司法机构,其管辖权取决于国家的自愿,国际法院判决对当事国产生拘束力,不能构成先例,只能成为国际法的辅助渊源。[②]《国际刑事法院规约》则将其在以前的裁判所阐释的法律原则和规则视为法律渊源之一,[③]这表明国际刑事法院的裁决可具备先例的地位。WTO 的缔约国将其争端解决机制打造成为一个独一无二的准司法性的争端解决机制,由于其执行中将"报复"措施机制化使得 WTO 争端解决实体(以下简称 DSB)的裁决在国际法庭的裁决中的有效性极为突出。《海洋法公约》所创立的争端解决机制是缔约国创造的另一个举世无双。该机制史无前例地将不同性质的国际法庭置于一个争端解决机制内,国际法院、国际海洋法法庭、海底分庭、公约附件 7 下的仲裁庭(以下简称仲裁庭)、特别仲裁庭及区域性国际法庭等差异极大的国际法庭均有权依据《海洋法公约》解决缔约国之间的争端。[④] 这使《海洋法公约》中的争端解决机制具备了多重性、强制性和复杂性的特征,导致了相关争端不仅可能出现强制性管辖与选择性管辖之间的冲突,还可能出现公约规定的国际法庭管辖之间的冲突,Mox plant 案正体现了多重管辖的冲突[⑤]。这些冲突将难以保证这些国际性法庭对公约条款解释的一致性。尽管这些国际法庭作出的裁决都具有法律效力,但是根据《海洋法公约》及附件与其他相关条约的规定,它们的法律效力却是有差异的。

无论是仲裁庭还是司法机构作出的裁决都是具有法律效力的,但是由于仲裁不同于司法救济,加之当事人对仲裁具备相当大的控制程度,因此通常认为司法裁决的效力要高于仲裁裁决。但是在《海洋法公约》第 15 部分的规定中并没有区别

---

① Antonio Cassese, *International Law* (2^{ed}), *Oxford University Press*, pp.220~230.

② 参见《国际法院规约》第 38 条、第 59 条。

③ 参见《国际刑事法院规约》第 21 条。

④ 参见《海洋法公约》第 286 条、第 287 条。

⑤ MOX Plant 案反映了《海洋法公约》附件 7 下的仲裁庭、区域性强制性管辖(欧洲法院)、特别仲裁庭(OSPAR 仲裁庭)之间的多重管辖冲突。See Tullio Treves, *Conflicts Between the International Tribunal for the Law of the Sea and the International Court of Justice*, 31 *New York University Journal of International Law and Politics*, 1999, Vol.809, pp.809~821.

对待二者,第296条笼统地确定了这些裁判均对争端各方具有拘束力,然而在公约的附件中却又分别进行了规定。《海洋法公约》附件6第33条规定了国际海洋法法庭的裁决“应有确定性,争端所有各方均应遵守”,并接着规定“裁判除在当事各方之间及对该特定争端外,应无拘束力”。该规定与《国际法院规约》的第59条的措辞是一样的,普遍理解,此规定表示它们的裁决只对当事国或者当事方产生法律效力,不能成为“判例法”,因此国际海洋法法庭的裁决毫无疑问地对当事方具有法律拘束力。附件7第11条对仲裁庭的裁决仅规定了“应有确定性,不得上诉,争端各方均应遵守”。与附件6不同的是,此条款用“争端各方”(the parties)取代了“所有争端方”(all the parties),也没有了附件6第33条中的“裁判除在当事各方之间及对该特定争端外,应无拘束力”的规定。① 这些差异似乎想暗示仲裁裁决的强制程度低于国际海洋法庭的裁决。而附件6又将国际海洋法法庭海底争端分庭裁判的效力区别于国际海洋法法庭的其他裁决,它们不仅约束争端各方,而且在附件6的第39条罕见地规定了“应以需要在其境内执行的缔约国最高级法院判决或命令的同样执行方式,在该缔约国领土内执行”。《海洋法公约》中的这些不同的措辞显示缔约国赋予了国际法院与国际海洋法法庭的裁决、仲裁庭的裁决和海底争端分庭的裁决有不同的法律效力。很明显,海底争端分庭的裁决效力最能得到保障,它不但对所有的争端方有约束力,而且明确需要在其境内执行的缔约国也具有法律拘束力,很罕见地直接在国际条约的文本上解决了国际法庭裁决在国内法秩序中的法律效力问题与执行问题。

在执行机制上,《海洋法公约》虽然确立了强制管辖权,却未建立起强制执行机制。而有些条约体系罕见地规定了执行机制,如《联合国宪章》第94条第2款为国际法院的裁决却明确一个政治机构联合国安理会可以决定强制执行判决,但是安理会从未强制执行任何国际法院的裁决。② 相比国际法院的执行机制,WTO则

---

① UNCLOS Annex 6 Article 33 Finality and binding force of decisions:

(1)The decision of the Tribunal is final and shall be complied with by all the parties to the dispute.

(2)The decision shall have no binding force except between the parties in respect of that particular dispute.

UNCLOS Annex 7 Article 11 Finality of award The award shall be final and without appeal, unless the parties to the dispute have agreed in advance to an appellate procedure. It shall be complied with by the parties to the dispute.

② Christopher Greenwood, *Some challenges of international litigation*, *Cambridge Journal of International and Comparative Law*, 2012, Vol.1, No.1, pp.7～22.

建立了较之有效的报复机制,根据《WTO 争端解决程序与规则的谅解》(Understanding on the Rules and Procedures Governing Settlement of Disputes,以下简称DSU),如果 DSB 通过的决议明确一成员国采取的贸易措施违反了其在 WTO 协定下承担的义务,则违法方应该在一段合理时间内履行争端解决机构的裁决,纠正其违法措施,使其符合 WTO 协定的规定。若违背义务的一方在合理的履行期限内不履行建议,引用争端解决程序的一方可以要求补偿。或者,违背义务的一方可以主动提出给予补偿。当违背义务的一方未能履行建议并拒绝提供补偿时,受侵害的一方可以要求争端解决机构授权采取报复措施,中止协议项下的减让或其他义务。DSU 的第 22 条引入了交叉报复机制①,这意味着 DSB 裁决拥有相对有效的强制执行机制,只是这样的执行机制仍然是基于国家的报复,因此带有很大的随意性。

(二)国际法庭裁决的执行困局

一般而言,国际法庭在裁决的执行上并无权力,裁决之后的执行已然与之分离变成一个国家间的政治较量。② 由于主权国家在执行过程中的主导地位,决定了国际法庭裁决停留在通过外交和政治手段来执行,那么国家可能会重新达成妥协,如果不能达成妥协,通常意味着执行被拒绝。因此,当事国自愿履行裁决是国际法庭裁决效力得以实现的最主要的方式。当遭遇败诉一方当事国拒绝执行的时候,胜诉一国往往寻求在国际关系中对其进行孤立、反措施、报复、制裁等政治手段来迫使败诉方履行。③ 最经典的案例莫过于"科孚海峡"案判决的执行。在国际法院 1949 年判决英国获得阿尔巴尼亚 843947 英镑的赔偿之后,④阿尔巴尼亚拒绝执行判决。英国在其国内未能找到阿尔巴尼亚的资产,于是强行扣押了在法、英、美三国政府组成的三国委员会管理的被纳粹劫走的应属于阿尔巴尼亚的黄金。1953 年意大利在国际法院挑战英国的上述行为,尽管国际法院明确其没有管辖

---

① DSU 的第 22 条规定:"若那个当事方认为中止同一协议项下其他方面的许可权或其他义务并不切实可行或卓有成效,且情况十分严重,则它可以设法中止另一有关协议项下的许可权或其他各项义务。"

② S. Rosenne, *The International Court of Justice:An Essay in Political and Legal Theory*, 1957, p.102.

③ Aloysius P. Llamzon, Jurisdition and Compliance in Recent Decisions of the International Court of Justice, *European Journal of International Law*, November 2007, pp.815~852.

④ Corfu Channel case (United Kingdom of Great Britain and Northern Ireland v. People's Republic of Albania) Merits, Judgment of 9 April 1949, [1949] ICJ Rep. 4.

权,但是黄金被因此冻结在三国委员会的名义之下。① 直至1992年阿尔巴尼亚政治体制发生了根本改变之后英国才实质性地获得了赔偿。②

在联合国体系下的国际法院执行机制确定安理会可以对国际法院裁决的执行"得作成建议或决定应采办法,以执行判决",试图利用一个政治机构来强制执行司法判决,显示了国际法院裁决的执行实际是一个政治问题。在美国作为当事国的著名案例——尼加拉瓜军事行动案中,作为胜诉方的尼加拉瓜曾经两次试图将国际法院的判决提交到安理会讨论。在尼加拉瓜提起第二次请求后,经过安理会数天的讨论,形成了一份敦促美国立刻履行国际法院判决的决议草案。该草案在安理会的表决中因美国以国际法院没有管辖权为由行使否决权而未能获得通过。③ 在表决过程中,英国代表声称,虽然当事国应遵守国际法院的判决,但是在此案中尼加拉瓜有选择性地适用了《联合国宪章》,这并非对《联合国宪章》的尊重,而是利用《联合国宪章》来达到其狭隘的政治目的,基于草案没有考虑到该案所涉及的更广泛的政治因素,也没有承认尼加拉瓜的麻烦大部分是它自己造成的,英国无法予以支持;法国代表则以草案在案件事实和法院的地位上不正确地援引国际法院对该案的判决为由投了弃权票;洪都拉斯在应邀参加安理会的辩论时指责尼加拉瓜利用国际法院以达政治宣传的目的。④ 而也门代表却谴责美国对尼加拉瓜

---

① [1954] ICJ 2. Case of the Monetary Gold Removed from Rome in 1943 (Italy v. France, United Kingdom of Great Britain and Northern Ireland and United States of America) Preliminary Question, Judgment of 15 June 1954, [1954] ICJ Rep. 19.

② Ria Mohammed-Davidson, *Show me the money: enforcing original jurisdiction judgments of the Caribbean Court of Justice*, *Leiden Journal of International Law*, 2016, Vol.29, No.1, pp.113～135.

③ The US Representative, Mr. Walters, said: "[...] What is at stake here is most emphatically not simply a legal question, despite Nicaragua's strenuous efforts to pretend otherwise." He went on to say that "[...] no Court, not even the International Court of Justice, has the legal power to assert jurisdiction where no basis exists for that jurisdiction. The language and negotiating history of the Charter of the United Nations and the International Court of Justice, as well as the consistent interpretation of those instruments by the Court, this Council, and Member States, make abundantly clear that the Court's claim to jurisdiction and competence in the Nicaragua case was without foundation in law or fact". See S/PV.2718, at 44 et seq. Available at UN website: http://www.un.org/en/ga/search/view_doc.asp? symbol=S/PV.2718.

④ See S/PV.2718, at 42, 52; AtilaTanzi, Problems of Enforcement of Decisions of the International Court of Justice and the Law of the United Nations, 6 *Eur.J.Int'lL.* 1(1995), pp.544～545.

的侵略与干涉,强调只有尼加拉瓜人民有权决定他们的政治制度,美国必须接受国际法院裁决;表示赞同的还有苏联、阿联酋、刚果、加纳、马达加斯加、特立尼达和多巴哥、丹麦、澳大利亚等。[①] 该案件清楚地显示了国际法院裁决执行问题上的政治色彩,导致在败诉方拒绝履行国际法院裁决的时候,其效力不能得以实现。

正如美国联邦最高法院所指出的,将当事国拒绝执行国际法院的判决问题交由安理会来解决事实上寻求的是一个外交手段而非司法救济。它进一步指出由于美国参议员会很清楚地了解这样的执行救济方式能够被美国很轻松地通过否决权令其毫无作用,这表明美国作为缔约国完全能够拒绝国际法院的裁决,更无意让其在美国国内法院拥有效力。[②] 这样的强制执行机制体现了国际法院裁决的效力对于安理会常任理事国与其他国家是不平等的,具有很强的政治性与弹性。美国联邦最高法院还认为国际法院裁决所形成的国际义务,仍然适用于政治与外交谈判,仍然会是国家间讨价还价的对象。[③] 比如,国际法院对伊朗人质案判决之后,判决并未得到伊朗的执行。直到 1981 年 1 月 19 日,美伊双方在阿尔及利亚的斡旋下进行谈判后终于达成协议,建立美伊索赔法庭解决赔偿事宜,伊朗释放全部美国人质,美国撤回了在国际法院的要求伊朗进行赔偿的诉讼。显然,伊朗人质危机得以解决的关键是政治手段。

应当承认,WTO 较为罕见地拥有一定的强制执行制度,WTO 争端解决机制将单独自助的方式进行了机制化,并扩大到了集体帮助的强制措施。尽管如此,该机制仍然保持了以国家利益较量为基础的政治性。欧洲法院指出 WTO 是一个以达成互惠互利的协议的谈判规则的基础上建立的具有一定的弹性空间的条约体系,WTO 争端解决机制下裁决的执行制度令裁决依然可处于外交谈判之中。因此,欧洲法院判决这样的争端机制产生的裁决不能在欧盟体系内获得法律效力。[④] 虽然,WTO 的争端解决机制在目前国际法庭裁决的执行机制中是相对较为有效的,但也是通过反复地磋商、谈判最终通过有效的报复手段才能迫使对方执行上诉机构的裁决。当违背义务方实力雄厚可以无视对方的报复时,这样的手段无法迫使其就范。比如,美国影响跨境博彩服务供应的措施案的执行上,虽然安提瓜和巴布多获得了报复授权,但权利方太过弱小,因此美国仍然拒绝执行 DSB 的裁决,也

---

① See S/PV.2718.

② See Sanchez-Llamas, 548 U. S., at 347,355;*Medellin v. TEXAS*, March 25, 2008.

③ See Head Money Cases, 112 U. S., at 598.

④ Case 21-24/72, *International Fruit Company v. Produktschap voor Groenten en Fruit*, ECR 1972, p.1219.

未对两国进行补偿;但是美国通过与欧共体等其他成员谈判,以快递、仓储、研发等产业的商业机会对欧共体在博彩业的损失进行了补偿,取得了欧共体对其博彩政策的接受。[①] 从这些案例中可以看出,国际性法庭的裁决在执行机制上政治主导的导向。

事实上不仅仅是国际法庭裁决执行的政治化,由于国家间的争端常常并非纯粹法律争端,大多混合着政治争端,无论是关于民族自决原则的一系列案件还是关于北约国家在前南斯拉夫武力使用合法性的案件,抑或联合国《消除一切形式种族歧视国际公约》的适用问题的案件[②],以及关于科索沃独立问题、以色列修建隔离墙、核武器的使用等咨询案,国际法院成为政治角逐的战场。而国际刑事法庭更是联合国安理会这一政治机构具有极大影响力的场所,在安理会授权下成立了若干特别国际刑事法庭,国际刑事法院规约也明确了安理会可授予其对特定案例的管辖权,[③]加之国际刑事法院多追究国家官员乃至一国元首的国际罪行,政治因素不可避免地影响到了国际刑事法庭案件的管辖及实体裁判与执行。而中菲南海仲裁案更是将仲裁庭转变为多方政治角逐的场所。因此,当国际法庭所管辖的案件具有政治性的时候,其判决效力受到政治情形的影响,其不确定性更为明显。

长久以来,国际法体系的水平结构的本质特征令国际法的强制性主要通过自助的方式来实现。[④] 时至今日也没有改变,只是武力除了在自卫的情况下不再是自助的手段。[⑤] 当国家意识到国际法庭的管辖与其裁决影响到它的基本利益时,国家会将其视为政治争端,否认裁决的约束力,如尼加拉瓜军事行动案、南海仲裁案、伊朗人质案、科孚海峡案、北极日出号案,或者即使不质疑判决的合法性,也会

① 孟琪:《经济主权在中美 WTO 裁决执行实践中的应用研究》,载《行政与法》2013 年第 7 期。

② The Judgment of Preliminary Objections, 1 April 2011 of ICJ, Application of the International Application of the International Convention on the Elimination of All Forms of Racial Discrimination (*Georgia v. Russian Federation*).

③ 参见《国际刑事法院规约》第 13 条。

④ D. Bodansky, *Customary (and Not So Customary) International Environmental Law*, Ind. J. Global Leg. Stud. 3 (1995) 105 et seq, pp.116~119.

⑤ O.Y. Elagab, The Place of Non-Forcible Counter-Measures in Contemporary International Law, in G.S.Goodwin-Gill & S. Talmon, eds, *The Reality of International Law—Essays in Honour of Ian Brownlie*, 1999, p.125.

拒绝执行，如在多瑙河大坝案中匈牙利拒绝执行国际法院的裁决，[①]甚至还导致有的当事国选择退出条约不再接受国际法庭的管辖权，如美国撤回了其接受国际法院的任择性强制管辖权的声明，退出了《维也纳领事关系公约》任择议定书，南非因无法执行国际刑事法院发布的逮捕令，退出了国际刑事法院规约。[②] 由于政治手段主导国际法庭裁决的执行，在裁决的执行上国家意愿起到了决定性作用。即使国家愿意执行国际法庭的裁决，这也意味着政治谈判会直接影响甚至修改国际法庭裁决下的义务，其判决的效力实际上处于一个不确定的状态。因此，无论是自愿执行还是拒绝执行，国际法庭裁决的效力都是不确定的。

（三）国际法庭的裁决在国内法律秩序中难以获得法律效力

国内法院通常拒绝承认国际法庭有高于国内法院的地位，不少国内法院更否认国际法庭的裁决在本国法律体系中的效力。国际法学界多认为国际法未规定国家如何在国内法律体系中执行国际法，亦未明确国际条约可以在国内法律体系中直接产生效力。[③] 现实中，各国通常自由地采取不同的方式来执行国际法庭的裁决，罕有条约涉及国际法庭裁决在国内法的效力。

2008 年 3 月 25 日，美国联邦最高法院对“麦德林（Medelline）案”[④]作出的判决指出《联合国宪章》《维也纳领事关系公约》任择议定书和《国际法院规约》均无条款确认国际法院的判决能够在美国法院拥有法律效力，在缺乏参议院的立法参与下，美国总统无权将国际法院的判决通过备忘录将其转化为联邦法。因此，国际法院

---

① 在多瑙河大坝案中，国际法院的裁决并未支持匈牙利终止与斯洛伐克修建 Gabcikovo-Nagymaros 大坝的条约，要求匈牙利继续履行与斯洛伐克的条约；但是匈牙利拒绝执行国际法院的裁决，导致斯洛伐克境内的绝大部分的水利工程已经完成，但是匈牙利部分一直处于未修建状态。See International Court of Justice: Case concerning the Gabcíkovo-Nagymaros Project (Hungary/Slovakia). Judgment. 25 September 1997; Gabcikovo Dam Dispute, available at http://www.slovakia.org/history-gabcikovo.htm.

② 袁卿：《非洲三国缘何退出国际刑事法院》，http://news.xinhuanet.com/world/2016-10/30/c_1119814663.htm，下载日期：2016 年 11 月 23 日。

③ Antonio Cassese, *International law*, *Oxford University Press*, 2005.

④ 2003 年 1 月 9 日，墨西哥政府代表 51 个在美国被判处死刑待执行的墨西哥国民在国际法院对美国提出起诉，主张这些墨西哥国民没有被告知其在《领事关系公约》第 36 条下的权利。国际法院认定，美国已经违反了 51 个墨西哥国民的《领事关系公约》下的权利，而且作为美国未能通知其领事权利的结果，要求美国重新审查和重新考虑其定罪和量刑。Medelline 是国际法院的“阿维纳案”判决中涉及的 51 个墨西哥国民之一，在得克萨斯州以谋杀罪和强奸罪被宣判死刑。2008 年 3 月 25 日，美国最高法院判决驳回 Medelline 的诉求。

的判决在美国缺乏法律效力,美国法院不能执行此判决。[①] Medelline 案显示,国际法庭的执行机制成为美国法院拒绝 ICJ 裁决的自动执行的决定因素。美国法院在分析《联合国宪章》第 94 条的规定后,指出条文中使用"undertake"这样含混不清的字眼而非"shall"或"must"来表述各当事国履行国际法院裁决的义务,认为没有对美国至少美国国内法明确加以执行国际法院裁决的肯定义务。[②] 随后,又指出第 94 条第 2 款所规定的救济措施由联合国安理会在当事国的请求下采取,而美国所享有的否决权可使该救济无法实施。因而暗示了美国并无意在美国国内执行国际法院的裁决。[③]

值得注意的是,美国联邦最高法院指出国际法院 LaGrand 和 Avena 两案的裁决在美国法院不具有法律效力的同时还指出,美国法院甚至没有义务依国际法院对条约进行的解释审理案件,对国际法院的解释只负有"尊重的考虑"(respectful consideration)的义务。[④] 而"尊重的考虑"只被美国法院解释为记录国际法院相关决定的义务,美国法院可以对裁决进行审查亦可对之持有异议。[⑤]

稍后,欧洲法院在 2008 年 9 月 9 日亦否认 WTO 上诉机构作出的报告在欧盟范围内享有法律效力。[⑥] 2008 年 9 月的 Fiamm and Fedon 判决[⑦]欧洲法院将有关 DSB 裁决直接效力的争论盖棺定论。欧洲法院明确 DSB 的裁决与 WTO 协定的性质并无两样,具有"对等"性(reciprocity)与灵活性(flexibility),该性质决定了 DSB 的有效裁决无法成为欧洲法院援用的依据。欧盟作为世界上最大的经济实体之一,无论作为原告方还是被告方或是第三方都积极地参加 WTO 的争端解决机制。其参与的著名案件,如香蕉、激素(Hormones)、钢材、石棉和沙丁鱼等案均成为焦

---

① See Medellin v. Texas,128 S.Ct.1346(2008).

② See Medellin, 128 S.Ct. at 1358.

③ See Medellin v. Texas,128 S.Ct.1346(2008).

④ See Sanchez-Llamas v. Oregon, 126 S. Ct. 2669, 2678.

⑤ Carsten Hoppe, Implementation of LaGrand an Avena in Germany and the United States: Exploring a Transatlantic Divide in Search of a Univorm Interpretation of Consular Rights, *the European Journal of International Law*,2007,Vol. 18,No. 2,pp.317～336.

⑥ Joined Cases C-120/06P and C-121/06P FIAMM and Fedion v Council and Commission, ECJ judgment of 9 September 2008.

⑦ Joined Cases C-120/06P and C-121/06P FIAMM and Fedion v Council and Commission, ECJ judgment of 9 September 2008.

点。[①] 其中众人瞩目的香蕉案[②]更是涉及了 WTO 成立前后、欧洲法院及欧洲初审法院甚而成员国国内法院的裁决，“香蕉传奇”直到 2008 年 9 月才告一段落。在“香蕉”的传奇故事中欧洲法院和欧洲初审法院均判决拒绝赋予 WTO 协议与 DSB 通过的裁决在欧共体及其成员国国内之法律效力，否认个人可以援用 WTO 协定和 DSB 通过的裁决指控欧盟的香蕉体系违法，并否认欧盟法院有权依照 WTO 协议与 DSB 的决议审查欧盟法规的合法性。[③] 欧洲法院认为欧盟是否有意图执行 DSB 的裁决是决定裁决是否具有效力的关键，因而被称为“执行原则”，即所谓的“Nakajima/Fediol 规则”[④]。这意味着只有当欧盟打算执行 WTO 条文中承担的特殊义务或在欧盟的措施中明确引用 WTO 协定某个准确的条款时，欧洲法院才有权依据 WTO 规则审查欧盟的措施。[⑤] 欧洲法院认为 WTO 协定具有“对等”“妥协”的性质，[⑥]因此其他缔约国是否确认专家小组与上诉机构生效裁决的直接效力亦至关重要。欧盟在 WTO 的主要对手美国、日本等否认 WTO 协定在其国内法

---

① 孔祥俊：《WTO 法律的国内适用》，人民法院出版社 2002 年版，第 130 页。

② 欧共体的条例 404/93 确立的香蕉体制旨在消灭各成员国在香蕉的进出口政策上的差异，建立共同体内的单一香蕉市场，对外适用同一的关税和配额。但是该条例区别对待来自拉丁美洲的所谓“美元香蕉”(Dollar-Bananas)和来自以位于非洲、加勒比与太平洋地区的发展中国家(所谓的 ACP 国家：Africa, the Caribbean and Pacific)的香蕉。实质上所适用特惠待遇体制(Preferential Treatment System)给予 ACP 国家优于其他香蕉出口国的低关税高配额的待遇。1996 年，由美国和若干拉丁美洲国家针对欧共体要求 WTO 确认该香蕉体制与 WTO 法律相冲突，专家小组和上诉机构均裁决欧共体的香蕉体制和之后由欧盟委员会修正了的香蕉体制违反了 WTO 协定。随后，美国等国针对欧共体拒绝执行上诉机构的生效裁决的行为征收了报复性关税，欧共体的 6 个公司向欧洲初审法院提起诉讼要求欧共体因拒绝履行 DSB 的生效裁决导致它们的损失承担赔偿责任。WT/DS27/R; WT/DS27/ABR; available at http://www.wto.org/English/tratop_e/distab_e.htm.

③ See Case C-280/93, Germany v. Council, 1994-I, p.4973; Case C-465/93 (Atlanta Fruchthandelsgesellschaft v. Bundesamt fur Ernahrung and Forts wisrtschaft), ECR 1995-I, p. 1023; Case C-104/97P(Atlanta), ECR 1999-I, p.6983. Joined Cases C-120/06P and C-121/06P FIAMM and Fedion v Council and Commission, judgment of 9 September 2008, para. 108. Everling, Will Europe slip on bananas?, *CML Rev*. 1996, pp.401～437.

④ See C-69/89 (Nakajima) ECR I-1991, p.2069.

⑤ See Case *Portugal v. Council*, See n.6, para.49; Case C-352/96 *Italy v. Council* [1998] ECR I-6937, para.20.

⑥ See Judgment of the Court of 23 November 1999. Case C-149/96. Portuguese Republic V Council of the European Union.

律体系的自动执行成为欧洲法院拒绝 WTO 协定直接效力的重要依据之一。①

欧洲法院曾以《海洋法公约》的性质与宽泛的逻辑为由,否认了其可以据《海洋法公约》审查欧盟条例的合法性。该公约下的国际海洋法庭的裁决之在国内法体系中的法律效力恐怕会因为公约之不能直接适用而被否决。②

由此可见,由于国际法庭的权威来自国家通过谈判缔结的条约,它们的机制千差万别,但是它们裁决的执行都依赖于国家的自愿和政治与外交手段,即使个别国际法庭拥有强制执行机制,但当败诉方拒绝执行,而胜诉方缺乏有效的反制手段之时,国际法庭裁决的效力无法实现,这些国际法庭的裁决甚至被一些学者嘲笑为"无花果的叶子",除了遮羞之外毫无用处。③ 它们与国内法庭的裁决的效力相去甚远,难以令国内法院承认它们在国内法律秩序中的法律效力,更令国际法庭裁决的效力处于一个不确定的状况。

二、国家挑战国际法庭裁决效力的缘由

无论是否认国际法庭裁决的效力,还是拒绝执行国际法庭的裁决,都令国际法庭裁决无法实现其效力,其结果是一样的,但究其缘由并不完全一样。虽然国家多出于国家利益,决定是否接受或执行国际法庭的裁决,但是国际法庭的机制与其行使管辖权的方式及作出的裁决是否越权等也是影响国家决定是否挑战国际法庭裁决的效力的重要因素。

(一)国际法庭强制确立管辖权

国际法庭行使强制管辖权作出的实体判决常常会遭遇国家的不合作。以国际法院为例,其强制管辖案件裁决的执行率是相当低的。据芝加哥大学的波斯纳教授统计,国际法院判决的平均执行率仅为 44%,强制管辖案件的判决的平均执行率仅为 33%。在其统计数据中特别值得注意的是 1986 年至 2004 年,诉讼案件的判决的执行率仅为 29%;除去经当事国特别协议提交法院的案件,强制管辖案

---

① Francis Snyder, *The Gatekeepers: The European Courts and WTO Law*, 2003 *Kluwer Law International*, Printed in the Netherlands, p.331.

② Case C-308/06 *Intertanko v Secretary of State for Transport*, ECJ judgment of 3 June 2008, para. 54.

③ Yuval Shany, No Longer a Weak Department of Power, Reflections of the Emergence of a New International Judiciary, *European Journal of International Law*, February, 2009.

件的判决的执行率则为17%。[①] 这表明当国家拒绝接受国际法庭的管辖权的时候,似乎已反映其立场,其最后挑战国际法庭的判决便在意料之中。国际法院的Oda大法官在刚果领土上的武力活动一案中指出,强制管辖权更易招致国家的反对,而国家反复拒绝执行国际法庭的裁决必然会损害法庭的权威也会影响国际法庭在国际社会作为司法机构的地位,而国家出于特定的协议接受国际法庭的管辖的形式才可保障国际法庭裁决的有效执行。[②]

(二)与国内法相抵触

2012年2月3日国际法院对德国诉意大利国家豁免案作出最终实体判决,战争行为被视为"主权行为"仍继续享有国家豁免特权,明确意大利法院管辖意大利民间对德国的索赔案违反了国家豁免规则,意大利法院的行为构成了对德国所享有的国家豁免权的侵犯。[③] 随后,意大利最高上诉法院(the Court of Cassation)遵循国际法院的解释,声称其尊重德国的管辖豁免权,承认意大利法院对意大利公民诉德国二战赔偿案缺乏管辖权。[④] 2013年1月意大利通过了第5号法案明确排除了意大利法院对涉及德国在"二战"中战争罪的民事索赔案件享有管辖权。[⑤] 意大利宪法法院在2014年10月宣布2013第5号法案第3条[⑥]及其修改的国内法因其明确国家豁免例外不能适用武装冲突违宪;而为执行联合国宪章而发布的1957年的第848号法案第1条当其解释为意大利法官负有执行国际法院2012判决的义务而致战争罪与反人类罪的受害者无法行使诉权而因此违宪。[⑦] 无独有偶,美国法院在Lagrand案、Medellin案、Sanchez-Llamas案等中,均选择适用美国国内法的

---

① Eric Posner, The Decline of the International Court of Justice, *John M. Olin Program in Law and Economics Working Paper*, No.233, 2004.

② Oda, The Compulsory Jurisdiction of the International Court of Justice: A Myth?, 49 *Int'l & Comp LQ* (2000) 251, *at* 264.

③ See ICJ Judgment of Jurisdictional Immunities (Germany v. Italy: Greece Intervention), 2012.2.3 No.143, paras.70～79.

④ See Judgments No.32139/2012 and No.4284/2013 of Italy Court of Cassation.

⑤ See Law No. 5 of 14 January 2013, Accession by the Italian Republic to the United Nations Convention on Jurisdictional Immunities of States and their Property, signed in New York on 2 December 2004, as well as provisions for the amendment of the domestic legal order.

⑥ See Article 3 of Law No. 5 of 14 January 2013, Accession of the Italian Republic to the United Nations Convention on Jurisdictional Immunities of States and their Property, signed in New York on 2 December 2004, as well as provisions for the amendment of the domestic legal order.

⑦ See Judgment of No. 238 of 2014 (Italian Constitutional Court), p.14.

程序缺失原则拒绝在美国国内法体系中执行国际法院的裁决,显示了二者冲突的时候,美国法院以执行本国法律为己任。显然,国际法庭裁决与本国法律相冲突,特别是与本国宪法相冲突,可能成为国内法院拒绝国际法庭裁决的主要理由。

(三)国际法庭的越权行为

国际法庭的大法官们试图通过扩大其管辖权与利用司法解释权变相造法在国际法律关系中推行“法律规则导向”的体系,必然会碰撞国际法律关系中主权主导的现实。国际法庭扩权造法的行为是否具备合法性则广受争议。有学者认为,由于国际法发展的不健全使得国际法庭为实现其解决争端的功能就必须对模糊不清的条约进行澄清或者填补条约缺失的内容。① 反对者则指出国际法庭的扩权造法是越权行为,它们篡夺了立法者的权力,跨越了国家委托的权限,②特别是当它创设新的权利和义务的时候,其越权行为不具备合法性,③还可能导致国家间的政治分裂和国际法的后退。④ 还有学者称其削弱了民主并加剧了国际法的碎片化。⑤

在国际法庭的实践中,欧盟法院被视为利用其解释权大胆扩大其管辖权并变

---

① E.g., Eyal Benvenisti, *The Interplay Between Actors as a Determinant of the Evolution of Administrative Law in International Institutions*, 68 LAW & CONTEMP. PROBS. 319 (2005); Joel P. Trachtman, *The Domain of WTO Dispute Resolution*, 40 HARV. INT'L L.J. 333 (1999).

② E.g., Robert H. Bork, *Coercing Virtue: The Worldwide Rule of Judges* (2003); *Eric A. Posner*, *The Perils of Global Legalism* (2009); Jeremy A. Rabkin, *Law Without Nations? Why Constitutional Government Requires Sovereign Statess* (2005).

③ Armin von Bogdandy & Ingo Venzke, *On the Democratic Legitimation of International Judicial Lawmaking*, 12 GERMAN L.J. 1341, 1345 (2011) (paraphrasing Bundesverfassungsgericht [BVerfG] [Federal Constitutional Court] July 6, 2010, docket no. 2 BvR 2661/06, 64, available at http://www.bverfg.de/entscheidungen/rs20100706_2bvr266106en.html, which considered a constitutional challenge to the CJEU's Mangold judgment).

④ Laurence R. Helfer, Karen J. Alter, *Legitimacy and Lawmaking: A Tale of Three International Courts*, *Theoretical Inquiries in Law*, August 10, 2013.

⑤ "Our introductory piece has identified problems in the democratic legitimation of international judicial lawmaking. Our concluding contribution shows that there are promising strategies to respond, but that no solutions are readily available to ease all concerns."See Armin von Bogdandy & Ingo Venzke, *On the Democratic Legitimation of International Judicial Lawmaking*, 12 GERMAN L.J. 2011, p.1368.

相造法的最激进的扩张主义者,它成功地创造了直接效力原则、欧盟法至上原则、对欧盟机构的暗含权力原则等。它通过侵略性的造法迅速促进了欧洲的一体化进程,也令欧洲法院成为国际法庭中最具权威地位的法庭。[①] 然而,即使这个最激进的扩张主义者也意识到它的越权会遭到政府与国内法院的抵制。于是当其创设新规则的时候,会观望是否有激烈的抗议来自国家。如果国家默认并执行,它会接着在后来的判例中肯定其造法;如果相反,它会放弃其创新。即使如此,有时候它仍然会遭遇到来自国家的强烈抵制。[②] 比如,德国宪法法院宣称一旦欧盟法院越权造法,它会行使复查欧盟机构越权行为的权力,以防止欧盟的司法机构与行政机构明显侵犯成员国的权利。它强调欧盟法院对欧盟法的解释与适用是受到限制的,德国宪法对其加以的限制赋予德国宪法法院对其越权拥有复查权力。[③] 犹如欧盟的一体化无法在其他区域复制,欧盟法院激进的扩权模式也无法在其他国际法庭上演。而作为一个区域性国际法庭,安第斯共同体法庭(Tribunal of Justice of the Andean Community)被认为是最试图模仿欧盟法院以推动安第斯区域的一体化进程。它在早期直接照搬欧盟法院的做法建立了直接效力原则和其区域法至上原则,但是之后由于缺乏成员国政府与国内法院的支持于是只好改弦易辙,在推行这些原则的时候强调国家的同意,给予成员国政府很大的裁量权。[④]

而另一个受到欧盟法院启发的是国际法院,它在 Lagrand 案与 Avena 案中创新性地明确《领事关系公约》第 36 条第 2 款直接授予个人以权力,裁决美国法院应依照公约的规定对被侵犯该权利的 Lagrand 等人的案件进行复查。[⑤] 然而,国际法院对条约的造法性解释,遭到了美国法院的抵制,其判决未能得以执行,还导致美国在 2005 年退出了《领事关系公约》任择议定书。之后在墨西哥提出对 Avena 案的判决进行解释之诉的时候,国际法院显然意识到了其创新已遭到挑战难以为

---

① Joseph Weiler, *The Transformation of Europe*, 100 YALE L.J. 2403 (1991).

② Karen J. Alter, *The European Union's Legal System and Domestic Policy: Spillover or Backlash?*, *in the European Court's Political Power: Selected Essays* 184 (2009).

③ BVerfG [Federal Constitutional Court] July 6, 2010, docket no. 2 BvR 2661/06, 64, *available at* http:// www.bverfg.de/entscheidungen/rs20100706_2bvr266106en.html.

④ See Laurence R. Helfer, Karen J. Alter.

⑤ See LaGrand case (Germany v. United States of America)[2001]ICJ Rep 466; Case Concerning Avena and other Mexican Nationals (Mexico v. United States of America) [2004] ICJ Rep 12.

继,于是拒绝对其创新进行进一步的明确。[①] 这显示出国际法庭扩权造法一旦遭遇国家的反对,它的裁决不仅难以得到履行,而且会降低其对国际法的影响程度。[②]

正如卡塞斯一针见血地指出的,由于国际社会的平行结构导致了国家在国际法的造法上位于主导地位。[③] 尽管国家将把条约的解释权赋予国际法庭,国际法庭只能在国家的授权范围内行使其裁判权,其可以在条约的条款规定模糊不清的时候进行澄清,但是一旦越权行使国家的造法权,突破国家的授权范围进行管辖,其行使的管辖权不再具备合法性,而且法官通常会受自己的意识形态、个人的价值观、对其国家的忠诚还有其人生经验等诸多因素的影响,他们打上个人的烙印的造法与越权往往会遭到当事国的反对,导致裁决不能被履行,令国际法的发展后退。[④]

(四)缺乏复查纠错机制

人无完人,金无足赤,不管是国际法庭抑或国内法院都不可能保证其裁判没有错误,而国际法庭的扩权或越权行为也时有发生,故国际法庭应当拥有救济制度。众所周知,在国内诉讼制度中设立的复查纠错机制大多通过上诉与复审机制来进行。在国际法庭中,有的设立上诉机制进行救济,如国际刑事法院、WTO 的争端解决机制、欧盟法院等;还有不少国际法庭是一审终审制,如国际法院、国际海洋法法庭,而仲裁机制通常是无上诉机制的终局裁判。在有些缺乏上诉机制的国际法庭中,有的具有一定程度的复查机制。其中《国际法院规约》第 61 条规定了当事国在发现新事实之后 6 个月以内可以提起复审。有的仲裁庭则通过司法救济来进行纠错,如在 2016 年 4 月 20 日,荷兰海牙地区法院以仲裁庭对争议没有管辖权为由撤销了国际常设仲裁法院根据联合国贸法会仲裁规则组成的仲裁庭所作出

---

① See Mexico v. United States of America, Request for Interpretation of the Judgment of 31 March 2004 in the Case concerning Avena and Other Mexican Nationals, Judgment in 19 January 2009, available at www.icj-cij.org.

② Eric Posner & John Yoo, *Judicial Independence in International Tribunals* , 93 CALIF. L. REV. 1, 21 (2005).

③ Antonio Cassese, *International Law* (2[ed]), *Oxford University Press* ,pp.8～10.

④ Eric Posner & John Yoo, *Judicial Independence in International Tribunals* , 93 CALIF. L. REV. 1, 21 (2005) ("If the tribunal violates its instructions and allows the personal preferences, ideological commitments, or national loyalties of its members to influence the judgment too much, then compliance might not occur").

的尤科斯案仲裁裁决。[①] 另外，联合国国际法委员会在其拟定的《仲裁程序示范规则》(1958)中规定当事任何一方可以"法庭超越其权力，法庭成员有受贿的情形，对裁决未说明理由或严重偏离基本的议事规则，提出仲裁的约定或仲裁协议为无效"等理由对裁决效力提出异议，国际法院可据此宣布仲裁裁决部分或者全部无效。[②]

然而，《海洋法公约》对于国际海洋法法庭与仲裁庭都没有规定上诉或复审制度。缺少了纠错机制，一旦出现仲裁庭越权裁判或其他错误，当事国唯一的选择只能是否认裁决的效力或拒绝执行裁决。

三、南海仲裁裁决的效力

国家可以通过条约自由建立自成一体的法律体系，也常常会随之创设一个争端解决机制，[③]而这些争端机制的建立都有赖于国家意愿的妥协一致。这些妥协往往会导致诞生一个不健全的法律体系，也可能会催生一个背离一般规则的争端解决机制的出现。《海洋法公约》第 15 部分将以当事国或当事人的共同自愿接受管辖为基础的仲裁变成了强制性管辖机制，打破了国际仲裁制度传统意义上的原则，大大削弱了当事方对仲裁的主控权，而且将仲裁庭变成了《海洋法公约》多重争端解决机制下的兜底的管辖机构。一方面，《海洋法公约》赋予了仲裁庭与国际法院、国际海洋法法庭相同的强制管辖权，使其本质上与司法管辖无异，甚至在管辖冲突的时候有时候会享有更优先的管辖权。[④] 作为兜底的强制管辖机构，仲裁庭拥有高利用率。另一方面，《海洋法公约》保留了只需要 5 名仲裁员组成这样一个简单的仲裁庭的规则。与国际海洋法法庭 15 名大法官与国际法院 15 名大法官相比较，显然这样的仲裁庭难以具备中立性，因其人数少且不能代表发展中国家的声音，被操控或被影响的可能性远超过国际法院与国际海洋法法庭。特别是当一方

---

① See Russia v. Veteran Petroleum Limited, Russia v. Yukos Universal Limited and Russia v. Hulley Enterprises Limited, the Hague District Court, Cases C/09/477160—HA ZA 15/1, C/09/477162—HA ZA 15/2 and C/09/481619—HA ZA 15/112.

② Article 35 and 36, Model Rules on Arbitral Procedure 1958, available at http://legal.un.org/ilc/texts/10_1.shtml.

③ 杨永红:《分散的权力——从 MOX Plant 案析国际法庭管辖权之冲突》，载《法学家》2009 年第 3 期。

④ 当当事国选择的法庭不一致的时候或者其中一个当事国没有选择的时候，仲裁庭则对争端拥有管辖权，参见《海洋法公约》第 287 条。参见高健军:《〈联合国海洋法公约〉争端解决机制研究》，中国政法大学出版社 2010 年版，第 154～155 页。

拒绝接受仲裁之时,拒绝一方不能行使选择仲裁员的权利,这时组成的仲裁庭更难以具备中立性与公正性。据统计,仲裁庭实际上被13名仲裁员垄断了迄今提起的仲裁案,成为少数人的裁判。[①] 值得强调的是由于《海洋法公约》在令仲裁庭大权在握的时候却并没有建立一个对仲裁庭的权力进行约束的机制,当仲裁庭滥用权力、不能保持公正性的时候,留给当事国的选择事实上只能是否认仲裁的效力并拒绝执行仲裁。

仲裁庭对南海仲裁案的管辖权取决于此案是涉及《海洋法公约》的解释还是领土主权和海洋划界及其相关问题。正如国际法院大法官薛捍勤所指出的,仲裁的裁决实际已经划定了中菲的海洋边界,完全突破了仲裁庭的管辖权,并造法性地对《海洋法公约》第121条关于"岛屿"的条件进行了解释,超越了缔约国对仲裁庭的授权,丧失了合法性。如前所述,《海洋法公约》建立的仲裁机制存在的缺陷导致中国别无选择,只能如其他国家一样否认仲裁庭裁决的效力并拒绝执行该仲裁。因此,仲裁庭的越权与海洋法公约缺乏纠错机制使中国否认该仲裁裁决效力的行为正当化。本案也体现了《海洋法公约》在强制管辖制度上的体制性缺陷,使得附件7下的仲裁程序易被利用,仲裁庭越权解释不但有损中国的国家利益,而且必然减损仲裁庭的权威,最终会威胁到《海洋法公约》的效力与完整性。

另外,中国还可以考虑借鉴德国与意大利法院的抗限制原则,通过最高司法机构的司法复查权审查南海仲裁庭的越权行为与南海仲裁裁决的违宪性,以司法方式而非政治方式否认仲裁裁决的法律效力,将中国拒绝执行南海仲裁裁决行为进一步合法化。

特别需要注意的是尼加拉瓜在哥伦比亚对国际法院于2012年关于加勒比海海洋划界案的判决置之不理的情况下,在2013年向国际法院对哥伦比亚提起了侵犯其在加勒比海主权权利与海洋空间和尼加拉瓜超过200海里的大陆架划界问题的两个诉讼。2016年3月国际法院驳回了哥伦比亚以"案件实质上是2012年海洋划界案判决的执行问题"等理由反对国际法院的管辖权的意见,宣布其对两案拥有

---

① 刘衡:《〈联合国海洋法公约〉附件七仲裁:定位、表现与问题——兼谈对"南海仲裁案"的启示》,载《国际法研究》2015年第5期。

管辖权。① 尼加拉瓜的再次诉讼似乎又为执行国际法院裁决提供了一个新方式。② 因此,中国也应该警惕菲律宾可能利用仲裁裁决再次发起《海洋法公约》附件 7 下的仲裁程序。

综上所述,为避免菲律宾利用《海洋法公约》的仲裁程序缠讼,也为避免《海洋法公约》下的国际法庭再次出现越权行为,中国或可根据《海洋法公约》第 312 条、第 313 条发起对争端解决机制的修正,特别是需要对改变附件 7 下的仲裁程序的兜底地位和建立司法救济程序方面作出重大修正,才可防止这个强制管辖程序被滥用其效力遭到损害。抑或考虑《海洋法公约》第 15 部分争端解决机制的缺陷所带来的后果是否会严重影响中国一向履行国际法下的义务的声誉,在修改该机制的缺陷难以成功的情况下,也可选择退出《海洋法公约》。在国内法层面也可效仿德国与意大利等国法院,通过国内司法机构对关于国际法庭越权裁判所作出的裁决的效力问题作出解释,这不仅可以使南海仲裁案的裁决在中国丧失效力,也可以为中国拒绝今后国际法庭越权裁决的执行提供法理基础。

The Analysis of Effectiveness of Rulings of International Tribunals and the Award of South China Sea Case

Yang Yonghong

Abstract: Actually, the horizontal structure of the international society causes lack of last power of international society and international law fragmented. Every international tribunal has its own system, which is different from each other. Comparing to domestic courts' rulings, the rulings of international tribunals are flexible and uncertainty with problems of enforcement. The lack of remedial system makes contesting parties denying rulings of international tribunals. Because of the defects of

① See 19 November 2012 Judgment of ICJ in Territorial and Maritime Dispute (Nicaragua v. Colombia); 17 March 2016 Judgment on Preliminary Objections in Alleged Violations of Sovereign Rights and Maritime Spaces in the Caribbean Sea (Nicaragua v. Colombia), para.109.

② Diane Desierto, *A New Theory for Enforcing ICJ Judgments*? The World Court's 17 March 2016 Judgments on Preliminary Objections in Nicaragua v. Colombia, Blog of *the European Journal of International Law*, available at http://www.ejiltalk.org/a-new-theory-for-enforcing-icj-judgments-the-world-courts-17-march-2016-judgments-on-preliminary-objections-in-nicaragua-v-colombia/.

UN Convention of Law of Sea's dispute settlement, China cannot invoke any remedy even though the award of South China Sea is wrong. It leaves no choice to China but denies the award of South China Sea as other states. Therefore, China's denial is justified. However, China must launch an amendment concerning the problematical system of the dispute settlement in order to prevent the new wrong rulings from coming out, or might consider to withdraw from UNCLOS.

Key words: Effectiveness; Enforcement; Compulsory Jurisdiction; Review Mechanism; Making Law

"国际陆海贸易新通道"建设中的海运安全风险与应对*

张芷凡**

摘　要:"国际陆海贸易新通道"是"一带一路"建设的重要部分,保障"国际陆海贸易新通道"的海运安全是其良性发展的前提和基础。目前,"国际陆海贸易新通道"海上区段的运输面临多种安全风险挑战,中国与沿线参与国应在现有维护海运安全的机制下,突破其碎片化、强制力不足等缺陷,在遵守国际法原则的前提下,多措并举推动"国际陆海贸易新通道"海运安全协作机制的发展。

关键词:国际陆海贸易新通道;海运安全;协作

"国际陆海贸易新通道"源自中新互联互通"国际陆海贸易新通道"(以下简称"国际陆海贸易新通道"),其是在中国—新加坡(重庆)战略性互联互通示范项目框架下打造的陆海贸易新通道①。"国际陆海贸易新通道"项目的实施始于2015年②,其合作范围主要涵盖了交通物流、金融服务、航空和信息通信技术等领域。作为重要的贸易通道,目前"国际陆海贸易新通道" 以中国重庆为运营中心,以甘肃、贵州、广西等多个省份作为关键节点,辐射范围涵盖中国西部地区③及东盟、南

* 本文为重庆市博士后科研项目特别资助项目"中国参与'冰上丝绸之路'航运治理法律问题研究"(XmT2018096),国家社科基金青年项目"海洋法公约视角下公海保护区建设困境与对策研究"(17CFX044),西南政法大学"十九大'专项项目'加快建设海洋强国背景下北极航道与中国海上战略利益法律问题研究"(2017XZZXQN-23)的研究成果。

** 张芷凡,法学博士、西南政法大学国际法学院讲师、西南政法大学海洋与自然资源法研究所研究员。

① 《中新国际陆海贸易新通道建设顺利开局》,载中国政府网,http://www.gov.cn/xinwen/2018-05/28/content_5294167.htm? _zbs_baidu_bk ,下载日期:2018年9月。

② 2015年11月7日,中华人民共和国和新加坡共和国在新加坡发表《中华人民共和国和新加坡共和国关于建立与时俱进的全方位合作伙伴关系的联合声明》。

③ 参见《关于合作共建中新互联互通项目国际陆海贸易新通道的重庆倡议》。

亚、中亚等多个国家和地区。此外,由于“国际陆海贸易新通道”的建设与“中国—中南半岛经济走廊”“两廊一圈”等经济发展战略有极强的契合度,得到了东南亚各国的广泛回应,经济社会效果显著。2018 年中国将“国际陆海贸易新通道”列入国家“一带一路”项目库予以重点支持①,并在 2018 年年底将“南向通道”升级为“国际陆海贸易新通道”。可以说,“国际陆海贸易新通道”一方面向南对接“21 世纪海上丝绸之路”,另一方面向北通过“渝新欧”为代表的国际班列连起丝绸之路经济带,使“一带一路”倡议的建构更加完整。

作为海陆贸易国际通道,“国际陆海贸易新通道”沿线国家间的贸易往来由跨境铁海联运、国际铁路联运和跨境公路运输三种形式承担,其中铁海联运物流量占据了较大份额。因此,保障铁海联运中海上运输区段的安全在通道的建设中具有现实意义。

一、维护海运安全是“国际陆海贸易新通道”建设的内在诉求

“国际陆海贸易新通道”意在打造海陆联动的国际陆海贸易新通道,公路、铁路和海运是其主要的运输方式。目前在中国与东南亚的贸易中,铁海联运模式承担了大部分物流量,海上运输的作用不容忽视。然而与陆上区段的运输相比,海上区段的运输更具风险性,因此建设一条畅通的“国际陆海贸易新通道”,其重要任务之一就是维护海上区段运输的安全。

1. 海上运输是“国际陆海贸易新通道”经贸往来的重要物流方式

自“国际陆海贸易新通道”项目实施以来,海运在中国—东盟经贸往来中的重要性日益凸显。通过港口互联互通建设,目前“国际陆海贸易新通道”海上运输已具规模。

“国际陆海贸易新通道”的海上区段运输范围主要为南中国海海域,并已开通多条海上航线,如“北部湾—香港”航线、“北部湾钦州—越南—新加坡—关丹”航线、“北部湾港—印度/中东”远洋航线等,其影响辐射东亚、东南亚、中东、非洲等 45 个国家和地区的 82 个港口②。与此同时,“国际陆海贸易新通道”项目计划继续加强国际班轮运输的发展,增加“北部湾—林查班港(泰国)”“北部湾—胡志明港”

---

① 《中新互联互通国际陆海贸易新通道项目列入国家“一带一路”项目库重点支持》,载人民网,http://gx.people.com.cn/n2/2018/0126/c179430-31188504.html,下载日期:2018 年 10 月。

② 《中新国际陆海贸易新通道班列开行周年 6 条线路发送班列 688 列》,载广西壮族自治区人民政府网,http://www.gxzf.gov.cn/sytt/20181003-715639.shtml,下载日期:2018 年 10 月。

以及“北部湾—关丹港”等港口间的航次[①]。国际陆海贸易新通道海上新航线的发展对进一步拓展国际陆海贸易新通道，促进中国—东盟地区间的物流交通具有不可替代的重要意义。

据商务部统计，2017 年中国和东盟贸易额达到 5148.2 亿美元，占中国对外贸易总额的 1/8，进入 2018 年前半年中国与东盟贸易额同比增长 18.9%，达 2326.4 亿美元。

表 1　2016 年中国与东盟主要国家双边进出口贸易额

单位：亿美元

国家	双边进出口总额	同比增长率
柬埔寨	47.6	7.4
缅甸	122.8	—18.0
菲律宾	472.1	3.4
印度尼西亚	535.1	—1.3
新加坡	704.2	—11.4
泰国	758.7	0.5
马来西亚	868.8	—10.7
越南	982.3	2.5

（资料来源：中国国家统计局）

自“国际陆海贸易新通道”项目建设开始以来，“国际陆海贸易新通道”沿线港口间合作不断增强，港口间物流联系更加紧密，“国际陆海贸易新通道”的海运总量也在稳步增加。结合表 1 中的数据可以看出，作为“国际陆海贸易新通道”重要中转枢纽的广西北部湾港其货物吞吐量呈现稳中有升的态势。

① 《广西携手沿线省份加快推进中新互联互通国际陆海贸易新通道建设》，载广西壮族自治区人民政府网，http://www.gxzf.gov.cn/sytt/20180404-687608.shtml，下载日期：2018 年10 月。

表 2　广西北部湾港近三年货物吞吐量总计

单位:万吨

年份	货物吞吐量	外贸吞吐量
2017	21728	11827
2016	20419	11863
2015	20428	12556

(数据来源:中华人民共和国交通部网站)

2. 维护海运安全符合“国际陆海贸易新通道”参与国的共同利益

如上文所述,“国际陆海贸易新通道”海上运输区段主要经由南中国海海域,通过海上咽喉马六甲海峡进而与印度洋航路相连接。国际陆海贸易新通道航程距离较长,途经国家较多,海上安全局势不稳定,这一客观因素决定了一国的海上力量难以独立保障该海上运输区段的安全。

与此同时,“国际陆海贸易新通道”沿线的东盟国家地理上大多靠海,拥有数量较多的港口。这一地理特点决定了相关国家在跨国贸易中主要依托海运方式进行运输。对海上运输方式的依赖使得维护海运安全成为“国际陆海贸易新通道”沿线国家与中国共同的利益诉求。值得注意的是,“国际陆海贸易新通道”沿线国家在自身的经济、技术、装备力量上实力相差较大,单独应对来自海运安全威胁的能力还不足。基于此,在保障海运安全这一问题上,“国际陆海贸易新通道”沿线各国有广泛的内生需求,同时既存的全球化和区域合作平台在客观上也为各国整合现有力量进行安全资源的有效配置提供了良好的机制保证。

二、“国际陆海贸易新通道”海运安全面临的挑战

随着经济一体的深入和航海技术的发展,全球重要航路面临的安全威胁日益增加,影响海运安全的因素很多。本文结合“国际陆海贸易新通道”海上运输区段的地缘、社会、经济的具体情况,将影响其海运安全的因素分为传统安全因素和非传统安全因素。

(一)传统安全因素

经典的安全理论以主权国家为中心,将主权国家之间主权、政治、军事关系的安全归结为传统安全因素。一般认为威胁海上运输安全的传统安全因素包括:相

邻国家对海上重叠区的争夺，沿海国家基于国际利益对通道的控制以及沿岸国的国内局势。① 根据这一衡量标准，结合“国际陆海贸易新通道”的现状，可将对其海运安全形成的传统安全挑战归纳为：

1.“国际陆海贸易新通道”沿线国家之间既存的海洋主权争议。南海海域是世界上海洋争端最多的海域之一，“国际陆海贸易新通道”沿线国家现有海洋争议方众多、诉求各不相同。本文按争议主体对其进行分类：一是中国与东盟国家在南海问题上的争端，南海重要的战略位置和丰富的资源使其成为周边国家争夺的焦点。在这一问题上，“六国七方”②还未找到理想的解决方案，加之域外国家的干预使争端解决的难度加大。二是东盟国家内部的海洋主权争议，东盟国家间因历史原因、地缘政治原因、经济原因等存在诸多主权争端。这些争端主要集中在海域划界、岛屿主权等问题上，如泰国、越南、柬埔寨之间的泰国湾划界争端，马来西亚与文莱的划界争议，新加坡与马来西亚的白礁岛争议等。由于东南亚国家间存在大量未决的海洋主权争议，小型冲突时有发生，如 1999 年泰国海军与缅甸海军因领海问题发生流血冲突，2005 年因安巴拉专属经济区问题，马来西亚与印度尼西亚进行军舰对峙。近年来东亚地缘政治正进入到到新的整合时期，东盟各国面临社会经济发展的转型压力，如果海洋主权争端如果不能得到妥善处理，一旦上升为严重的军事行动，将极大地影响“国际陆海贸易新通道”海上航路的安全。

2.域外大国的战略介入。“国际陆海贸易新通道”项目意在发展中国与东盟国家之间互联互通的贸易往来，建立便捷通畅的经济通道。但由于通道所经海域和地区重要的地缘位置，使其成为一些大国(含区域大国)战略争夺和干涉的对象。域外大国的战略介入是通过与该区域国家进行军事结盟、联合性军事行动以及设立军事基地等方式实现对该重要海域的战略控制。自 2011 年美国宣布“亚太再平衡”战略以来一直对南海地区事务进行干涉。“南海仲裁案”后，美国、印度与日本积极推进的“印太战略”，这些战略介入行为使“国际陆海贸易新通道”海上运输通道面临潜在的挑战。

3.不安定的地区内部冲突。南海周边各国社会局势呈总体平稳、小规模动荡的态势。东盟国家内部人口结构较为复杂，民族众多、宗教信仰不同，民族和宗教问题交织导致东盟国家内部族群矛盾普遍存在甚至由此引发暴力冲突，其中较为严重的有泰国南部和缅甸西北部的民族冲突。要求民族自治或独立的反政府武

---

① 张湘兰、张芷凡：《现状与展望：全球治理维度下的海上能源通道安全合作机制》，载《江西社会科学》2011 年第 9 期。

② “六国七方”包括中国、越南、菲律宾、马来西亚、印度尼西亚、文莱及中国台湾地区。

装组织与恐怖主义势力紧密联系，冲突规模不断扩大[①]，直接影响地区的平稳秩序，对“国际陆海贸易新通道”的安全造成不利影响。

(二)非传统安全因素

与传统安排因素一样非传统安全因素同样影响着区域的安全秩序。一般认为，非传统安全是指与国家军事国防没有直接关系的社会、经济、环境等“低阶政治”领域中的问题。非传统安全因素一般所涉范围较广，具有跨国性，需要各国合力协作解决。目前，影响“国际陆海贸易新通道”海上航路的非传统安全因素包括：

1.海盗行为

“国际陆海贸易新通道”的海上运输是围绕东南亚海域展开的，通道的主要航线多集中于此。这片海域作为沟通印度洋和东北亚的重要海上咽喉，海盗行为时常发生，严重影响了航运安全。

根据亚洲地区打击海盗和武装劫船合作协定信息共享中心(ReCAAP ISC)的报告，2017 年亚洲海域共发生 101 起海盗和海上武装抢劫船只事件，其中既遂 89 起、试图攻击 12 起，相较于 2016 年的 85 起增长了 19%。

东南亚海域海盗事件频发，究其原因在于两点：首先，“国际陆海贸易新通道”海上运输区段所经海域地理环境复杂、岛屿较多，便于海盗攻击和隐藏。其次，上述海域是连通东北亚与印度洋和南太平洋的重要通道，经贸往来频繁，每天数以千计的商船货轮航行于此，客观上为海盗袭击提供了目标。同时，从 ReCAAP ISC 的年度报告中可以看出，近年来东南亚海盗活动呈现出装备现代化、行为方式多样化的特点[②]，海盗的袭击对象不仅包括渔船、拖船等小型船只还包括相当数量的大型商船、油船等。比如，2017 年袭击成功的 89 起海盗事件中，有 31 起袭击发生在大型船上，东南亚海盗海上攻击能力的增长增加了维护“国际陆海贸易新通道”海上航行安全的难度。

2.海上恐怖主义

亚太安全合作理事会(Council for Security Cooperation in the Asia Pacific，简称 CSCAP)将海上恐怖主义表述为：“恐怖分子在以海洋环境为特征的行为或行动，

---

① 比如，缅甸北部民族冲突导致的罗兴亚人难民问题、菲律宾棉兰老岛出现 ISIS 人员、泰国南部伊斯兰极端恐怖活动等。

② See Press Release, IMB, Organized Crime Takes to the High Seas, ICC Piracy Report Finds (describing Indonesian waters and Malacca Straits as “worlds most infested pirate seas”), at http://www.iccwbo.org/home/news-archives/2002/piracy-report.asp ,last visited Feb. 8, 2017).

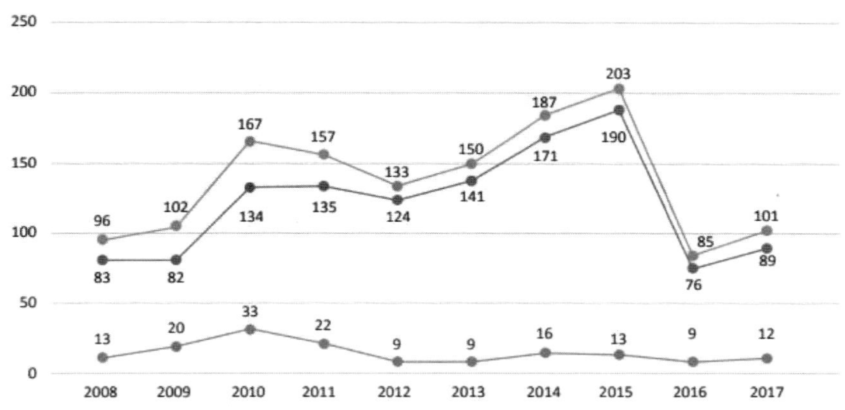

图 1　2008—2017 年亚洲海盗事件统计

(资料来源:ReCAAP ISC Annual Report 2017)

攻击在海上或港口的船舶或固定平台,或船舶及固定平台上所搭载的乘客或船员,袭击包含旅游景点、港口或港口城市等在内的海岸设施或建筑物。"[①]较之单一的海盗行为,海上恐怖主义袭击对海上航运安全的影响更大。在东南亚也多次发生了海上恐怖主义袭击,如 2003 年恐怖组织自由亚齐运动成员劫持马来西亚"PKFA8588"号渔船;2004 年菲律宾恐怖集团阿布沙耶夫组织以"圣战行动"为名,在马尼拉港实施"超级渡轮号"爆炸案,致使渡轮损毁,造成 400 余名乘客伤亡。近年来随着航海水平和武装水平的提高,一种新的趋势正在形成,即海盗行为和海上恐怖主义行为相互影响、相互交织。近年来东南亚苏禄海域接连发生由菲律宾阿布沙耶夫恐怖组织进行的海上暴力事件,仅 2017 年既遂案例多达 10 起。这些海上恐怖主义行为的发生极大地损害了东南亚海域的安全秩序,对航运物流造成了破坏,给东南亚地区正常的经贸往来也带来了严重的影响。

3.港口建设及安保能力不足

在海上运输实践中,港口建设和安保水平也是影响海运安全的内在因素。

---

① Prakash, Metaparti Satya (2002), Maritime Terrorism: Threats to Port and Container Security and Scope for Regional Cooperation, Paper presented at the 12th Meeting of the Council for Security and Cooperation in the *Asia-Pacific* (*CSCAP*) *Working Group on Maritime Cooperation*, Singapore, 10-11 December, 2002.

“国际陆海贸易新通道”海上航路所经东南亚国家大部分为发展中国家,其在港口基础设施建设、航线建设、港口安保措施等方面有许多问题尚待提升,存在港口安全防护设施不足、船舶管理人员调度混乱以及执法不力等情形,为海盗及恐怖主义分子在港口作案提供了可乘之机。在世界银行对各国航运中心的评价报告中,“国际陆海贸易新通道”相关国家只有中国和新加坡、马来西亚和泰国的港口基础设施和服务能力评分在 3 以上,其他东盟国家的港口建设仍难以适应海上贸易物流大通道的要求。

三、维护海运安全的现有机制供给不足

中国与东南亚国家在地理上紧密相邻,在经济上中国与东盟国家互为重要的经贸伙伴,保证中国与东盟间海上航路的安全是各国的共同利益所在,也是其建立海运安全保障机制的前提和基础。“国际陆海贸易新通道”海上航路面临众多安全风险,为更好地提升航运安全水平,作为“国际陆海贸易新通道”的倡议方和合作方,中国与东盟国家之间已建立了部分海上运输安全保障机制。这些机制在一定程度上为“国际陆海贸易新通道”海上航运的正常运转提供了安全机制供给,但仍不足以应对“国际陆海贸易新通道”的战略定位和要求。

(一)应对传统安全挑战——国家间战略互信有待加强

如上文所述,在影响“国际陆海贸易新通道”海运安全的因素中,传统安全挑战是不容回避的问题。目前,中国与东盟各国同为“国际陆海贸易新通道”的参与国,但海洋主权问题、域外大国的介入和地区内生的动乱局势都是构建国家间海运保障机制的难题。在实践中,中国与东盟各国主要通过论坛、峰会、联合防务等软性机制来应对上述挑战。例如,中国与东盟国家在 2002 年签订《南海各方行为宣言》以维护中国的主权权益,保持南海地区的和平稳定。目前该宣言正在通过联合工作组和高官会议的方式进行,确立了《南海行为准则框架》并继续促进最终《南海各方行为准则》的落地。东盟地区论坛(以下简称 ARF)在促进传统安全问题的协调上也发挥了重要作用,是东盟独立解决地区安全事务的代表性机制①。在 ARF 框架下,中国与东盟国家相继举办了军事安全政策对话机制,这为相关国家加强军事领域的合作提供了良好的多边平台。在联合防务方面,马六甲海峡沿岸国家新

① Ralf Emmers, Cooperation Security and Power in ASEAN and ARF, *Routledge Curzon*, 2003.

加坡、马来西亚、印度尼西亚及泰国在2005年建立了“空中之眼”联合巡航计划，这一联合防务计划意在共同维护马六甲海峡的安全，保证海域内良好的海运秩序。

上述应对传统安全挑战的机制在一定程度上起到了积极作用，但其不足之处在于：首先，上述机制都是软性机制，无论是宣言、论坛还是其他形式，其作出的都是原则性的规定，没有具体的行为规范对机制参与国的权利义务进行明确规定。其次，此类保障机制受国际政治和外交环境的影响较大，一旦国家间关系发生转变，其合作将难以为继。

由此可见，维护“国际陆海贸易新通道”海运安全的现有机制在应对传统安全挑战时面临的最大问题就是通道沿线国家间战略互信的不足。然而影响战略互信的主要因素是国家利益，这就决定了问题解决需要“国际陆海贸易新通道”参与国之间致力于共同利益的培养，增加国家间的互利互信。而国际关系的变化难以控制，因此这一问题在短期内难以很好地解决。

(二)应对非传统安全挑战——现有的海运安全保障机制“碎片化”

与传统安全相比，非传统安全有着较低的政治敏感度，是为各国所共同面对的、有广泛共同利益基础的安全问题。因此，在应对非传统安全风险中，各国大多持积极参与、合作应对的正面态度。

目前，在应对“国际陆海贸易新通道”海运安全的非传统安全问题上，参与国就安全保障问题在现有机制下围绕多个层面开展合作。

首先，依托全球性的平台进行安全协作。中国和东盟国家均为联合国、国际海事组织以及《联合国海洋法公约》的缔约国，这些全球性的组织和机制为中国和东盟的合作提供了良好的基础。以打击海盗为例，《联合国海洋法公约》对海盗的定义、管辖以及在惩治海盗中各国的权利义务作出了统一的规定，这为中国和东盟国家处理海盗问题提供了既存的法律规范，便于各国相互协作打击海盗行为。国际海事组织(IMO)出台的《1998年制止危及海上安全非法行为公约》《国际海上人命安全公约》等国际条约也为“国际陆海贸易新通道”参与国调整海运安全事务提供了条约基础。与此同时，2009年在国际海事局的倡议下成立了ReCAAP ISC。其总部设在马来西亚吉隆坡，该报告中心旨在对全球主要航道海盗多发区域进行全天候监视并向当地执法部门报告海盗和武装抢劫船舶事件，多年实践表明该中心为东南亚海域打击海盗和武装劫船提供了有力的信息支持。

其次，依托区域性多边平台进行安全协作。目前，东南亚海域周边国家间已有一些较为成熟的维护海运安全的区域性实践机制。这些安全协作机制主要的实施途径包括：第一，通过区域组织这样的官方平台开展安全保障行动，如东盟地

区论坛、东盟防长扩大会议等;第二,通过非官方的区域性组织或平台开展安保活动,如亚太安全合作理事会,该理事会通过非官方论坛的形式讨论区域内的安全问题,为地区安全提供一个可信赖的交流平台。目前,区域性多边平台主导下进行的有代表性的安全协作机制还有《亚洲地区反海盗及武装劫船合作协议》。该协议由19个亚洲国家签署,2006年正式生效,目前已运行12年,是亚洲地区重要的打击海盗和武装劫船的区域性多边条约。此外,马来西亚、新加坡与印尼于2007年达成了维护航行安全及保护马六甲海峡环境的合作机制,该机制为世界首个涉及航行安全、航道安保及环境保护的多国合作机制。中国与东盟还就海上运输签订了《中国—东盟港口发展与合作联合声明》(2007)以及《中国—东盟海运协定》,并建立起了年度会议机制。这些区域性多边合作机制对促进包括东南亚在内的区域各国共同促进海运发展、应对海运安全提供了良好示范。

最后,依托双边协作机制维护海运安全。双边协作机制是目前"国际陆海贸易新通道"维护海上航路安全中常用的一种机制,是基于两国间双边协议建立的。双边协作机制不仅适用于传统安全领域,同样也适用于非传统安全领域。在"国际陆海贸易新通道"海上航路建设推进中,在港口安全、海上突发灾难救援、联合巡航等海上安全事务上,我国与东盟国家、东盟国家之间都启动了一系列的双边协作机制,并取得了不错的实效。例如,在港口合作与安全问题上,中国与马来西亚2015年签订了《建立港口联盟关系的谅解备忘录》,建立了"中马港口联盟"并形成了定期会议机制。在应对海上非传统安全威胁问题上,中国与越南建立了北部湾联合巡逻长效机制并实现了定期联合巡逻,同时中国与马来西亚签署《中国与马来西亚海上合作谅解备忘录》就海上安全营救、航运隧道开通以及马六甲海峡海运事务达成了合作。这些双边协作机制对"国际陆海贸易新通道"海上航路的安全畅通起到了重要保障。

就保障"国际陆海贸易新通道"海运安全的现有可利用的机制而言,应对海运安全威胁的现有机制呈现出了以下特点:第一,现有机制多而杂,呈现"碎片化"趋势。毫无疑问,海运安全的风险来自政治、军事、港口技术、环境影响等各个方面,风险的多样性决定了既存机制的数量多、涉及面广。然而,"一事一议""一国一议"的情况使现有机制"碎片化"。"国际陆海贸易新通道"海运安全是一个系统性的安全,涉及沿线多个国家,需要一个系统化、协调性强的机制实现有效的调控。第二,现有机制"软性"有余、强制力不足,缺乏有效的监督机制。比如,上文提到的东盟地区论坛、东盟防长扩大会议、中马港口联盟等,它们仅搭建了一个协商对话的平台,形成的共识强制力不够。第三,参与国利益诉求不平衡和战略互信的缺乏难以保障机制的长效运转。"国际陆海贸易新通道"海域沿线参与国因历史、政治、经济

等因素影响，各国间存在很多矛盾，特别容易因国家主权或战略利益争端导致合作机制的失效。如何处理国家间利益冲突与共同协作促进海运安全是健全现有机制的难点。

四、维护“国际陆海贸易新通道”海运安全的路径选择——以中国为视角

“国际陆海贸易新通道”是中国与沿线国家共商共建的国际贸易与物流通道，它的开通和建设是以为沿线国家提供优质的物流交通公共产品、推进地区共同发展为目的的。因此，保障海上运输区段的安全即是保障“国际陆海贸易新通道”沿线国家的共同利益。在分析了现有调整海运安全机制的利弊之后，本文认为作为“国际陆海贸易新通道”项目发起国和参与国的中国应当在遵守国际法基本原则的前提下，寻求一个切实可行的方案以保障“国际陆海贸易新通道”的航运安全利益。

(一)遵守国际法基本原则是参与国共建海运安全的前提

“国际陆海贸易新通道”的建设和推进需要沿线各国的共同参与，首先，应坚持国家主权原则，尊重国家主权是各国合作的基础和前提。在维护海运安全机制的构建中，需要充分尊重每个参与国的主权，使参与国享有相同的信息知晓权和话语权，在具体规则的推行中应得到合作国家的普遍同意。其次，各国应秉持有约必守的原则，不能以各种原因对即成机制下的规则进行随意违反，破坏规则的稳定性、系统性。

(二)维护参与国合法的海上通行权利

中国和“国际陆海贸易新通道”海上航路沿线国家都是《联合国海洋法公约》的缔约国，《联合国海洋法公约》所规定的各项通行权利是构建维护“国际陆海贸易新通道”海运安全机制的法律基础。在“国际陆海贸易新通道”项目的建设推进中，各国应当充分利用公约的相关规定，积极维护自身的合法权利，并适当借鉴该公约的争端解决方式，灵活运用国际法促进争端的解决。从现有实践来看，“国际陆海贸易新通道”的各沿岸国都能较好地遵守《联合国海洋法公约》对海域通行制度的具体要求，在非争议海域的海洋航行权益得到了应有的保障，这也为通道国家间的长期稳定合作提供了良好的前提。

(三)增强中国与“国际陆海贸易新通道”沿线国间的战略互信

如前所述,东南亚海域周边国家之间存在许多国家利益争端,中国作为“国际陆海贸易新通道”发起国与部分东南亚国家也存在海洋主权争议。可以说在国家利益争端搁置未决的前提下,“导致国际陆海贸易新通道”海上航路周边国家关系变化的不确定因素一直存在,这是各国共同构建海运安全机制的障碍,在此情形下增进中国与沿线国以及沿线国之间的战略互信显得十分必要。同时也应看到,东盟国家出于现实考量,在既有海洋争议问题上,一方面顾忌域外国家在东南亚海域的利益诉求,另一方面又要维护其本国的海洋利益。因此,“衡平”和“务实”成为现有条件下东南亚各国积极参与通道建设的政策取向。在此基础上,从通道建设中的低敏度事务合作入手促进各方经济社会的共同发展,无疑是增进战略互信的有效手段。也只有在战略互信的前提下才能真正实现共商共建与资源共享,为“国际陆海贸易新通道”海运安全保障机制提供支持。

(四)补齐技术短板,提升港口基础设施水平

港口安全是海运安全的重要内容,维护海运安全必然要求港口建设的技术性和安全性达到较为先进的水平。由于东盟国家经济发展不均衡,大部分国家港口的基础设施建设标准化程度较低。同时,中国与东盟国家采用的港口物流和信息技术标准还不能完全对接,这些技术问题成为影响“国际陆海贸易新通道”海运安全的客观难题。本文认为在这一问题上,中国应与相关东盟国家共同开展港口基础设施建设、建立统一的港口技术标准,促进航运硬件的提高。同时应考虑到海运发展的需要,还应尽早建立航运大数据共享体系,为航运安全提供信息保障。

(五)突破“碎片化”的现有机制,推动建立“国际陆海贸易新通道”海运安全协作系统平台

如上文所述,我国和沿线国家参与的调整海运安全的现有机制存在着碎片化、强制力不足、缺乏有效的执行监管等问题。从优化现有机制的角度出发,我国和“国际陆海贸易新通道”海上航路沿岸国应积极探索新的解决方式,补足现有机制的缺陷,构建一个系统化、实施有效、执行有力的海运安全保障新机制。这个新机制的建立需要注意以下几点:首先,“国际陆海贸易新通道”海运安全协作机制需要关注到参与各国的利益诉求,力求在机制规则下尽可能地顾及各参与国的重大国家权益不受损害,这是各国共建通道的现实基础。

其次,在规则制定中应公平分配权利义务,海运安全是区域性公共产品,公共产品的提供和保障需要各国共同参与。中国作为项目发起国和机制主导方,应在经济技术等方面尽可能地提供有效的海上公共服务的同时为我国的海上运输提供力量支持。再次,由于海运安全涉及海盗、海上恐怖主义行为等问题,我国需要考虑在新机制中对上述非法行为的界定、管辖作出明确和统一规定,以避免参与国对上述行为的法律管辖责任和条约义务进行推卸。最后,这一平台还要注重与现有诸多机制的协同合作,一方面在形式和内容上与现有机制互补,在权利义务的设立上不与现有机制相冲突;另一方面,新平台的设立还要注重机制的系统性,避免与既有机制重复。

The Security Challenges to New International Land-Sea Trade Corridor and Legal Resolution

Zhang Zhifan

Abstract: The New International Land-Sea Trade Corridor is a new passage in international trade . Guarding the maritime security is the premise of establishing a sound development of the New International Land-Sea Trade Corridor. Currently the maritime security confront with serious challenges. The participating countries should conquer the defects of existing mechanism. The common interest demands of security is the basis of cooperation. China and other under-region countries should obey the international law, respect each other to build the Security Cooperation Mechanism.

Key words: International Land-Sea Trade Corridor; Maritime Security; Cooperation

图书在版编目(CIP)数据

中国—东盟法律评论.第九辑/张晓君主编.—厦门:厦门大学出版社,2019.3
ISBN 978-7-5615-7335-8

Ⅰ.①中… Ⅱ.①张… Ⅲ.①法律—中国、东南亚国家联盟—文集 Ⅳ.①D92-53 ②D933-53

中国版本图书馆 CIP 数据核字(2019)第 053258 号

出 版 人 郑文礼
责任编辑 李 宁

出版发行 厦门大学出版社
社 址 厦门市软件园二期望海路 39 号
邮政编码 361008
总 编 办 0592-2182177 0592-2181406(传真)
营销中心 0592-2184458 0592-2181365
网 址 http://www.xmupress.com
邮 箱 xmup@xmupress.com
印 刷 厦门集大印刷厂

开本 720 mm×1 000 mm 1/16
印张 12.5
插页 3
字数 216 千字
版次 2019 年 3 月第 1 版
印次 2019 年 3 月第 1 次印刷
定价 88.00 元

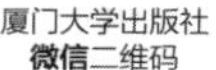
厦门大学出版社
微信二维码

厦门大学出版社
微博二维码